Joyce Scott
Unzertrennlich

Joyce Scott

UNZERTRENNLICH

Das unglaubliche Schicksal
der Zwillinge Joyce und Judith.

Eine wahre Geschichte über Liebe und Kunst

Aus dem amerikanischen Englisch
von Andrea Panster

Kösel

Verlagsgruppe Random House FSC® N001967

Die Originalausgabe erschien unter dem Titel »Entwined. Sisters and Secrets in the Silent World of Artist Judith Scott« bei Beacon Press, Boston, Massachusetts.
Beacon Press Books are published under the auspices of the Unitarian Universalist Association of Congregations.

Neumarkter Str. 28, 81673 München
Umschlag: Weiss Werkstatt, München
Umschlagmotiv: © shutterstock/Elenamiv Bild-Nr. 181822889
Satz: Vornehm Mediengestaltung GmbH, München
Druck und Bindung: GGP Media GmbH, Pößneck
Printed in Germany
ISBN 978-3-466-34671-4
www.koesel.de

Dieses Buch ist auch als E-Book erhältlich.

Für meine Judy
und für alle, deren Talente
und Begabungen noch unverwirklicht sind.

Für das Creative Growth Art Center,
wo Judy ihre Talente entdeckte.
Mögen Einrichtungen wie diese auf der ganzen Welt
wie Pilze aus dem Boden schießen
und alle Menschen gesegnet sein.

Inhalt

Vorwort

Nach dem Mittagessen hat Judy die Reste ihrer Mahlzeit bereits in die große schwarze Tasche neben sich gepackt. Sie hat ihre gewaltige Skulptur, ihre Garne und Scheren vor sich aufgereiht und wieder mit der Arbeit begonnen. Sie schaut zu mir hoch, wirft mir eine Kusshand zu und klopft auf den Stuhl neben sich. Ich gehe zu ihr, und wir umarmen uns lange. Dann macht sie sich wieder ans Werk. Ich sitze still daneben, sehe ihr zu und wünschte, ich hätte ein wenig von ihrer Konzentration und ihrer unbeirrbaren Entschlossenheit.

Gerade zieht sie einen roten Faden durch den dunklen Teil der Skulptur. Ich muss an unsere Kindheit denken und den Augenblick, als sie hingefallen war und das Blut aus ihrem Mund auf unsere Puppen und alles andere tropfte, was herumlag. Ich frage mich, woran sie sich wohl erinnert. Ich frage mich, welche Erinnerungen sie besonders schätzt. Ich frage mich, ob es die gleichen sind wie bei mir. Wie so oft betrachte ich eines ihrer Objekte und sehe einen Tag in Ohio, einen Sandkasten und einen Maulbeerbaum vor mir.

Trotz der teils ähnlichen, teils unterschiedlichen Schwierigkeiten, mit denen wir zu kämpfen hatten, blieb die Verbindung zwischen uns bestehen. Sie war mal enger, mal lockerer, aber Judys Einsamkeit war auch meine Einsamkeit und meine Traurigkeit auch ihre.

Ich sehe zu, wie sie in schweigender Erkenntnis ihre Fundstücke zu einer Skulptur verbindet, und kann die schmerzhaften Erinnerungen nicht von mir fernhalten. Aber jeder Schöpfungsakt schafft neue Erinnerungen, verleiht unserer Vergangenheit neue Farben und eine neue Struktur – unsere beiden Leben sind wieder eins und ganz und gar miteinander verwoben.

Am Anfang

Das Laken ist kühl – kühl bis an den gegenüberliegenden Rand. Ich bewege mich, rutsche instinktiv tiefer ins Bett, suche die Wärme meiner Schwester, meiner Zwillingsschwester. Vielleicht hat mich das Kratzen der Äste des alten Ahornbaums auf den Schindeln geweckt. Ich öffne die Augen und sehe, wie das mattgraue Licht des Novembermorgens durch die zugezogenen Vorhänge dringt. Draußen kann ich schemenhaft den Umriss der riesigen Blaufichte erkennen. Sie hält Wache vor unserem Zimmer – dem Mittelpunkt unseres Universums, unserer Zuflucht vor der großen weiten Welt dort draußen.

Judy und ich waren im Mutterleib körperlich und seelisch miteinander verbunden – und doch waren wir verschieden. Gleich bei der Geburt wurden diese unerwarteten Unterschiede teils als Rätsel, teils als Geschenk und teils als Fluch empfunden.

Judy und ich lebten in einer üppig-sinnlichen Welt aus reifen Beeren und saftigen Matschkuchen. In diesem heilen Universum war alles lebendig und mit Sinn erfüllt. Da Judy nicht sprach, waren wir gezwungen, unsere Welt unmittelbar und ohne Worte zu erfahren. Die meisten Menschen lassen diesen Zustand vorsprachlicher Verbundenheit mit Steinen, Bäumen und Vögeln spätestens im Alter von zwei Jahren hinter sich. Wir verbringen die ersten beiden Jahre, von denen nur flüchtige traumzeitliche Bilder geblieben sind, in einer weichen Welt der

Empfindungen – der Empfindungen ohne Worte. Ich erinnere mich an die Lichtflecken, die auf dem Vorhang neben unserem Bettchen tanzen; an unsere Hände, die mit dem Licht und den Schatten spielen, die durch die Gitterstäbe fallen; an Judys weiche Haut. Ich erinnere mich an ihre Wärme; an ihren warmen Atem, der sich mit meinem vermischt; an ihren warmen Körper neben mir. Als ich meinen eigenen Körper entdecke, entdecke ich auch ihren. Unsere Existenz ist eine Collage aus miteinander verschmelzenden Sinneseindrücken. Wenn ich mich umdrehe, berühre ich ihren Arm, und sie rutscht näher an mich heran. Es gibt kaum einen Unterschied zwischen Bewegung und Reaktion. Mein Körper, ihr Körper sind in unserem sensorischen Gedächtnis längst miteinander verschmolzen.

In meiner Erinnerung verbringen wir die meiste Zeit unserer Kindheit in einem Sandkasten. Er ist wie ein eigener kleiner, von einem Zaun aus Hasendraht umgebener Garten mit einer kaputten alten Gartentür aus Holz, die wir mit einem kleinen Zweig verriegeln. Wir fühlen uns dort ebenso zu Hause wie in unserem Zimmer und unserem Bett. In dieser Welt aus Sand und Erde kritzeln und graben wir, spielen wir mit Stöcken, Blättern und Steinen, die wir aus dem Bach fischen. Wir basteln Teller und Tassen aus den grünen Blättern des Trompetenbaums. Wir krakeln Zeichnungen in den Sand, kochen Steinsuppe und gießen Wasser in Löcher. Beim Spiel mit unseren Steinen entdecken wir eine Form des Zählens, aber vor allem entdecken wir die Freude am Teilen. Das Gefühl von grobem Sand zwischen Zehen und Zähnen gibt uns tiefe Befriedigung. Ich kann die Rinde von einem Ast abziehen und den Geschmack eines Steins erleben. Gemeinsam sammeln wir die Maulbeeren, die von dem großen Baum jenseits unseres Gartentürchens fallen. Wir essen sie, zerdrücken sie, bemalen unsere Gesichter mit ihrem Saft. Wir holen die umherstreifenden Schildkröten zu uns herein und bemalen ihre Panzer, damit sie aussehen wie wir. Wir fangen Kaulquappen im Teich, halten Glühwürmchen in Gläsern und greifen mit unseren kleinen Händen nach diesen blinkenden Lichtpunkten, die immer in Bewegung sind und die wir nur so selten zu fassen bekommen. Viele Jahre lang ist dies unsere Welt.

In kühlen Nächten schlafen wir aneinandergekuschelt unter unseren Decken; in warmen Nächten ist unsere Haut feucht, vermischt sich der Geruch unserer Körper und wird eins. Judy und ich – immer zusammen, immer miteinander verschlungen. Wir schlafen aneinandergeschmiegt wie zwei geschwungene Löffelchen, zarte Zwillingslöffelchen, und halten einander fest und warm. Aber jetzt ist mir kalt – sehr kalt. Ich strecke die Hand nach ihr aus, um sie an mich zu ziehen, strecke die Hand weiter und weiter aus. Judy liegt nicht neben mir.

Schnell schlüpfe ich aus dem Bett. Meine nackten Füße berühren kaum den Boden, als ich auf Zehenspitzen ins Badezimmer schleiche und überlege, wo sie sein könnte. Die Handtücher liegen noch feucht vom Bad am letzten Abend auf dem Boden, und die gelbe Gummiente, die wir in der Wanne zwischen uns hin- und hergeschubst haben, liegt einsam auf der Seite. Aber Judy ist nicht hier.

TEIL I

GEFESSELT

1
Eden

Es ist ein Segen, dass Judy und ich sieben Jahre lang in unserem ganz persönlichen Paradies wandeln dürfen, wo das Staunen und die Entdeckungen niemals enden, wo es einen Reichtum an Empfindungen und Liebe gibt – in einer Welt, die stets ohne Worte ist. Ob im Haus oder im Freien, Judy will neben mir sitzen und das Gleiche tun wie ich. Und lange Zeit tun wir auch das Gleiche: Wir spielen im Schlamm und mit Maulbeeren, Erde und Löwenzahn. Später werden meine Spiele komplizierter, und ich kann nur noch so tun, als spielten wir das Gleiche, und mir Regeln ausdenken, ohne recht zu wissen, was jede von uns meint. Mag sein, dass später jede etwas anderes meint, trotzdem fühlt es sich an, als wäre es das Gleiche. Es gibt keine Worte, aber die brauchen wir auch nicht. Wir sitzen so nah nebeneinander, dass unsere Körper sich berühren, und genießen dieses behagliche Gefühl.

Wir haben drei große Brüder – Wally, Dicky und Jimmy – und leben fast schon auf dem Land, fernab vom Lärm und Chaos im Stadtzentrum von Cincinnati.

Hinter dem Haus liegen Schafweiden und ein naher Wald, ein kleiner Bach und ein Teich. So viele Welten, die wir erforschen können. Auf dem Feld hinter dem Haus entdecken wir im Frühling kleine Kaninchen, deren Bau von Katzen zerstört wurde. Jedes Jahr versuchen wir, sie zu retten, immer ohne

Erfolg, und jedes Mal werde ich trauriger. Wir haben einen Tierfriedhof mit einer eigenen Ecke für die Kaninchen. Sie passen in kleine Schuhschachteln: Eine Schicht Gras dient als Bett, und manchmal bekommen sie auch ein Kissen für ihren langen Schlaf. Wir basteln winzige Kreuze aus kleinen Zweigen, und manchmal spricht meine beste Freundin Kathy ein kleines Gebet.

Wir sind immer von Freunden und Nachbarn und vor allem Nachbarskindern umgeben, die kommen und gehen, ungehindert und ständig unterwegs in allen Häusern und Gärten. Wir fühlen uns eingebunden und sicher. Dort, wo wir wohnen, haben wir nie Angst, obwohl auch traurige und manchmal sogar richtig schlimme Dinge geschehen, und zum Beispiel Tante Helen nebenan auf ihrer durchgetretenen Veranda stürzt und sich den Oberschenkelhals bricht. Oder Oma den Verstand verliert und meint, ich hieße Teddy – wie ihr Hund, der schon lange tot ist. Mich stört das nicht. Ich liebe sie und die Art, wie sie mich als Teddy liebt. Teddy war ihr absoluter Lieblingshund. Ich mag es auch, wie sie unsere Äpfel schält, sodass die Schale eine einzige lange Spirale ist. Sie verspricht, es mir eines Tages beizubringen.

Tante Helen wirkt, als sei sie immer schon alt gewesen – schon bevor sie uns in ihrer Welt willkommen hieß. Sie ist groß, dünn, wortkarg und Respekt einflößend, aber immer freundlich. Wenn wir nicht im Sandkasten oder in unserem Zimmer sind, sind wir meist bei Tante Helen. Zumindest, bis sie stürzt und ins Krankenhaus kommt. Neben der baufälligen Veranda hinter ihrem Haus wachsen im Frühjahr reihenweise lila Veilchen, die nicht ganz bis zur Scheune gehen. Mehr Veilchen, als ich in meiner pummeligen, verschwitzten Hand halten kann. Ich pflücke, während die Sonne auf meinen dunklen Schopf herunterbrennt. Ich habe ein Ziel. Judy hilft mir ein bisschen, aber sie rupft die Veilchen meist zu kurz und ohne Stängel ab.

Aber das ist in Ordnung. Wir pflücken unermüdlich weiter, und kleine Schweißtropfen laufen über unsere Gesichter, die unter der Sonne Ohios allmählich feuerrot werden.

Später am Abend begleiten wir Papa zum Krankenhaus. Judy und ich dürfen zwar nicht mit auf Tante Helens Zimmer, aber wir fahren mit Papa durch die Stadt und warten im geparkten Wagen. Es regnet ohne Unterlass, und wir warten, während der Regen am Seitenfenster herunterrinnt. Judy will unbedingt neben mir sitzen. Wir knien uns beide auf den Sitz vor dem Fenster und verfolgen mit den Fingern die herablaufenden Regentropfen. Es geht nicht darum, wessen Tropfen der schnellere ist. Nicht bei uns. Wenn überhaupt, soll Judys Tropfen gewinnen, aber ich bin mir nicht sicher, ob ihr überhaupt etwas daran liegt. Wir sitzen behaglich Seite an Seite. Draußen ist es dunkel, im Wagen auch. Von Zeit zu Zeit fährt ein Auto vorbei und erhellt Judys Gesicht, die Regentropfen und unsere Finger an der Scheibe. Dann vergisst sie manchmal ihren Tropfen und schaut mich an, berührt mit dem Finger mein Gesicht und knufft mich in die Seite. Wir kichern und albern herum. Wir wissen, dass Papa bald wiederkommt.

Papa hat Tante Helen die Veilchen gebracht, und bestimmt wird sie jetzt an ihr weißes Häuschen mit der wackeligen Treppe und der langen geschwungenen Veranda denken, die sich an seine Seiten schmiegt. Sie wird an ihren Garten mit den Blumen denken und schnell wieder gesund werden und zu uns nach Hause kommen wollen. Sie wird wieder Kekse für uns backen und sich nach dem Abendessen zu uns setzen. Wir werden Dame spielen und Judy die überzähligen Steine geben. Sie wird ein neues Schmetterlingsnetz für mich und ein etwas größeres für Jimmy basteln. Wir werden ihr jeden schönen Schmetterling zeigen, den wir fangen. An kühlen Abenden werden wir an ihrem kleinen Kohleofen sitzen und gemeinsam Rätsel lösen. Vielleicht sagen wir auch gar nichts.

Manchmal schweigen wir einfach ganz lange. Wir lauschen, während die Heuschrecken verstummen und das Zirpen der Grillen beginnt.

Onkel Clarence, genannt Toady, ist Omas »Wechseljahrebaby«, wie Mama sagt. Er ist nie erwachsen geworden und nie aus dem Haus gegangen. Aber mit vierzig ließ er alle wissen: »Es reicht. Ich will, dass ihr aufhört, mich ›Toady‹ zu nennen. Ihr könnt ›Onkel Clarence‹ oder einfach ›Clarence‹ sagen. So heiße ich nämlich.«

Keiner von uns, ob Freunde oder Verwandte, hat sich je viel bei dem Spitznamen »Toady« gedacht. Er trug ihn schon lange vor unserer Geburt, also eigentlich immer, aber jetzt krümmen wir uns innerlich vor Scham, weil wir ihn all die Jahre bei diesem Namen genannt haben, der sein Aussehen so schmerzlich und treffend beschreibt (Toad = Kröte, Anm. d. Ü.). Als sei er einem Märchen entsprungen. Wir merken, dass er anders ist als die anderen, aber Judy und ich lieben ihn dafür. Wir mögen alles, was Mama nicht ausstehen kann: dass er etwas langsam ist, sich langsam bewegt, langsam spielt, langsam denkt. Denn das bedeutet, dass er niemals in Eile ist. Nicht wie die anderen Erwachsenen. Es gefällt uns, dass er bei jeder neuen Begegnung dieselben alten Witze erzählt und uns damit immer wieder zum Lachen bringt.

Der Sommer in Ohio enthält immer einen Hauch von Feuchtigkeit – und oft mehr als das. Plötzliche Platzregen bringen die Rinnsteine zum Überlaufen, und wenn wir Stöckchen hineinwerfen, rasen sie wie wild miteinander um die Wette, um schließlich irgendwo auf dem Rasen liegen oder in einem Forsythienstrauch hängen zu bleiben. Gewitter entladen sich mit solcher Gewalt, dass die Tiere in offenen Kellern Schutz suchen und Hunde und Katzen sich im dunklen Trockenen einträchtig aneinanderdrängen, wo Erde und Stein die furchterregenden Himmelsgeräusche dämpfen.

Die Nächte im Mittleren Westen bringen feuchte Luft und schweißgebadete Körper. Wenn wir schlafen, kleben die nassen Laken an uns, wenn wir wach sind und uns bewegen, umhüllt uns die schwere Luft wie ein unsichtbares Tuch. Gerüche wirken intensiver, haften an uns, hängen noch lange in der Luft. Der köstliche, einladende Duft von Tomaten und gebratenen Zwiebeln ist meilenweit zu riechen. Rufe schallen lauter, Stimmen tragen weiter, sagen mehr, schweben durch die Nacht, umrunden Tante Helens eingestürzte Veranda und finden uns im Trompetenbaum.

Judy mag alles, was es zum Abendessen gibt – genau wie ich. Kartoffelsuppe, Chili, Hackbraten, jede Menge Tomaten und grüne Bohnen aus dem Garten, das ganze Jahr über Opas eingemachte Rote Bete und Dosensuppen von Campbell's. Diese Dinge werden fast immer gleich zubereitet: grüne Bohnen mit etwas Speck, Tomaten entweder aufgeschnitten oder zwischen den Mahlzeiten direkt vom Strauch. Nachtisch gibt es fast nie, aber als besondere Leckerei Doppel-Butterkekse mit Cremefüllung. Zum Mittagessen gibt es Leberwurstbrot mit Tomaten oder Käsetoast mit Gurkenrelish. Aber der Sonntagabend ist etwas Besonderes. Da essen wir mit Onkel Toady und den anderen bei Oma. Es gibt Brathähnchen mit Kartoffelpüree und Sauce, selbst gemachte Brötchen mit Haschee und noch mehr von Opas Roter Bete in der blauen Schüssel, die auf der einen Seite einen Sprung hat.

Oma, die strenge Methodistin ist, bleibt nach dem Abendessen in der Küche und spült das Geschirr. Sie denkt lieber nicht darüber nach, was im Zimmer nebenan passiert. Judy und ich haben einen eigenen kleinen Tisch, eigene Spielkarten und eigene Chips. Ab und zu rutschen wir von unseren Stühlen und krabbeln unter den großen Tisch, zwischen die Schuhe und Füße der Erwachsenen, die zuweilen Teil unseres Lebens sind. Toady steckt uns ein paar Chips zu, und Mama schreit ihn an;

sie schreit ihn ständig an. Über uns Gelächter und Zigarettenqualm, Karten und Chips. Unter uns die eigenen Karten, unser eigenes Spiel und unser ureigenes Lachen. Judy und ich leben in derselben Fantasiewelt, oder zumindest glaube ich das, aber wir sprechen nicht die gleiche Sprache. Ich fange an, von Worten zu träumen, Worten, die Judys ganze Welt mit meiner verbinden.

Im Sommer sitzen alle Mütter aus der Nachbarschaft mit ihren Töchtern bei uns im Garten, um dabei zu sein, wenn der nachtblühende Säulenkaktus seine Blüten öffnet. Die Stühle stehen in zwei ordentlichen Reihen, und die Aufregung ist ebenso groß wie bei der Premiere eines Stücks am Broadway. Während wir warten, unterhalten sich die Mütter über unsere Köpfe hinweg. Sie sprechen in Code über Dinge, für die wir noch zu klein sind. Aufgeregt baumeln wir mit den Beinen. Judy rutscht vom Stuhl und spielt neben den Erwachsenen im Gras. »Wartet mal, schaut her, da ist eine! Seht nur, jetzt geht sie auf!« Kathy sieht die Blüte zuerst, und wer kann, eilt hinüber, um zuzusehen, wie sich die erste Schönheit der Nachtluft und unseren bewundernden Blicken offenbart. Bald gehen weitere Blüten auf, und wir staunen noch etwas mehr, aber dann flitzen wir davon, um wie jeden Abend mit den Jungen Verstecken zu spielen. Judy bleibt einstweilen bei den Müttern, und wenn uns etwas später die Dunkelheit verschlingt, kehre ich an ihre Seite zurück, wo ich mich am sichersten und lebendigsten fühle.

Wir sind umgeben von Bäumen, und auch sie sind unsere Freunde. Wir kennen und lieben sie ebenso sehr wie eine vertraute Person. Ihre Namen kenne ich wie meinen eigenen. Wir wissen zu schätzen, dass sie Schatten, Schönheit, Anmut schenken, den Vögeln und Eichhörnchen als Zuhause und uns als Platz zum Spielen dienen. Und all die anderen Dinge, die noch tiefer gehen und die wir nicht benennen können. Eines Tages muss die große Eiche an der Auffahrt gefällt werden, sie ist von einer Krankheit befallen. Die ganze Familie steht aufrecht und schweigend: aufrecht, wie sie es war; schweigend, um ihr Respekt zu zollen. Mein Vater, meine Brüder und wir weinen ungeniert – obwohl in unserer Familie nur selten Tränen fließen. Die Blaufichte vor unserem Fenster bleibt. Im Frühjahr lässt mich das kräftige Grün ihrer Spitzen an all die frischen und neuen Dinge denken.

Judy und ich schlafen zusammen in einem großen Bett. Daneben steht ein Tisch für unsere Puppen mit zwei kleinen Stühlen für uns. Zwei kleine Stühle, zwei kleine Puppen, zwei Schüsselchen und zwei Löffelchen. Der Tisch ist groß genug für uns und klein genug für unsere Puppen. Ich weiß nicht, ob Dinge grundsätzlich paarweise auftreten, aber es kommt mir so vor. Manchmal klettert Judy frühmorgens, während der Rest der Familie noch schläft, auf einen Stuhl und entriegelt die Fliegenschutztür. Sie huscht hinüber, um die Nachbarn zu besuchen – vor allem unsere heiß geliebten Babys. Es kommt vor, dass sie bei der Familie nebenan am Tisch sitzt und Eiscreme zum Frühstück isst, wenn ich auftauche. Ich kann es kaum glauben. Aber der Tag wird kommen, an dem es für Judy weder Babys noch Eiscreme zum Frühstück gibt. Unsere Nachbarn ziehen weg und nehmen die Babys mit. Später zieht Familie Schmidt nebenan ein. Die Schmidts haben fünf Mädchen und bekommen später noch ein Baby, aber das dürfen wir nicht anfassen und es nur durchs Fenster anschauen.

Ich weiß nicht mehr, wann mir zum ersten Mal bewusst wird, dass Judy anders ist, oder wann ich verstehe, dass es gefährlich ist. Dass es gefährlich ist, als »geringer« oder »weniger als« zu gelten. Dass dies gefährlich ist, wurde mir wohl erst klar, als sie weg war.

Als wir sechs Jahre alt sind, ist Judy immer noch sehr klein. Eines Nachmittags passiert auf Familie Schmidts Veranda ein Unfall. Mrs Schmidt glaubt, dass Judy die kleine Marilyn geschubst hat, obwohl sie gar nicht dabei war und nichts gesehen hat. Außer Judy und Marilyn sind noch viele andere Kinder da – ich, Kathy, Nancy, Martha, Kitchie und vielleicht sogar Toni. Kitchie, deren Vater Süßigkeitenautomaten auffüllt, hat Geleebohnen mitgebracht. Alle drängeln ein bisschen, um welche abzukriegen. Marilyn ist einfach hingefallen. Judy würde niemals jemand schubsen. Das weiß ich ganz genau, und Kathy weiß es auch. Aber manche Leute glauben offenbar, Judy hätte Marilyn gestoßen. Mama sagt, die Nachbarn hätten angefangen zu reden. Heute wünschte ich, ich hätte sofort etwas gesagt. Dass es meine Schuld gewesen sei; dass ich Marilyn angerempelt hätte.

Ich glaube, dass es von nun an Mrs Schmidt ist, die uns Ärger macht. Bevor die Schmidts kamen, gab es keinen Zaun zwischen den Gärten, sondern nur eine lange Reihe von Forsythien- und Fliedersträuchern und Judasbäumen mit Verstecken und Tunnels zum Durchkriechen. Hier schloss ich mit Jan Oliver Blutschwesternschaft, stachen wir uns in die Finger, vermischten unser Blut und rauchten Strohzigaretten, um das Ereignis zu feiern. Aber dann baut Mr Schmidt einen großen Zaun. Ich wette, er tut es auf Anweisung von Mrs Schmidt.

Als er fertig ist, lassen sie Judy nicht mehr in den Garten. Sie benehmen sich, als hätten sie Angst vor ihr, nur weil sie ein wenig anders ist. An machen Sommerabenden sitzen die drei großen Mädchen auf der Veranda und essen riesige Dillgurken, während Judy und ich im Garten sitzen und zuschauen. Sie lassen sich sehr viel Zeit und haben offenbar Spaß daran zu sehen, wie uns das Wasser im Mund zusammenläuft. Ich kriege einen Riesenappetit auf Dillgurken. Ich nehme unseren Brüdern gegen Zahlung von fünf Cent kleinere Arbeiten ab und spare das Geld, um bei Hunchmyers am Ende der Straße ein Glas zu kaufen. Ich marschiere alleine los, um es zu holen und die Gurken mit Judy zu verspeisen. Wir sitzen ganz alleine auf der Veranda – nur Judy, ich und die Gurken.

Judy und ich teilen alles, bis auf »Big Doll«. Dazu ist mir die große Puppe einfach zu wichtig. Ich habe sie mit drei Jahren bekommen und mir vorgenommen, ein richtiges kleines Baby aus ihr zu machen. Jeden Tag, wenn wir in der Küche zu Abend essen, gebe ich ihr etwas von meinem Teller: grüne Bohnen, Erdbeeren.

»Big Doll« bedeutet mir alles, aber ich bin auch traurig, weil es sie nur einmal gibt und wir zu zweit sind. Ich finde es nicht richtig, sie für mich allein zu behalten. Judy hasst »Big Doll« aus tiefstem Herzen. Sie will auch mit ihr spielen, aber ich habe Angst, sie könnte sie kaputt machen. Und wie könnte »Big Doll« dann ein echtes Baby werden? Deshalb darf Judy nur mit ihr spielen, wenn ich dabei bin.

Big Doll haust im Chaos. Wir hausen im Chaos. Der Fußboden ist mit zerfetzten Zeitschriften und kaputtem Spielzeug übersät. Ein Teddybär mit aufgeschlitztem Bauch, Jimmys Soldaten und Holzbausteine sind neben unserem zerwühlten Bett verstreut. Das ist unser Zimmer. Hier können wir tun und lassen, was wir wollen. Wir schauen beide gerne Bilderbücher an, aber Judy mag Zeitschriften lieber, weil sie die Seiten herausreißen kann. Sie mag alles, was klein und weich ist, steckt diese Dinge gerne in Körbchen und in unser Puppenhaus. Aber wenn Besuch kommt, werden Judy und ich manchmal weggesperrt. Dann wird unser Zimmer zur Doppelzelle, zu unserem gemeinsamen Gefängnis.

Wenn sich die Damen treffen, um zu lachen, Bridge zu spielen und Ableger von Pflanzen aus ihren Gärten zu tauschen, bleibt unsere Tür verschlossen und wir dahinter verborgen. Noch stärker wird das Gefühl der Isolation, wenn ihr Gelächter um die Hausecke und an unserem Fenster vorüberzieht. Ich weiß, dass sich die Türe später wieder öffnen wird und wir für eine Weile unsere Freiheit zurückbekommen werden. Ich weiß aber auch, dass sie beim nächsten Besuch erneut zuschlagen und der Schlüssel sich im Schloss drehen wird. Wir werden versteckt, genau wie die hastig in den Badezimmerschrank gestopfte Schmutzwäsche – und müssen ebenso leise sein.

An diesem Abend hat Mama Popcorn für uns gemacht. Wir sitzen in unserem Zimmer auf dem Boden und reichen die blaue Schüssel hin und her. Mal klaubt Judy ein paar gepuffte Maiskörner heraus. Mal legt sie sie neben sich auf den Boden und drückt sie mit der Hand platt. Mama wird das nicht gefallen, aber das ist mir egal und Judy auch. Wir werfen Popcorn auf den Boden, trampeln darauf herum, lachen, setzen uns auch noch drauf und lachen erneut.

Judy will so tun, als würden unsere Puppen Popcorn essen. Sie steht auf und marschiert breitbeinig los. Kurz vor dem Puppentisch bleibt sie mit dem Fuß hängen und stürzt. Zunächst fällt sie schweigend um, doch dann schlägt sie mit dem Mund auf die Tischkante. Sie heult vor Schreck und Schmerz, als sie zu bluten beginnt. Das Blut tropft auf den Boden, auf das Popcorn und auf »Big Dolls« Kleid. Plötzlich ist alles voller Blut. Ich nehme Judy in den Arm, hämmere gegen die Tür und rufe um Hilfe, während sie immer lauter und immer verzweifelter heult. Ich höre, wie die Damen gelaufen kommen und der Schlüssel sich im Schloss dreht. Mama greift nach Judy und will die Tür sofort wieder schließen, aber es ist zu spät. Die Damen drängen ins Zimmer. Florence Peeper lässt den Blick über die zerfetzten Zeitschriftenseiten und das zertretene Popcorn schweifen, dann schaut sie mich an und fragt: »Was hast du mit deiner Schwester gemacht?« Ich bin entsetzt über das, was geschehen ist, und überrascht von der Frage und antworte nicht. Ich könnte Judy niemals etwas antun! Ich habe keine Ahnung, was Mrs Peeper meint. Ich käme nicht einmal auf den Gedanken. Aber noch wochenlang hängt ein dicker schwarzer Faden aus Judys Mund und erinnert mich daran, dass sie genäht werden musste, weil ich sie im Stich gelassen habe. Ich weiß nur nicht genau, wie.

Als ich in den Kindergarten komme, vergesse ich »Big Doll« eines Tages auf ihrem kleinen Stuhl in unserem Zimmer. Bei meiner Rückkehr stelle ich fest, dass Judy ihr den Arm ausgerissen hat. Ich bin schockiert und verletzt, aber auch schicksalsergeben. Ich hatte es immer als falsch und ungerecht empfunden, dass ich »Big Doll« habe und sie nicht. Noch schlimmer aber ist, dass ich jeden Morgen zur Schule gehe und sie stundenlang in unserem Zimmer allein lasse. Ich nehme »Big Doll«, aus der nun die Füllung quillt, mitsamt dem abgerissenen Arm und stopfe beides ganz unten in den Badezimmerschrank. Ich lege die alten Decken und die schmutzige Bettwäsche darüber und lasse sie zurück, ohne mich von ihr zu verabschieden. »Big Doll« ist tot. Ich glaube, dies ist das einzige Mal, dass Judy mich verletzt hat. Aber ich verzeihe ihr, weil ich weiß, dass es nicht ohne Grund geschah und ich sie jeden Tag aufs Neue verrate, wenn ich zur Schule gehe und sie allein zurücklasse.

Hinter dem Walnussbaum in Kathys Garten steht ein altes Sofa in verblichenen Erdtönen aus Braun und Grau. Sprungfedern und Rosshaarfüllung hängen heraus, und es riecht modrig vom Herumstehen im Freien. Wenn wir dort abends eng nebeneinander liegen und die Köpfe über den Rand hängen lassen, wird es zu unserem Schiff. Unter uns ist das Meer und über uns sind eine Million Sterne, die uns den Weg weisen. Wir erforschen das Universum, recken Gesicht und Füße zum Himmel, lassen den Kopf nach unten hängen und suchen am Himmel nach Antworten auf Fragen, die wir nur erahnen, aber niemals in Worte fassen könnten. Wir sind Zeitreisende und betrachten wie andere vor Millionen von Jahren das Rätsel der Sterne. Judys staunende Augen sind weit aufgerissen, als sie noch näher rückt und mit beiden Händen meinen Arm drückt.

Die Stimmen unserer Eltern dringen aus der fernen Küche durch die warme Nacht – unverkennbar in der Dunkelheit. Aber ihre Worte erreichen uns nicht. Ihre Stimmen dringen vom Küchentisch durch die Fliegenschutztür mit der eingerissenen Ecke, aber sie kommen niemals bei uns an. Unsere Augen und Ohren sind auf das Universum jenseits dieser Erde gerichtet. Wir gehören zu niemandem. Wir sind Teil eines größeren Ganzen jenseits des Tischs, auf den unsere Eltern die Spielkarten knallen; jenseits dieses Viertels mit seinen mehr oder weniger freundlichen Bewohnern; jenseits des Erdreichs, der Pfützen und der umgeknickten Grashalme.

Wir sind wild, Forscherinnen durch und durch, führen an diesen langen, heißen Tagen ein einfaches und doch erfülltes Leben, während wir um uns herum neue Welten entdecken. Unsere Welt – die Welt von Judy, Kathy und mir.

2
Facetten des Verlusts

Wo ist sie? Ich kann sie nirgends finden. Sie ist weder im Zimmer nebenan, um unsere schlafenden Brüder zu wecken, noch bei den Nachbarn, noch in der Küche. Und wo ist Papa? Auch von ihm fehlt jede Spur.

Mama steht allein in der Küche. Sie raucht eine Zigarette, die Kaffeetasse in der Hand. Ihre Hände zittern. Trotz der Wärme drückt sie sich eng an den Ofen. Der Wasserkessel pfeift vor sich hin, aber sie merkt es nicht. Wasserdampf kondensiert auf den Fenstern, sie sind nicht einmal den üblichen Spalt breit zum Lüften geöffnet. Die weißen Lochstickereivorhänge hängen schlapp herunter. Das Radio ist aus. Jimmys zottiger grauer Kater liegt auf dem Stuhl neben dem Ofen und schläft. Ich berühre sein warmes, ungepflegtes Fell. Heute duftet es weder nach Speck noch nach Toast; es gibt auch keine Pfannkuchen. Es ist viel zu ruhig. Irgendetwas stimmt nicht.

»Wo ist Judy?«, will ich wissen. »Ich kann sie nirgends finden.« Mamas Augen sind rot, ihr Blick ist abwesend. Sie sieht weg, schaut zum Fenster, wo der Regen im Garten rauscht. Sie spricht mit einem leeren Punkt im Raum, und ich weiß nicht, ob sie mich überhaupt sieht. »Judy ist weg. Papa hat sie ganz früh heute Morgen in eine besondere Schule gebracht, und dort wird sie von jetzt an bleiben. Dort wird man ihr das Sprechen beibringen. Das ist doch gut, nicht wahr?«

Ich kann ihre Worte nicht verstehen. Was sagt sie da? Judy ist fort … sie ist weg? Das ist unmöglich. Ich kann es mir nicht vorstellen. Wie kann Judy fort sein?

Erst viele Jahre später, als die Zeit Mutters Zunge ein wenig gelöst hat, erzählt sie mir von jenem Morgen. Wie hübsch Judy ausgesehen hat. Dass sie ihr ein hellgelbes Kleid mit kleinen weißen Blüten angezogen hat. Dass ihr das Herz brach, als sie zum letzten Mal die Schleife an Judys Kleid band. Aber sie hat nicht gesehen, wie Judy ging. Hat die Vorhänge nicht zurückgezogen, um aus dem Fenster zu schauen und zu sehen, wie sie in den Wagen stieg. Am Ende wandte sie sich ab.

Auch ich sah Judy nicht gehen. Ich stellte mir vor, wie sie neben Papa im Wagen saß und leise vor sich hin brabbelte – glücklich, weil sie nicht wusste, dass er sie von zu Hause wegbrachte. Aber bestimmt hat sie etwas gespürt. Sie muss etwas gespürt haben. Sie verstand zwar nicht, was die Menschen sagten, aber sie wusste immer, wenn jemand aufgebracht war. Sie verstand. Wahrscheinlich hat Papa sich geräuspert, an seinem Kragen gezerrt und geschwiegen. Er hat mit den Fingern aufs Lenkrad getrommelt, und Judy hat gespürt, dass etwas Schlimmes passieren würde. Wahrscheinlich hat sie seine Schulter getätschelt, so wie sie es bei mir machte, wenn ich mich aufregte.

Als Papa an jenem Abend nach Hause kommt, verstecke ich mich im Flur und belausche sein Gespräch mit Mama. »Es war schrecklich, Lil. Sie hatte Angst und klammerte sich im Aufzug an mir fest. Als er losfuhr, war sie außer sich, und es geschah ein kleines Malheur. Du weißt, wie lange ihr das schon nicht mehr passiert ist. Und als der Hilfssheriff sie mir abgenommen hat und mit ihr durch die Schwingtüren gegangen ist, hat sie die Arme nach mir ausgestreckt und geweint. Ich konnte sie den ganzen Flur entlang weinen hören. Es war schrecklich, einfach schrecklich.«

Papa schweigt, und auch Mama ist still. Mir ist schlecht. Ich weiß, wie viel Angst Judy gehabt haben muss, denn auch ich habe Angst – und sind wir nicht gleich? In jener Nacht strecke ich im Schlaf die Hand nach ihr aus, aber das Bett ist leer.

Am nächsten und allen folgenden Tagen sitzt Mama in der Küche, während wir uns anziehen, um zur Schule zu gehen. Sie sitzt auf dem gepolsterten Stuhl mit dem rissigen Plastiküberzug an dem gelben Resopaltisch, raucht und trinkt ihren Kaffee. Sie umklammert die Tasse mit beiden Händen, als hätte sie Angst, sie fallen zu lassen. Sie gibt ein seltsames Schlürfen von sich, weil sie trinkt und gleichzeitig Luft holt. Wenn sie getrunken hat, seufzt sie.

Unser Zimmer sieht aus wie immer, mit Zeitschriften auf dem Boden und altem Popcorn in den Ecken. Und überall kann ich Judys Gegenwart spüren. Meine »Puppen der Welt«-Sammlung befindet sich ganz oben auf dem Regal. Hasserfüllt starre ich sie an. Warum habe ich Judy nicht erlaubt, so oft mit diesen Puppen zu spielen, wie sie wollte? Viele von den Zootieren aus Plastik, die Papa von einer seiner Dienstreisen mitgebracht hat, liegen in einer kleinen Schüssel. Ich wette, Judy hat sie hineingelegt. Ich sammle auch die im Zimmer verstreuten Tiere auf und lege sie dazu. Ich streiche über unsere Joanie-Puppen und ihre Decken und decke sie gemeinsam zu. Anschließend hebe ich die Garnrollen auf, die Judy von Tante Helen bekommen hat. Dann gehe ich nach draußen. Ich sage nichts zu den anderen Kindern, nicht einmal zu Kathy. Sie werden nicht glauben, dass Judy fort ist – am allerwenigsten Kathy. Jimmys Kater sitzt auf der Treppe. Ich nehme ihn in den Arm und fahre mit den Fingern gegen den Strich durch sein Fell.

Nach dem Mittagessen stellt Mama die Teller in die Spüle

und sagt, sie würde in unser Zimmer gehen und ein paar von Judys Sachen holen: »Ich packe sie in eine Schachtel, und später können wir sie ihr bringen.« Irgendwie weiß ich, dass das nicht stimmt. Judy kommt ohnehin bald wieder nach Hause, und ihre Sachen sind alles, was noch von ihr bleibt. Wenn sie verschwinden, wird ihre Abwesenheit nur noch deutlicher zu spüren sein. Ich laufe in unser Zimmer voraus und rufe Mama zu: »Ihre Sachen bleiben da! Das sind alles Dinge, mit denen ich noch spiele.«

»Um Himmels willen, Joyce! Ich weiß, dass du nicht mit diesen alten Zeitschriften spielst.« Sie beugt sich hinunter und hebt ein paar davon auf.

»Doch, natürlich! Natürlich spiele ich damit.« Ich sammle ein paar davon ein. »Ich mag sie und schaue sie manchmal abends an.«

»Das tust du nicht. Du liest. Ich kenne dich. Judy hat ohnehin die meisten davon zerrissen.« Mama hebt ein paar Bauklötze auf, die in der Nähe der Tür herumliegen. »Na gut, dann nehme ich eben diese Bauklötze.«

»Nein ... warte! Ich mag diese Bauklötze. Und das Schaukelpferd brauche ich auch, weil ich manchmal darauf reite.« Das Pferd wird von Federn gehalten, eine davon ist ausgeleiert und der Sitz ist vom Spielen glatt poliert. Ich habe es lange geliebt, und Judy hat gerade erst gelernt, darauf zu reiten. Es darf auf gar keinen Fall ausrangiert werden.

Mama seufzt, dreht sich um und geht in die Küche. Wahrscheinlich, um eine Zigarette zu rauchen. Ich nehme unsere Tellerchen, Judys Bauklötze und ein paar Zeitschriften, die kleinen Plastiktiere und die Garnrollen und verstecke alles in der Schublade unter meinen T-Shirts.

An diesem und an allen anderen Abenden hole ich die ganzen Sachen heraus und türme sie auf dem Bett neben mir auf. Im Dunkeln berühre ich jeden einzelnen Gegenstand und denke daran, dass Judy ihn in der Hand hatte. Es ist beinahe, als könnte ich ihren Geruch daran noch wahrnehmen. Jetzt werde ich mich an ihrer Stelle darum kümmern, und ich werde warten. Die Luft ist kalt, aber ihre Sachen fühlen sich fast warm an.

Eines Abends vor dem Schlafengehen setzt Papa sich zu mir und fragt: »Was hältst du davon, wenn wir Judy morgen in ihrer neuen Schule besuchen?« Statt einer Antwort schlinge ich die Arme um ihn, und wir lachen. Aber es dauert sehr lange, bis es Morgen wird. Ich stehe nachts auf und packe die Sachen, die ich für sie aufgehoben und versteckt habe, in meine Balletttasche – vor allem ihre Joanie-Puppe, die genauso aussieht wie meine.

Wir packen weitere Kleidungsstücke und einen warmen Mantel für Judy in den Kofferraum. Die Fahrt nach Columbus, wo sie an dieser besonderen Schule sein soll, dauert ewig, und es scheint mir unendlich lange her zu sein, dass wir sie zuletzt gesehen haben. Ich zähle zuerst Kühe, dann Autos und versuche, mir zu merken, wie viele rote und wie viele blaue Autos uns begegnen. Unterwegs wünsche ich mir unendlich viele Dinge. Ich wünsche mir, dass es Judy gut geht; dass wir sie mit nach Hause nehmen können; dass Mama und Papa, wenn wir erst einmal dort sind, ihre Meinung ändern und merken werden, dass sie einen großen Fehler gemacht haben. Ich zupfe am Kunststoff des Rücksitzes herum, taste mit den Fingern nach den unregelmäßigen Kanten. Ich werfe kleine Fitzelchen aus dem Spalt im Fenster des fahrenden Wagens und fange den Wind in meiner Hand.

Die Fahrt führt an endlosen flachen Feldern und Bauernhöfen vorbei und scheint niemals zu enden. Mama und Papa sitzen vorne und reden nicht viel. Mama gibt mir einen Oreo-Keks, aber sie vergisst zu lächeln.

Ich trage das gesmokte Kleid, das Judy in Blau hat. Papa hat uns die Kleider aus West Virginia mitgebracht, wo er arbeitet.

Ich hoffe, dass sie es ebenfalls anhat und alle sehen können, dass wir Zwillinge sind. Aber vor allem hoffe ich, dass ihre Schule eine gute Schule ist, mit vielen Spielsachen und Kindern und Erwachsenen, die nicht gemein zu ihr sind.

Wir halten in einer kleinen Stadt namens Washington Court House, um in einem kleinen Restaurant zu Mittag zu essen. Wir haben den Ecktisch, und überall sind Fenster. Es gibt hübsche Plastikblumen und ein weißes Tischtuch, und wir können bestens beobachten, was draußen vor sich geht. Wir bestellen alle Hühnchen mit Brötchen und Haschee, aber ich stochere nur in meinem Essen herum. Ich habe keinen Appetit, aber ich tue so, als würde ich essen, und schiebe alles zu einem ordentlichen Haufen zusammen, damit es nach weniger aussieht. Die Brötchen packe ich für Judy ein. Ich bestreiche sie dick mit Marmelade und wickle sie in meine Serviette. Sie werden ihr schmecken. Ich sehe sie schon vor mir, wie sie mit klebrigen Fingern die Brötchen isst und ihre Mundwinkel ganz lila werden.

Auf dem Schild an der Einfahrt steht nicht »Schule«, sondern »Columbus State Insti … irgendwas«. Die Auffahrt ist lang, und die großen alten Gebäude stehen zwischen Bäumen, sodass keine Sonne hineinscheinen kann. Alles sieht düster und ein wenig unheimlich aus. Beim Aussteigen spüre ich die Kälte, und es fallen ein paar Schneeflocken vom Himmel. Da wir so viel zum Anziehen und ein paar Spielsachen für Judy dabeihaben, gibt es ein Riesendurcheinander, als wir den Kofferraum ausräumen und alles ins Haus tragen.

Bevor wir zu Judy dürfen, müssen wir zunächst in ein anderes Gebäude mit riesigen Gängen. Papa beugt sich durch ein Fenster, um sich stapelweise Dokumente anzusehen und überall zu unterschreiben. Das Warten fällt mir sehr schwer. Ich habe eine Zeitschrift in der Hand, die wir für Judy gekauft haben, und schaue sie mir bestimmt hundert Mal an. Auf einer

Seite sind Bilder von kleinen Kaninchen. Ich wette, das wird ihr gefallen. Sie sehen genauso aus wie die von Onkel Toady, und jeder weiß, wie gerne sie seine Kaninchen auf den Arm nimmt und streichelt.

Als wir das Gebäude endlich betreten, sieht es dort gar nicht aus wie in einer Schule. Ich sehe weder Tafeln noch Poster oder Bücher, noch nicht einmal Spielsachen oder Bauklötze. Alles ist viel zu groß für Kinder, mit einer riesigen Treppe und einem sehr breiten Gang. Er ist leer bis auf ein paar Leute, die an der Wand sitzen. Ein paar von ihnen wiegen sich vor und zurück, ein paar lassen die Köpfe hängen. Es riecht nach abgestandenem Rauch, Schweiß und feuchten Wischmops.

Wir werden gebeten, in einem kleinen Zimmer mit Stühlen und einem alten grünen Sofa zu warten, auf dem wir zusammen Platz nehmen. Der Heizkörper direkt hinter uns zischt vernehmlich, im Zimmer ist es warm und stickig. Außer uns wartet nur noch eine andere Frau. Sie sitzt auf einem Plastikstuhl gegenüber, aber sie schweigt. Ich versuche, sie anzulächeln, aber sie schaut weg. Dann kommt eine große Frau mit einem roten Fleck im Gesicht herein. Sie trägt einen weißen Kittel, umklammert einen Schlüsselbund und führt Judy an der Hand. Neben ihr sieht Judy so klein aus. Kleiner, als ich sie in Erinnerung habe.

Judy läuft sofort auf mich zu und wir umarmen uns fest. Anschließend umarmt sie auch Mama und Papa und beginnt, mit uns zu reden, wie sie es immer tut – mit Lauten, die fast schon Wörter sind. Sie setzt sich einfach auf den Boden und zieht mich zu sich hinunter. Sie will mit uns die Zeitschrift anschauen, die ich mitgebracht habe. Ich schlage sofort die Seite mit den kleinen Kaninchen auf, die ihr in der Tat sehr gefällt. Ich wusste, dass ihr das gefallen würde. Mama wischt sich mit dem Ärmel über die Augen. Sie merkt nicht, dass Judy ihr etwas sagen will. Judy hat immer mehr zu sagen als jeder andere. Wir wissen nur nicht, was. Ich sehe sie durchdringend an und sage laut: »Hallo.« Ich war zu dem Schluss gekommen, dass dies ein guter Einstieg in eine Unterhaltung wäre. Sie antwortet: »Ho, ho, bah«, und tätschelt mein Gesicht.

Weil ich zur Toilette muss, führt mich die Frau mit dem roten Fleck durch ein paar Türen und Flure und lässt mich dann in einem Raum mit noch mehr Türen und Toiletten zurück. Wenn ich fertig bin, soll ich allein zurückgehen. Ich versuche es, finde aber den Weg nicht mehr. Ich habe keine Ahnung, aus welcher Richtung wir gekommen sind.

Ich stehe in einem dunklen Flur, in dem alle Türen gleich aussehen. Ich schaue nach rechts und nach links. Weil ich nicht weiß, welche Tür die richtige ist, mache ich eine nach der anderen auf. Um die richtige zu finden, öffne ich alle und schaue hinein. Aber ich finde nur Zimmer mit Kindern, die keine Schuhe und manchmal noch nicht einmal Kleider anhaben. Ein paar sitzen auf Stühlen und Bänken, aber die meisten liegen auf Matten am Boden. Manche verdrehen die Augen, ihre Körper zucken und winden sich. Sie stöhnen und strecken die Hände aus; aber da ist niemand, der sie ergreift. Nur die schwüle, warme Luft. Es riecht ganz schrecklich nach Schweiß und Toilette, obwohl keine Toilette da ist.

Irgendwann öffne ich die richtige Tür und da sind sie – ganz genauso wie zuvor, außer dass Mama gerade versucht, Rattenschwänzchen aus Judys flaumigem Haar zu machen. Alle sehen genauso aus wie vorher, nur ich bin völlig verändert. Ich habe Angst, und ich habe Bauchschmerzen.

Als wir aufbrechen, gehen Mama und ich zum Wagen voraus. Papa kommt nach. Im Wagen ist es still, und in der Stille füllt sich mein Kopf mit namenlosen Bildern und mit Worten, die ich niemals aussprechen kann. Ich werde all die schrecklichen Dinge, die ich gesehen habe, nie wieder los. Sie bleiben tief in mir verborgen.

In Gedanken kehre ich immer wieder in jene Zeit und an jenen Ort zurück. Ich irre nachts in meinen Träumen und sogar tagsüber in meinen Gedanken über diesen langen Flur und öffne unaufhörlich eine Tür nach der anderen. Alle Farbe ist verschwunden, und ein lautloses Grau hüllt mich ein. Ein anderes Mal bin ich Judy. Dann bin ich an ihrer Stelle dort, und immer irre ich ziellos umher. Ich bin das kleine Mädchen im Heim. Manchmal sind wir beide dort, irren beide umher, aber wenigstens sind wir zusammen. Und immer habe ich diesen Gestank in der Nase, kann ich die Hitze und eine schwere, schwüle Traurigkeit in der Luft spüren.

Seit Judy weg ist, ist alles anders. Aber keiner spricht darüber, dass sie nicht mehr da ist. Es ist wohl leichter, so zu tun, als sei unsere Familie immer noch die gleiche. Wir tun so, als gäbe es keine schlimmen oder traurigen Dinge. Wir wenden uns ab. Es ist nicht ratsam zu sagen, dass man traurig ist; und wenn man weint, macht man damit nur die anderen traurig. Keiner weint. Keiner weint um Judy. Nach einer Weile spricht auch fast niemand mehr von ihr, und wir reden nie darüber, wo sie ist. Nie.

Ich esse jetzt mit meinen großen Brüdern am Tisch. Den kleinen Tisch, den unser großer Bruder Wally für Judy und mich gemacht hat, haben wir Nachbarn mit Kindern, ein paar Häuser weiter, geschenkt. Jimmy stochert im Essen herum und beschwert sich über die Kerne in seinen Tomaten. Wally und Dicky unterhalten sich über Autos und Football. Ihre Worte verursachen einen Nebel in meinem Kopf. Ich will nur schnell essen und dann wieder raus. Wie wir alle. Es gibt so viele Orte zum Spielen, dass wir abgesehen vom Abendessen möglichst wenig Zeit zu Hause verbringen wollen.

Bald, vielleicht sogar sofort nachdem Judy weg ist, hört Mama auf, sich um uns zu kümmern. Ständig vergisst sie alles. Sie vergisst sogar, dem Milchmann sein Geld zu geben, damit er uns Milch bringt. Anfangs bemüht sie sich noch, ein Essen auf den Tisch zu stellen: Hackbraten, Ofenkartoffeln und Opas eingemachte grüne Bohnen und Rote Bete; Brathähnchen, Kartoffeln und grüne Bohnen; Hamburger, Kartoffeln und grüne Bohnen. Aber bald ist es auch damit vorbei. Manchmal stellt sie uns morgens eine Müslischachtel auf den Tisch. Sie wäscht noch eine Weile unsere Wäsche, dann hört sie auch damit auf. Im Badezimmerschrank häuft sich die schmutzige Wäsche, bis irgendwann die Tür nicht mehr schließt.

Sie schenkt uns keinerlei Beachtung mehr, ihr Blick geht weit in die Ferne. Meist steht sie am Herd und hat den Backofen eingeschaltet. Sie sagt, es sei so kalt im Haus. Aber das ist nicht wahr. Sie zittert am ganzen Körper und klappert ununterbrochen mit den Zähnen. Ich kann sie klappern hören, während ich die Aufschrift auf der Müslischachtel lese.

Eines Tages ist Mama weg. Es heißt, sie hätte einen »Nervenzusammenbruch«. Weil sie weg ist, muss Papa sich um uns kümmern, wenn er von der Arbeit nach Hause kommt. Ich bin in der zweiten Klasse, und jeden Tag nach der Schule sitze ich daheim in der Küche, schaue auf die Uhr und warte, dass er sein Büro in dem Hochhaus in der Stadt verlässt, wo die Tauben auf die Fensterbänke machen, und nach Hause kommt. Kurz bevor er eintrifft, verstecke ich mich in den Forsythiensträuchern an der Ecke, wo der Bus hält. Wenn er dann aussteigt, springe ich heraus und überrasche ihn. Es ist immer ungefähr halb sechs. Ich bin jeden Tag da, aber ich überrasche ihn immer wieder. Er kapiert es einfach nicht.

Abends darf ich ihm etwas vorlesen, während er in dem großen roten Sessel in der Ecke sitzt. *Der Elefant im Vogelnest* ist unser Lieblingsbuch, und wir sagen gemeinsam: »Ich meine, was ich sage, und ich sage, was ich meine … Elefantentreue ist hundert Prozent – oder keine!« In diesem Augenblick weiß ich, dass ich genauso empfinde wie Horton, der Elefant, aber im Hinblick auf Judy. Papa bringt mich ins Bett, das heißt, er bringt mich nicht wirklich ins Bett. Er sagt: »Es wird Zeit, ins Bett zu gehen«, und ich rufe: »Nein!« Worauf er erwidert: »Tja, da braucht wohl jemand einen Klaps auf den Po«, einen Hausschuh auszieht und drohend hebt. Ich kreische, laufe im Flur ein paar Mal im Kreis und er mir immer hinterher, springe in mein Bett und krieche ganz tief unter die Decke. Dann kommt er ins Zimmer und fragt: »Wo ist Joyce? Wo ist sie nur? Wohin ist sie verschwunden?« Er tastet alle Beulen in der Bettdecke ab, und wenn er mich gefunden hat, kitzelt er mich. Ich wünschte, eine der Beulen wäre Judy; ich wette, das wünscht er sich auch.

Lange Zeit später, ich weiß nicht genau wie lange, kommt Mama nach Hause. Zuerst bleibt sie in ihrem Zimmer und schläft viel. Sie hat sich verändert, und bald verändert sich auch unser Haus. Eine unnatürliche Ordnung hält Einzug – und eine große Kälte. Es herrscht eine Leere, ein Gefühl, als ob alles von einer Frostschicht überzogen sei. Wir werden zu Schneemenschen. Ich bin ein Schneemädchen und lebe in einem mit roten Backsteinen verkleideten Iglu, das von außen immer noch so aussieht wie unser Haus. Ich bin ganz still und lausche dem Geräusch des fallenden Schnees. Ich kann spüren, wie er leise in meinem Zimmer fällt und sich auf unsere Puppen, auf mein Bett und auf die Stelle legt, wo Judy neben mir geschlafen hat. Leise fällt der Schnee und deckt alles zu.

Mama legt jetzt sehr viel Wert auf Ordnung. Aber noch wichtiger als die Ordnung ist ihr das Bridgespielen. Im Laufe der Zeit wird sie sich zu einer echten Bridgeexpertin entwickeln. Ich sehe, wie sie vor Konzentration die Stirn in Falten legt, während sie klassische Techniken und kunstvolle Manöver auswendig lernt, sich die Karten einprägt und die kleinen

Eigenheiten der einzelnen Spieler ins Gedächtnis ruft. Wenn Papa von der Arbeit kommt, spielt und spricht sie mit ihm stundenlang die Partien vom Vorabend durch, die Karten auf dem ganzen Wohnzimmerboden verteilt. Ich wünsche mir ihre Aufmerksamkeit, dass sie mit mir reden, lehne mich an den Stuhl und warte. »Psst!«, sagt Mama. »Geh raus zum Spielen oder mach irgendwas anderes. Siehst du denn nicht, dass wir gerade beschäftigt sind?«

Da alles Weiche aus Mama gewichen ist, gibt es keine liebevollen Umarmungen mehr, bei denen sie mich an ihren warmen, weichen Bauch drückt. Stattdessen verwendet sie Gummibänder, um alles zusammen und in Ordnung zu halten: Bleistifte, Zettel, Eierschachteln, die Tüte mit dem Katzenfutter. Gummibänder überall. Allmählich wünschte ich, sie würde auch um mich ein Gummiband legen, denn ich bin auf der Suche nach einem Weg, wie sie mich ganz fest umarmt und nie wieder loslässt.

Abends komme ich nicht zur Ruhe. Ich schleiche auf Zehenspitzen durch den Flur und höre, wie sich Mama und Papa leise in der Küche unterhalten. Am lautesten ist das Klirren der Eiswürfel in ihren Gläsern, wenn sie an ihren Highballs nippen. Ich beuge mich vor, schleiche Zentimeter um Zentimeter näher an sie heran. Am Dienstag, als ich in der Schule war, ist Mama ohne uns mit ihrer Freundin René zu Judy gefahren. Ich sehne mich nach Neuigkeiten von ihr und stelle mir vor, meine Eltern hätten endlich beschlossen, sie wieder nach Hause zu holen.

Ich höre, wie Mama zu Papa sagt: »Ich wünschte, du wärst dabei gewesen, Scotty. Es war so merkwürdig. Da ist auf einmal so ein dünnes kleines Mädchen aufgetaucht und hat sich zu mir und Judy auf die Bank vor dem Haus gesetzt. Ich habe keine Ahnung, wo in aller Welt sie herkam. Es hätte doch irgendjemand auf sie aufpassen müssen. Du weißt schon, die alte Holzbank, die aussieht, als hätten schon Tausende von Menschen untätig darauf herumgesessen. Weißt du, welche ich meine? Und dann sagt dieses Kind aus heiterem Himmel: ›Sing mir was vor.‹ Ich habe tatsächlich eine Sekunde lang versucht, etwas zu singen, aber dann konnte ich nur noch an eines denken: Wenn Judy uns doch nur darum bitten könnte, nur ein einziges Mal! Ich weiß natürlich, dass sie das nicht kann und es auch niemals können wird. Außerdem weißt du ja, wie das mit mir und dem Singen ist. Es hatte keinen Zweck, mich lächerlich zu machen.«

Sie gibt den Eiswürfeln in ihrem Glas einen Stups, und sie klirren leise. Ich kann sie nicht sehen, aber ich stelle mir vor, dass sie durch das hintere Fenster nach draußen starrt, wie sie es immer tut. Was sie dort sieht, werde ich nie erfahren. Ich spähe vorsichtig um die Ecke, als sie sagt: »Weißt du noch, wie ich mit den Mädchen in der Wanne ›I'm Looking Over a Four-Leaf Clover‹ gesungen habe? Ich schätze, das waren glückliche Zeiten, nicht wahr? Ich wünschte, ich hätte es damals schon gewusst. In gewisser Weise hat Judy auch mitgesungen, sie hat immer diese Geräusche gemacht. Man könnte durchaus sagen, sie hat gesungen, oder?« Papa nickt, dreht den Kopf zur Seite und richtet den Blick auf das Geschirr, das er in die Spüle gestellt hat. Sie mögen es sauber und ordentlich.

Ich höre Mama sagen: »Machst du mir noch einen Drink? Magst du deinen denn nicht? Ich weiß nicht. Ich wünschte, du wärst dabei gewesen. Ich wusste nicht, was ich mit diesem dürren schäbigen kleinen Mädchen anfangen sollte, das da neben uns saß. Was ihm wohl fehlt, dem armen kleinen Ding? Jedenfalls bin ich schnell mit Judy aufgestanden und ein Stück den Gehsteig entlang gegangen. Es schien, als würde sie unseren

Wagen erkennen, aber ich weiß es nicht genau. Vielleicht wäre sie ohnehin zum ersten Auto hingelaufen – ganz gleich, was es für eines war. Du weißt ja, wie zurückgeblieben sie angeblich ist. Wir sind auf dem Gelände herumgefahren, und dann haben wir sie wieder abgeliefert. Zum Glück hat René auf mich gewartet. Es gab ja nicht viel, was wir hätten tun können. Ich hasse die Rückfahrt. Vor allem, wenn du nicht dabei bist.«

Sie schwieg, dann fügte sie hinzu: »Ach, jetzt fällt mir doch noch etwas ein, das wir gemacht haben. Wir sind eine Weile im Gras gesessen, und ich habe angefangen, nach vierblättrigen Kleeblättern zu suchen, so wie früher. Nur so zum Zeitvertreib. Weil sie ein vierblättriges Kleeblatt nicht von einem Kaugummistreifen unterscheiden kann, dachte ich recht bald: ›Das bringt doch nichts.‹ Aber es schien, als würde sie das Gras gerne berühren, und sie durchsuchte es mit ihren Fingern und hielt nach irgendetwas Ausschau, genau wie wir. Wer weiß schon, woran sich ein Mensch wie sie erinnert, wonach er sucht?«

Aber dann wechseln sie das Thema und sprechen über Bridge. Meine Lider sind schwer, und ich schleiche zurück ins Bett, wo ihr leises Gemurmel kaum noch zu hören ist.

»Gott segnet dich. Er gewährt dir deine Bitten. Aber nur, wenn du betest. Du musst ganz viel beten!« Kathy spricht die Worte mit Inbrunst und wackelt mit den Zehen ihres verdrehten Fußes. Ich denke oft über ihren Fuß und die Kinderlähmung nach, und ich bin neugierig, wie das so ist mit dem Beten. Kathy ist katholisch, genau wie Nancy, Nita und Martha von nebenan, und alle machen sich große Sorgen, was wohl aus unseren nicht-katholischen Seelen wird.

Wir treffen uns oft bei Kathy. Wir lehnen sie an das nachgebende Garagentor, schließen die Augen, und jede von uns spricht noch ein besonderes Gebet, bevor wir die Augen wieder aufreißen und verkünden: »Du kannst jetzt gehen. Du kannst deine Krücken wegwerfen. Du glaubst. Wir glauben. Glaube, glaube daran, dass du es kannst. Komm jetzt, geh!« Wir wissen, dass sie glaubt und dass auch wir glauben. Wir entfernen uns gerade so weit, dass sie uns nicht mehr berühren kann, stellen uns in einer Reihe auf, ermuntern sie und schauen sie voller Hoffnung und Erwartung an.

Der Blick in ihren blauen Augen verrät feste Entschlossenheit und absolute Bereitschaft. Sie beugt sich vor, macht einen Schritt, stolpert und fällt. Wir helfen ihr auf, lehnen sie etwas näher an die Ecke, schieben mit den Füßen ein kaputtes Brett und einen Stein zur Seite und versuchen es noch einmal. Und noch einmal. Irgendetwas stimmt nicht. Vielleicht sind unsere Gebete nicht stark genug. Oder vielleicht haben wir noch nicht oft genug gebetet.

Aber Kathy und ihre Freundinnen sind sich sicher, wenn man nur oft und lange und inbrünstig genug betet – und glaubt, wirklich glaubt –, wird Gott die Bitte gewähren. Sie wissen einfach, wenn man richtig betet, wird er die Bitte gewähren.

Und so beginne auch ich zu beten und nach Möglichkeiten zu suchen, wie ich noch besser beten, wie ich meine Gebete bündeln und konzentrieren kann. Ich nehme mir vor, ununterbrochen zu beten. Ich habe das Gefühl, dass ich damit durchaus Erfolg haben könnte. Ich bete beim Seilspringen, beim Himmel-und-Hölle-Spielen, wenn eine Sternschnuppe fällt oder wenn ich an einem »Wunschknochen« ziehe. Ich bete, wenn ich um die Hausecke mit den verbeulten Mülleimern und ihren verbogenen Deckeln biege. Ich bete unter dem großen Maulbeerbaum mit den Baumhäusern der Jungs. Überall landen Wünsche, Gebete und Beschwörungen – im Winter als Schneeflocken, im Frühling als Regentropfen. Im Sommer rauschen Sturzbäche von Gebeten wie warmes Wasser durch die Rinnsteine. Beim Reden setze ich Gebete zwischen meine Worte. Mal steigt ein Gebet als Lied in mir auf und wird gesungen. Mal setzt es sich aus Zahlen zusammen und wird gezählt. Mal ist es das Klopfen meines Herzens. Aber es hat immer einen Rhythmus. Ich bete, wenn ich mich schlafen lege; ich bete, wenn ich aufstehe: »Lass es Judy gut gehen, lass Judy sprechen, lass Judy nach Hause kommen.«

Manchmal bete ich auch darum, dass Judy in richtigen Worten zu mir spricht. Ich frage mich oft, warum sie nie Worte benutzt, die ich kenne. Manchmal öffnet und schließt sie lautlos den Mund. Mit ihren großen, zärtlichen Augen sieht sie dann wie ein Goldfisch aus. Manchmal kann man sie sprechen hören, aber es sind keine Worte, sondern eine Aneinanderreihung leiser, gurgelnder Laute wie das Gurren einer Taube. Sie stammen aus einer längst vergangenen und fast vergessenen Zeit. Ihr Geplapper, ihre Laute sind, als sänge sie ein Lied, dessen Text sie nicht kennt; ein Lied mit einem Rhythmus, mit hohen und tiefen Tönen; eine Unterhaltung im Tonfall eines angeregten Gesprächs, das auf die Diskussion von Themen schließen lässt, die beiden Seiten am Herzen liegen.

Aber es kommt vor, dass ich vergesse zu beten; dass es mir schwerfällt zu beten, zum Beispiel wenn ich mit den anderen Kindern auf der Veranda Monopoly oder Canasta spiele. An den Sommerabenden, wenn alle Nachbarskinder Verstecken spielen, gehe ich ganz darin auf. Irgendwann erschallt der Ruf: »Ihr könnt rauskommen!« Das bedeutet: »Es ist in Ordnung, ihr könnt jetzt wiederkommen«, und das ist so ähnlich wie das, worum ich bete.

Kathy nimmt mich mit in die kleine Betongrotte mit den Plastikblumen nicht weit von der Guardian Angels School und bringt mir das »Gegrüßet seist du, Maria« bei. Sie sagt, hier seien schon viele Wunder geschehen. Ich weiß nicht genau, wie

Wunder funktionieren, oder auch nur, wie ein solches Wunder aussähe. Ich weiß nur, dass ich ein Wunder brauche. Ich möchte, dass Judy nach Hause kommt, und das wäre dann ein Wunder, weil ich es allein nicht hinbekomme. Deshalb bete ich.

In meinen Träumen werden meine Gebete erhört, und Judys Laute verwandeln sich in Worte, die ich verstehen kann. In meinen Träumen vertrauen wir uns im Flüsterton die Geheimnisse unserer Puppen an. Ich bin mir sicher, jetzt ist es nur noch eine Frage der Zeit. Bald werden wir uns leise im Dunkeln Geschichten erzählen, die Köpfe unter der Decke zusammengesteckt, Haare und Atem durcheinander und miteinander verschlungen.

Wieder wird es Frühling, und er bringt ein Katzenbaby namens Smokey mit sich. In seinem kleinen Körper trägt Smokey einen Teil der Zärtlichkeit, die vor ein paar Jahren mit Judy verschwunden ist. Ich liege mit dem neuen Kätzchen auf unserem Bett und streichle sein weiches Babyfell. Weit weg ruft jemand meinen Namen und reißt mich aus meinen Gedanken. Es ist Carolyn, meine neue Schulfreundin. Sie ist groß und dünn und hat von der Sonne gebleichte Strähnen im Haar. Wir werden schnell die allerbesten Freundinnen, streifen gemeinsam durch die Wälder und bauen Höhlen aus Heckenkirschen.

Wir lernen uns kennen, als sie sich bei Miss Mahony in der vierten Klasse neben mich setzt. Nach Schulschluss gehen wir zusammen den Schlackenweg nach Hause. Wir laufen eine Weile schweigend nebeneinander her, dann schaut sie mich an und sagt: »Ich habe einen kleinen Bruder, der redet komisch.« Erschrocken höre ich, wie sie fragt: »Du hast auch eine Schwester, die komisch redet, oder?« Zunächst schweige ich. Ich weiß weder, was ich sagen soll noch wie ich es sagen soll. Ich rede nie von Judy und werde auch nie nach ihr gefragt. Nach langem Schweigen murmle ich schließlich eine kurze, vage Antwort.

»Was ist mit ihr passiert?« Wir gehen weiter, und die Schlacke knirscht unter unseren Füßen. Ich sehe Carolyn von der Seite an und überlege, ob ich ihr etwas erzählen kann. Ich sage, dass Judy in einer anderen Stadt auf eine besondere Schule geht, mehr nicht, aber ich füge hinzu: »Ja, das stimmt, sie redet komisch«, und wir nicken beide. Wir haben etwas gemeinsam, und das verbindet. Aber ich erzähle Carolyn nichts von den hohen, dunklen Räumen der Anstalt; dass ich Judy gesucht und mich verlaufen habe; oder von dem warmen weichen Bett, in dem ich Nacht für Nacht mit meiner Schwester schlief.

Eines Tages höre ich beim Abendessen, wie Mama und Papa darüber sprechen, dass Judy zu Hause Urlaub macht. Ich weiß, was Urlaub ist. Urlaub ist wie Ferien. Aber wie wird es für Judy sein, wieder zu Hause zu sein? Ich male mir ihre Heimkehr aus, besonders vor dem Einschlafen, wenn ich mich an die Zeit erinnere, als wir noch zusammen waren. Wie einfach und wie gut es für uns sein wird, wieder eine Familie zu sein. Bestimmt werden Mama und Papa merken, dass es falsch war, Judy wegzuschicken. Es ging ihr gut zu Hause. Sie wird keine Schwierigkeiten machen. Es wird wieder alles möglich sein. Sie kann mit meinen Puppen, unserem Puppengeschirr, den Murmeln und allem anderen spielen, wenn sie will. Ich habe alles aufgehoben. Sie könnte Zeitschriften anschauen und sie zerreißen, wenn sie mag. Das wäre in Ordnung. Das stört niemanden.

Aufgeregt überschlagen sich meine Gedanken, während ich Pläne für unser erneut gemeinsames Leben schmiede: Ich kann morgens in allerletzter Minute aufbrechen, den Schlackenweg zur Schule entlangrennen und zum Mittagessen mit Judy, Jimmy und Mama wieder zu Hause sein. Judy und ich werden wie früher in unserem großen Sandkasten spielen. Ich werde mich um sie kümmern, und sie kann Kathy und mir immer Gesellschaft leisten. Wir werden die Reifenschaukel anschieben, wenn sie darin sitzt, und wenn es regnet, gehen wir zusammen zu Tante Helen und holen uns einen Keks, und Judy kann mit den leeren Garnrollen und dem Garn spielen, so wie immer. Wenn sie nach Hause kommt, können wir einen Ball an einer Schnur hinter uns herziehen, und Smokey kann ihn jagen. Judy wird lachen. Ich kann ihr zeigen, wenn nachts die an den Bäumen hängenden Zikaden schlüpfen, und Leuchtkäfer für sie fangen. Ich werde sie daran erinnern, dass sie die Hände ein wenig wölben muss, um sie nicht zu zerquetschen. Das könnte zwar trotzdem passieren, wäre aber keine Absicht.

Ich sehne den Tag der Begegnung zwischen meiner Schwester und meinem Kätzchen herbei. In dem Augenblick, in dem sich der Kreis zwischen ihnen schließt und unsere Liebe in alle Richtungen strömt, wird meine Liebe zu meiner Schwester irgendwie in den Körper meiner Katze übergehen und die Liebe zu meiner Katze in Judys Körper fließen. Zart und leichter als das Sonnenlicht.

Judy kommt tatsächlich, wie von Mama versprochen, auf Urlaub nach Hause. Sie lernt Smokey kennen, und für kurze Zeit fühlt sich dieser Sommer beinahe an wie früher. Es ist heiß und grün und die Zikaden singen den lieben langen Tag bis in die späte laue Nacht hinein. Wir spielen Spiele, bei denen Judy mitmachen kann, und solche, die sie nicht beherrscht. Sie schafft es immer noch, die Beine um den Kopf zu schlingen und auf der Veranda Tricks vorzuführen, die nur sie allein kann. Wir essen Vollkornflakes am Küchentisch, lassen die Beine baumeln und tätscheln einander die Arme.

Mein Herz jauchzt vor Freude über Judys Rückkehr, als es an der Insektengittertür klopft. Sie sind zu fünft. Klein, dünn und traurig, mit staubigen kurzen Hosen und aufgeschlagenen Knien. Keiner sagt ein Wort. Judy isst weiter, während ich die Türe öffne und in ihre betrübten Gesichter und ihre traurigen, sorgenvollen Augen starre. Sie machen kehrt, und ich folge ihnen die Betontreppe hinunter, den Steinweg entlang, an den Mülltonnen an der Ecke vorbei in den Garten neben dem Haus.

Smokey liegt ausgestreckt auf dem Boden. Er ist tot. Während Judy und ich ahnungslos umschlungen geschlafen hatten, war sein Körper kalt und steif geworden und die Nachtluft hatte alles Weiche davongetragen. Ich kann den Blick nicht von ihm abwenden. Dann drehe ich mich um, laufe ins Haus, die Treppe hinauf, durch mein langes Zimmer unter dem Dach und lasse mich in unser Bett fallen. Nur Judy läuft mir nach, schlüpft zu mir unter die Decke und hält mich, während ich schluchze. Sie schlingt ihre kleinen Arme um mich und wiegt mich sanft.

Der Sommer ist vorüber. Der Besuch ist vorüber. Unsere Katze ist tot. Und Judy ist fort und wird, obwohl ich es damals noch nicht weiß, nie mehr zurückkehren.

3

Grabgedichte

Jimmy Mergler war an allem schuld. Er war dürr und schmuddelig und früher einmal waren wir Freunde gewesen und gemeinsam durch die Regenwasserkanäle gekrochen. Wir krochen so lange weiter, bis wir einen offenen Kanaldeckel fanden, und mussten dann irgendwie wieder den Weg nach Hause finden. Jimmys Mutter Millie ist Mamas beste Freundin. Sie ist etwas rundlich, trägt Stöckelschuhe, massenweise Schmuck, knallroten Lippenstift und sieht – abgesehen von ihrer Körperfülle – ein wenig wie ein Filmstar aus. Jeden Tag, wenn Mama mit Millie telefoniert, lehnt sie am Herd, den Hörer in der einen, die Zigarette in der anderen Hand.

An diesem Morgen kommt mein Vater wegen Bauchschmerzen ins Krankenhaus. Anschließend telefonieren Mama und Millie sehr lange. Mama spricht in dem ganz besonderen Flüsterton, der so schwer zu verstehen ist, und ich spitze die Ohren. Ich hatte auch schon Bauchschmerzen und weiß, dass sie wieder weggehen. Keine Sekunde lang mache ich mir Sorgen. Oder jedenfalls nicht, bis ich Jimmy auf dem Weg zum Unterricht – wir gehen beide in die vierte Klasse – auf dem Schlackenweg treffe.

Er sagt ohne Umschweife: »Tut mir leid, dass dein Papa einen Herzinfarkt gehabt hat«, und kickt einen Stein vor sich her.

»Was meinst du damit? Was erzählst du denn da? Mein Papa hat keinen Herzinfarkt gehabt. Er hatte nur schlimme Bauchschmerzen, mehr nicht.«

Jimmy bleibt stehen und sieht mich von der Seite an. »Also, meine Mama hat was anderes gesagt. Aber vielleicht …« Er kickt den Stein weiter den Weg entlang.

»›Vielleicht‹ ist richtig. Erzähl bloß keine Geschichten! Er hatte ganz bestimmt keinen Herzinfarkt.«

In diesem Augenblick wird mir klar, dass ich Jimmy hasse. Dass ich ihn schon immer gehasst habe.

Aber es stimmte. Mein Vater hatte einen Herzinfarkt gehabt und war danach wochenlang weg.

Als er nach Hause kommt, warte ich auf ihn, wie an den vielen anderen Tagen, als ich darauf wartete, dass er vom Büro nach Hause kam. Ich schaue auf die Uhr an der Küchenwand und blättere in einem alten Nancy-Drew-Detektivroman, den ich schon ein paar Mal gelesen habe. Endlich kommt er den Weg herauf, vorbei an dem Hartriegel, den er vor zwei Jahren im Wald entdeckt und für mich gepflanzt hat. Er nennt ihn unseren »Joycie-Baum«. Unsere Hündin Bootsy, die er fast so innig liebt wie ich, läuft ihm zur Begrüßung entgegen, springt an ihm hoch und wedelt so heftig mit dem Schwanz, dass der ganze Körper mitwedelt. Er nimmt kaum Notiz von ihr. Was mich angeht, bekomme ich eine sehr kurze Umarmung, und anschließend geht er gleich ins Bett. Ich sehe, wie er sich hinlegt, als Mama die Türe schließt.

Als mein Vater aus dem Krankenhaus kommt, ist er nur noch ein Schatten seiner selbst, zerbrechlich wie eine leere Heuschreckenhaut, die im Sommer an unserer Eiche hängt. Auf Anweisung des Arztes verbringt er die meiste Zeit im Bett oder auf dem Sofa. Mama erklärt uns, dass er nichts tun darf und sich ausruhen muss. Darum liegt er einfach nur da, einen Arm über die Augen gelegt.

In dieser Zeit wird alles anders – für mich und auch für Judy. Als sie ins Heim kam, ließen wir den Kontakt nie völlig abreißen. Einmal im Monat fuhren wir über die Landstraßen nach Columbus, um sie zu besuchen. Ich schaute die ganze Fahrt über aus dem Rückfenster, sah Bauernhöfe mit Kühen und Luzernefeldern vorüberziehen und in der Ferne verschwinden, und jedes dieser Felder brachte mich Judy näher. Mama und Papa unterhielten sich, und ihre Stimmen verschmolzen mit dem Klang des Radios. Ich dachte darüber nach, dass ich bald bei Judy und wir wieder zusammen sein würden – zumindest für kurze Zeit. Aber das war vor Papas Herzinfarkt. Danach fährt er nicht mehr Auto, noch nicht einmal, um Judy zu besuchen. Er kocht auch nicht mehr, noch nicht einmal sein Spezial-Chili, nach dem wir uns alle sehnen. Er lässt sogar den großen Garten, der ihm so viel bedeutet, einfach verwildern und sterben.

Nach Papas Herzinfarkt wird Judy nach Gallipolis verlegt. Das ist noch weiter von Cincinnati entfernt, am Ohio River, kurz vor der Grenze zu West Virginia, und wir besuchen sie immer seltener. Ich bekomme zufällig mit, wie Mama Millie am Telefon erzählt, Judys Schule hätte ihnen mitgeteilt, sie sei außer Rand und Band und würde andere Kinder beißen. Ich kann es nicht glauben. Judy soll andere Kinder beißen? Das erscheint mir unmöglich. Ich denke: Ich würde wirklich gerne wissen, was sie zu der Geschichte zu sagen hat, und frage Mama, ob wir sie in der neuen Schule nicht wenigstens anrufen können. »Sei nicht albern«, erwidert sie.

Es ist jetzt schwieriger, weil Mama ohne Papa nicht gerne längere Strecken fährt und sie sich immer Sorgen macht, wenn sie ihn alleine lässt. Deshalb bleibt sie bei ihm zu Hause, als ich Judy endlich zum ersten Mal in Gallipolis besuche. Mein Bruder Wally ist neun Jahre älter als Judy und ich und fährt mich hin. Seine Freundin Carol begleitet uns. Carol dreht sich zu mir um, flicht mir die Haare und befestigt sie oben auf meinem Kopf, damit ich besonders schön aussehe und Judy überrasche. Die Fahrt dauert Stunden, aber wir haben Spaß. Wir spielen und erzählen alberne Witze. Ehe wir es uns versehen, sind wir am Fluss, dann an einem großen Tor und angekommen. Ich hatte gedacht, dass diese Einrichtung etwas kleiner und schöner wäre und es Sachen gäbe, die Kindern Spaß machen. Als wir dort ankommen, ist die Anstalt tatsächlich kleiner. Aber sie scheint immer noch zu groß, zu düster und unheimlich und unterscheidet sich nicht sehr von der Schule in Columbus.

Zwei Häuser von Judys Wohnheim entfernt entdecken wir eine Schaukel und bleiben lange dort. Judy lacht, als ich sie an den Knien anschiebe, ihre Füße packe, sie nach hinten wegstoße, unter ihr durchlaufe und auf der anderen Seite wieder auftauche. Danach setzen wir uns beide auf die Schaukel. Ich habe Judy auf dem Schoß, ihre Beine liegen auf meinen. Wally schiebt uns an, lässt uns höher und höher fliegen, und wir jauchzen vor Vergnügen.

Auf dem Heimweg denke ich an die Frau, die Judy gebracht hat, als wir im Flur warteten. Sie hielt ihre Hand, half ihr mit dem kleinen blauen Pullover und nahm sie zum Abschied in den Arm. Schon die Art, wie sie Judys Hand hielt, während sie auf uns zukamen, vermittelte mir den Eindruck, dass sie sie gern hatte. Als wir gingen, stand sie immer noch an der Tür, sah Judy nach und winkte ihr erst einmal, dann noch einmal zu. Sie wandte sich niemals ab.

Ich stelle mir vor, dass sie im gleichen Gebäude wohnt. Vielleicht schläft sie im Erdgeschoss hinter der Tür neben dem Wartezimmer; vielleicht steht ihr Bett sogar vor der Tür des Raumes, in dem Judy schläft. Ich taufe sie Cora. Cora ist ein guter Name, der Name eines guten Menschen. Ich stelle mir vor, dass Cora sich Judys angenommen hat und weiß, dass sie witzig und albern und lieb ist und bei Regen die Regenwürmer auf dem Gehsteig rettet, genau wie ich. Sie versteht, dass Judy klug ist, auch wenn sie noch nicht sprechen kann, und dass sie immer vor allen andern weiß, wenn jemand traurig ist, ihn umarmt und ihm das Gesicht tätschelt. Manchmal legt sie sogar den Finger auf die Nasenspitze des anderen und drückt, um ihn zum Lachen zu bringen. Ich male mir aus, dass Cora Judy abends zudeckt, so wie Kathys Mama das bei mir macht, wenn ich dort übernachte. Ich kann sehen, wie sie Judys Wange küsst und sie umarmt, und ich weiß, dass Judy nicht so allein ist.

Von da an gehe ich bei allen unseren Besuchen mit Judy zu dieser Schaukel. Es wird unser Ritual. Es stört uns auch nicht, wenn es ein wenig regnet. Das ist eine Sache, auf die wir uns verlassen können. Wenn ich zu Hause vor dem Einschlafen in dem Bett liege, in dem wir früher gemeinsam geschlafen haben, stelle ich mir Judy auf dieser Schaukel vor. Aber in meiner Vorstellung ist es immer Papa, der uns anschiebt, wie es früher immer war. Wir lachen – Papa, Judy und ich.

Bei unserem nächsten Besuch bin ich mit Mama allein und kann auf dem Sofa vor Aufregung kaum still sitzen. Während ich warte, dass Cora Judy zu uns bringt, spiele ich mit den Büchern, die wir mitgebracht haben. Ich weiß, dass Judys Haare ordentlich gekämmt und mit einer kleinen Spange an der Seite geschmückt sein werden. Judy platzt erwartungsvoll ins Zimmer, aber anstelle von Cora begleitet sie eine fremde ältere Frau, die dünn, verkniffen und mürrisch aussieht und es eilig hat, sie loszuwerden.

Wenn ich nach diesem Besuch an Judys Unterbringung in Gallipolis denke, lerne ich irgendwie, die großen Zimmer mit der stickigen Luft und den Körpern auszublenden, die jeweils die Traurigkeit der anderen einatmen. Ich blende den dunklen Flur aus, in dem es auch dann zieht, wenn die Türen geschlossen sind. Ich blende die Reihen von Metallbetten aus, die im

Obergeschoss in Reih und Glied stehen, alle sauber und leer und am Fuß mit einem maschinengeschriebenen Namensschild versehen, daneben eine ordentlich gefaltete Decke.

Ohne Judy bin ich einsam und suche ich Trost in Büchern. Ich finde heraus, dass im Märchen jederzeit etwas Magisches passieren kann – wie schlimm die Lage auch sein mag. Ein Mädchen kann aus einem jahrhundertelangen Schlaf erwachen, eine böse Hexe eingesperrt und die von ihr entführten Kinder befreit werden. Ich warte auf unsere ganz persönliche Magie, warte darauf, dass Judy diesen schrecklichen Ort verlassen kann. Aber der ersehnte magische Moment für Judy und mich bleibt aus. Und so verlege ich mich im Laufe der Zeit von Märchen auf Grabinschriften – Grabinschriften für tote Kinder, auf die ich zufällig in einem großen Buch in der Bücherei gestoßen bin. Ich notiere sie auf kleine Zettel, die ich ein paar Mal falte und in meinem Zimmer unter der Matratze verstecke.

So klein, so süß, so früh;
Ein Engel stieg auf die grüne Erde herab und
pflückte ein Blümlein;
Ein Sonnenstrahl, uns viel zu kurz geliehen.

Ich hätte nie gedacht, dass ein anderer die Traurigkeit verstehen könnte, die ich spüre. Aber ich merke sofort, dass die Verfasser dieser Grabinschriften ebenso empfanden wie ich.

Ich schreibe einige der Gedichte auf kleine Zettel und trage sie zusammen mit besonderen Kieselsteinen in der Rocktasche mit mir herum. Ich stelle mir vor, dass sie Geschichten von Judy und mir in sich bergen und sie mir auf diese Weise nahe bleibt. Am Anfang ist es nur einer – der Stein aus unserem Sandkasten, der immer zuerst in unsere Steinsuppe kam. Danach gaben wir Maulbeeren, Gras und Wasser dazu und rührten um. Ich denke gerne an unsere Suppe. Nach und nach kommen mehr Steine und mehr Erinnerungen hinzu, und beim Gehen stecke ich eine Hand in die Tasche, um sie zu berühren, und streife mit der anderen an den Büschen entlang, genau wie Judy und ich es früher taten. Wir wussten, wie sich die einzelnen Büsche anfühlten, kannten die stacheligen und die glatten.

Inzwischen bin ich fast zehn und in der fünften Klasse. Judy ist seit knapp drei Jahren weg. Ich habe eine Familie, eine Klasse, eine Schule, und gehöre doch nirgendwohin. Mein Platz ist nach wie vor bei Judy, und Judy ist weg. Wir besuchen sie noch seltener als früher. Mama arbeitet, macht sich Sorgen und ist ständig müde. Papa sieht traurig und auf eine andere Art müde aus und sorgt sich offenbar hauptsächlich um sich selbst. Ich sehe, wie er auf dem Sofa sitzt und immer wieder seinen Puls fühlt.

Ich fürchte, dass Judy ganz in Vergessenheit geraten könnte, wenn ich mich nicht an sie erinnere. Es sieht nicht so aus, als dächten meine Brüder viel an sie. Sie sagen nie etwas. Niemand sagt etwas. Bis auf mich und die Erinnerung, die ich mit den Steinen in meiner Tasche bewahre, die ich jederzeit anfassen und in die Hand nehmen kann, ist es immer mehr, als hätte es Judy nie gegeben. Sogar meine Liebe zu ihr hat sich verändert: Judy zu lieben fühlt sich beinahe genauso an wie sie zu vermissen.

Warum haben sie Judy an diesen furchtbaren Ort geschickt? Warum nicht mich? Ich denke an das Riesendurcheinander nach unserer Geburt. Sie hatten nicht mit Zwillingen gerechnet und wussten lange nicht, wie sie uns nennen sollten, und dann gab es noch eine Verwechslung mit unseren Namen. Ich wusste, dass das große Baby Joyce hieß und zuerst nach Hause kam. Aber das große Baby war nicht Joyce, sondern Judy. Ich war das kleine Baby, das im Brutkasten im Krankenhaus blieb. Unsere Eltern lachten über das Kuddelmuddel, aber ich machte mir Gedanken. Judy war zuerst nach Hause gekommen. War

Judy Joyce? War ich Judy? Was wäre, wenn ich eigentlich Judy hätte sein sollen, und umgekehrt? Dann wäre Judy Joyce und sollte jetzt hier zur Schule gehen. Und ich wäre Judy und sollte weggesperrt werden, weit weg von allen.

Meine Traurigkeit führt ein heimliches Eigenleben und wird von meinen Grabsprüchen genährt. Die abgegriffenen, gefalteten Zettel haben nichts mit dem Rest meines Lebens zu tun – weder mit meinen Eltern noch mit meinen Brüdern oder meinen Freunden oder der Schule oder dem Sport- und Freizeitzentrum, wo ich mich leidenschaftlich in allen Disziplinen messe, ob Gymnastik, Schwimmen oder Ballspiele aller Art. Meine Traurigkeit ist ein Geheimnis. Die Grabinschriften sind ein Geheimnis. Judy ist ein Geheimnis. Und wer ich bin, ist ebenfalls ein Geheimnis und noch nicht einmal mir selbst bekannt.

Eines Tages stibitze ich kleine Stückchen vom Teller mit den Doppeldeckerkeksen. Mama sagt: »Lass das. Du sollst das sofort lassen! Was ist nur mit der braven Joyce von früher passiert? Wo ist sie geblieben?« Später stelle ich mir die gleiche Frage. Wo ist die brave Joyce? Was ist mit ihr passiert? Ist sie bei der braven Judy, oder ist sie Judy – die brave Judy? Wer ist hier? Wer ist weg? Wer bleibt zurück?

Nach einer Weile gebe ich die Hoffnung auf, dass Judy je wieder nach Hause kommen wird. Ich versuche nicht mehr, alle unsere Sachen aufzuheben. Ich versuche nicht mehr, unser Zimmer unverändert für sie zu bewahren. Ich packe alle unsere Puppen zusammen – die alten, die guten, die »Puppen der Welt«, ja sogar die Puppen mit den altmodischen Schuhen und Schnallen, die uns Tante Ivy vermacht hat – und spende sie bei einer Schulveranstaltung zugunsten des Kampfes gegen die Kinderlähmung. Sie können jetzt für andere Kinder da sein. Sie können Kindern mit Kinderlähmung helfen. Ich brauche sie nicht. Ohne Judy will ich sie nicht.

Als Mama dahinterkommt, ist sie stocksauer. Sie schaut sich im Zimmer um, entdeckt die leeren Regale und die Puppenbetten ohne Puppen. Ich weiß, dass es Ärger gibt, hole tief Luft und warte einfach ab. Sie starrt mich wutentbrannt an. »Nicht zu glauben! Da steckt diese Schulveranstaltung dahinter, bei der um Spenden für den Kampf gegen Kinderlähmung gebeten wurde, nicht wahr? Und du hast einfach alle Puppen weggegeben. Jetzt tut es mir leid, dass wir sie dir überhaupt geschenkt haben. Das ist einfach zu viel. Und was ist mit der, die du zu Weihnachten bekommen hast? Die war nagelneu! Nun, damit ist der Fall für mich erledigt! Dann hast du eben keine Puppen mehr. Ich weiß einfach nicht, was ich mit dir anfangen soll.« Sie geht ins Wohnzimmer. Ich laufe ihr hinterher und streiche mit den Händen über meine Haare, damit sie denkt, sie sehen hübsch aus.

Sie lässt sich auf das fleckige Sofa mit den wackeligen Seitenteilen plumpsen, auf dem zu viele Kinder zu oft herumgeklettert sind, wendet den Blick ab und starrt abwesend zum hinteren Fenster hinaus. Ich schaue ebenfalls hinaus, sehe das üppige Grün eines weiteren Sommers in Ohio, den alten Maulbeerbaum voller Beeren und höre das Zwitschern der Vögel. Aber wie es scheint, sieht Mama weder den Maulbeerbaum noch den Rasen, auf dem Judy und ich gespielt haben. Wie es scheint, sieht sie weder den inzwischen verwilderten Garten dahinter noch die Schafweiden jenseits davon. Ihr Blick geht ins Leere, als sei sie in Gedanken ganz woanders.

Barfuß, dünn und unruhig rücke ich Zentimeter um Zentimeter zur Tür und lasse sie dabei nicht aus den Augen. »Ich brauche sie nicht mehr. Ehrlich, Mama. Es ist besser, wenn andere Kinder sie bekommen.«

Als ich eines Abends im Mai zu spät nach Hause komme, ist es bereits dunkel. Das Abendessen ist fast vorbei. »Wo bist du gewesen?«, will Mama wissen. »Du hast das Abendessen versäumt.«

Ich murmle etwas von einem Nickerchen, aber in Wirklichkeit habe ich keine Ahnung, wo ich gewesen bin. Ich weiß nur, dass ich müde bin. Mama sagt, ich sei den ganzen Nachmittag nicht zu Hause gewesen und mustert mich durchdringend. Ich setze mich und sie gibt mir einen Teller Kartoffelsuppe. Ich versuche, ein paar Löffel zu essen, muss mich aber immer wieder übergeben.

Besorgt macht sich Mama auf den Weg und fragt in der ganzen Nachbarschaft herum, ob mich jemand gesehen hat oder weiß, was passiert ist. Aber niemand weiß etwas. Bis ein paar Häuser weiter die kleine Kiki Gombrich zu Bett geht. Mit gesenktem Kopf flüstert sie ihrer Mutter ins Ohr, wir seien zusammen Rad gefahren und ich sei gestürzt. Sie sagt, sie habe mehrmals versucht, mich zu wecken, als ich auf dem Weg lag, habe es immer wieder versucht, und habe dann gedacht, ich müsse tot sein. Sie war heimgegangen, ohne ein Wort zu sagen, und hatte mich vermeintlich tot am Fuße des Hügels zurückgelassen, den wir Catholic Hill nennen.

Dr. Cronin kommt, um mich zu untersuchen. Ich weiß noch, dass ich auf einer Trage liege und Angst habe. Ich erinnere mich an einen Rettungswagen, an rasend schnell vorüberziehende Lichter und das Heulen einer Sirene. Vor dem Fenster meines Zimmers im Krankenhaus liegt mir die Stadt zu Füßen. Nachts blinken die roten Lichter auf den drei Funktürmen in der Nähe ohne Unterlass bis in den Morgen. Während ich daliege und sie betrachte, denke ich vor allem an Judy und daran, wie allein sie ist und dass sie sich bestimmt genauso fühlt wie ich.

Als ich aus dem Krankenhaus komme, sind meine Gedanken wirr und mein Kopf wie benebelt. Ich habe alles vergessen, was früher so einfach für mich war. Ich war das wandelnde Telefonbuch der Familie und wusste alle möglichen Nummern auswendig. Jetzt liegen diese Zahlen durcheinander auf einem Haufen in meinem Kopf. Früher konnte ich mühelos blitzschnell laufen, jetzt stolpere ich beim Gehen. Am schwierigsten aber ist, dass ich das Gespür dafür verloren habe, was andere von mir erwarten. Auf dem Spielplatz bin ich still und versuche, ganz genau hinzuhören, bis die anderen Kinder mich anstarren, als ob ich irgendwie seltsam wäre, und mich stehen lassen.

Nach einem Sommer der Verwirrung, in dem ich die Welt wie durch einen Nebel wahrnehme, beginnt der Albtraum der siebten Klasse. Ich habe mich in der Schule immer leichtgetan, aber wenn ich jetzt ein Referat vor der Klasse halten muss, kann ich nicht mehr schnell genug denken. Ich komme leicht durcheinander, bin oft verlegen und schäme mich. Meine Hände zittern, meine Stimme auch. Ich frage mich, ob Judy die gleiche Unsicherheit empfindet.

Manchmal habe ich den Eindruck, dass ich ihr ähnlicher geworden bin. Ich bin in einem Körper gefangen, der nicht mehr reibungslos funktioniert. Teile meines Verstandes haben keinen Zugang mehr zur Außenwelt, und es fühlt sich an, als arbeite mein Kopf anders als der aller anderen Menschen um mich herum. Wer bin ich überhaupt? Es scheint, als sei die dünne Grenze, die mich von meiner Zwillingsschwester trennt, durchlässiger geworden. Ich brauche für alles länger, muss mich öfter ausruhen und nehme die Stimmen meiner Eltern nur undeutlich und aus weiter Ferne wahr, als befänden sie sich nicht unmittelbar vor mir, sondern als hallten ihre Worte wie Echos über eine weite Ebene. Nun, da gemeinsame Verluste uns verbinden, träume ich häufiger von Judy und wünsche mir mehr denn je, mit ihr zusammen zu sein. Sie ist seit vier Jahren weg, aber wenn ich allein in meinem Bett liege, fühlt es sich an, als sei es gestern gewesen.

Während Papas Welt kleiner wird, klammert er sich an uns. Er sitzt auf dem Sofa neben der Eingangstür, fühlt seinen Puls, wartet auf das Ende und fürchtet es gleichermaßen. Und beobachtet uns unaufhörlich. Er freut sich weder über unser Kommen noch über unser Gehen. Er ist nicht mehr ganz bei uns und steht uns zugleich im Weg. Es fühlt sich an, als ersticke mein Leben unter seinem wachsamen Blick. Die neue Unsicherheit nach meinem Unfall und Papas beklemmende Präsenz auf dem Sofa führen dazu, dass wir uns voneinander entfremdet durch seine letzten Lebensjahre quälen. Mein Vater, der verzweifelt überleben will, ist von mir enttäuscht und frustriert. Er ist enttäuscht, wenn ich es versäume, die Milchflaschen ins Haus zu holen, und sie den ganzen Tag in der Sonne stehen. Er ist bestürzt, wenn ich meine Bücher unter irgendeinem Baum vergesse und nicht mehr finde. Er ist verärgert, wenn ich den gerade eben gekauften Rock im Bus liegen lasse. Als Buchhalter schätzt er ein geordnetes Leben, und jetzt hat er eine Tochter, die alles liegen lässt, kaputt macht, verliert und vergisst.

Zur Vorbereitung auf den Abschlussball der achten Klasse melde ich mich zum Tanzunterricht im Sportzentrum an. Ich hoffe, eines Abends wird die in meinem dreizehn Jahre alten und noch immer kurvenfreien Körper verborgene Audrey Hepburn schlüpfen wie ein Schmetterling aus seinem Kokon – zum Erstaunen aller langen, schlaksigen und auch aller kleinen, stämmigen Jungs. Mein Vater schleppt sich zu dem grässlichen Abschlussball und sieht mich allein und verlegen am Ende der Reihe leerer Klappstühle sitzen. Sicher weiß er, was auch mir längst klar ist: dass ich genau wie Judy und nicht wie die anderen Kinder bin. Dass ich genau wie Judy anders und nicht akzeptabel bin. Beim letzten Lied kommt mein Vater, der schon auf dem Weg vom Sofa zum Bett außer Atem gerät, und fordert mich zum Tanzen auf.

In der Woche nach dem Ball wird Papa mit einem zweiten Herzinfarkt ins Krankenhaus eingeliefert. Nachmittags gehen wir ihn besuchen. Er liegt in einem Sauerstoffzelt und ist ganz grau. Da sind graue Falten anstelle seines Gesichts, und er ist grau bis in die Fingerspitzen. Nach ein paar Tagen sagen die Ärzte, er würde sich allmählich erholen. Dieses Mal möchte ich mich mit einem Kuss von ihm verabschieden, lasse es dann aber doch, weil ich mich vor dem Sauerstoffzelt fürchte.

Mama erlaubt mir, an diesem Abend bei Kathy zu übernachten. Es hat den ganzen Nachmittag geregnet, und als ich zu ihr hinüberlaufe, kleben die Blätter aneinander und an meinen neuen schwarzen Schuhen, die ich für die Abschlussfeier gekauft hatte. Kathys Mama Rene gehört zu den Menschen, die ich besonders mag. Wir spielen bis spät in die Nacht mit Kathy und ihren Brüdern Karten, und am Morgen sagt Rene, ich müsse jetzt nach Hause gehen, wegen des Gottesdienstes. Das kommt mir komisch vor. Warum gehen wir in die Kirche? Und warum gerade an diesem Sonntag? Wir gehen fast nie in die Kirche. Rene scheint ihren Schlüsselbund zu fixieren, der neben dem Polstersessel mit dem zerrissenen Bezug auf dem Esstisch liegt. Es ist nicht ihre Art, meinem Blick auszuweichen. Ich hole meinen Pulli, meine Zahnbürste und mein Buch und mache mich durch den Garten auf den Heimweg. Vorbei am Zaun der Familie Schmidt, vorbei an den Büschen, dem Maulbeerbaum, der Feuerstelle, die Papa vor ein paar Jahren gebaut hat, und über die Betontreppen zur Hintertür hinauf. Als ich die Insektengittertür öffne, um ins Haus zu gehen, macht Dicky die Innentür auf. Ohne mich anzusehen, sagt er mit leiser, ausdrucksloser Stimme: »Papa ist tot.«

Ich höre einen Schrei und merke nicht, dass ich geschrien habe. Ich laufe die Treppe zu meinem Zimmer hinauf, als ein dunkler Schwindel meinen Kopf erfasst. Ich schlafe, ich träume – träume, dass mein Vater gestorben ist. Mir ist schlecht. Ich denke: »Was für ein furchtbarer Traum«, und öffne die Augen. Ich liege am Fuß der Treppe, über mir Gesichter mit traurigen Augen. Mein Traum ist Wirklichkeit.

Nach Papas Tod bringen die Nachbarn Aufläufe und Kuchen. Während sich das Haus mit Essen füllt, habe ich das Gefühl, wenn ich etwas davon nähme, würde das bedeuten, sein Tod sei gar nicht so schlimm und das Leben ginge weiter wie gewohnt. Das will ich nicht. Ich will ihn nicht loslassen, und deshalb faste ich tagelang.

Bei seiner Beerdigung kann ich den Blick nicht von seinem Sarg wenden. Er ist tot, aber es kommt mir vor, als sei er uns jetzt in diesem Sarg nur unwesentlich ferner als in den vier Jahren, die er in einer verfallenden körperlichen Hülle wartend auf dem Sofa verbrachte. Der Sarg scheint sich in mancher Hinsicht kaum von dem Sofa zu unterscheiden. Verstohlen mustere ich sein Gesicht, in dem ich keine große Ähnlichkeit mit ihm erkenne. Auf seinen Wangen sind Kreise aus rosafarbenem Make-up. Sein immer noch sehr dunkles Haar ist zu streng aus seinem maskenhaften Gesicht gekämmt.

Carolyn und ich stehen unbemerkt ein wenig abseits. Ich höre, wie jemand flüstert: »Wie Lil wohl damit fertigwird?« Und ein anderer sagt: »Was für eine Schande, er war doch noch so jung!« Ich denke: Die sind wohl verrückt! Zweiundfünfzig ist doch nicht jung!

Zu Hause verschwinde ich allein in meinem Zimmer, genau wie Jimmy. Unsere Türen bleiben zu. Eines Nachmittags, als das ganze Haus leer ist, schleiche ich nach unten und starre lange auf den Küchentisch. Auch Tage später werden wir noch mit Essen überhäuft. Ich betrachte eine dick mit weißer Buttercreme überzogene Schokoladentorte und nehme schließlich einen Bissen davon. Nur einen Bissen, einen einzigen Bissen.

Bald nach Papas Tod fahren Mama und ich zu Judy. Ich mache mir jetzt noch mehr Sorgen um sie. Wird sie es verstehen? Was weiß sie noch von ihm? Was wird ihr jetzt nach seinem Tod fehlen? Hütet sie ihre Erinnerungen, wie ich es tue? Erinnerungen an die Zeit, als er mit uns im Kreis herumwirbelte – die eine im einen, die andere im anderen Arm. Oder als er uns die Katzenbabys schenkte. Vielleicht hat sie größere, bessere, mehr Erinnerungen. Hat man ihr überhaupt gesagt, dass ihr Vater tot ist? Und wie hat man es ihr gesagt? Ist das überhaupt möglich?

Wir fahren stundenlang schweigend dahin, und als ich den Kopf zur Seite drehe, sehe ich, dass Mama Tränen über die Wangen laufen. Ohne mich anzuschauen, fragt sie: »Warum hat er mich alleine gelassen? Und nicht nur das. Ich muss auch dich und deinen Bruder noch großziehen, und du hast die ganze Highschool vor dir!« Offenbar waren ihre Fragen nicht an mich, sondern an den Himmel gerichtet, während der Wagen über die Landstraßen von Ohio rumpelte. Ich denke: »Du bist allein? Was ist mit mir, zähle ich nicht? Und was ist mit Papa? Wie allein ist er denn?« Ich kann sie kaum ansehen und spüre, wie eine neue Schicht Hass entsteht. Ein Hass, wie ihn nur Dreizehnjährige empfinden können.

Der Besuch bei Judy ist kurz. Wir bleiben eine knappe Stunde und setzen uns mit ihr nur ein wenig auf die Bank vor dem Wohnheim. Judy und ich gehen ein paar Schritte, heben ein paar Eicheln auf und stopfen sie in ihre Taschen. Mama schaut in ihre Handtasche, holt einen Keks heraus, den wir für unterwegs eingepackt hatten, und gibt ihn Judy. Dann bringen wir sie wieder hinein, wo sie irgendjemand am Arm nimmt und wegbringt. Mama dreht sich zur Tür und bedeutet mir, mich zu beeilen.

An der Highschool habe ich keinen guten Start, und auch später wird es nicht wesentlich besser. Wegen der Beerdigung meines Vaters erscheine ich mit einer Woche Verspätung zum Unterricht. Ich kann weder klar denken noch aufrecht gehen. Ich werde zu dem stillen Mädchen, das fast immer Schwarz trägt und hinten im Bus sitzt. Ich fühle mich wie ein Schatten, während ich allein dasitze und mit ausdruckslosem Gesicht aus dem Fenster starre. Weil Carolyn jetzt auf eine Privatschule geht und Kathy eine katholische Schule besucht, habe ich niemanden mehr, den ich als Freund empfinde. Ich trage eine verhasste Brille und bin dünn, aber nie dünn genug, und deshalb überzeugt davon, zu viel Platz auf dieser Welt einzunehmen. Morgens esse ich langsam ein kleines Stück Toast, dann hetze ich zur Bushaltestelle. Die neuen Bücher und den Ordner drücke ich fest an mich. Aber noch näher ist mir die Trauer um meinen Vater – das Gefühl, zu ihm und den Menschen zu gehören, die nicht mehr da sind. Seine Abwesenheit umgibt mich, und ich hülle mich in das, was von ihm übrig geblieben ist, ein zerlumpter Mantel aus Erinnerungen, um mich zu wärmen, um ihn in all seinen Farben und mit all seinen Fäden zu bewahren. Aber ich erinnere mich nur an winzige Bruchstücke, zerrissene Fäden. Mir bleibt nur löchriger Stoff.

Ich erinnere mich daran, dass stets ein blauer Füller und der passende Bleistift in der Brusttasche seines Hemdes steckten, als ich klein war. Wenn er mich auf den Arm nahm, durfte ich sie herausnehmen, dran lutschen und sie wieder hineinstecken. Dann war Judy an der Reihe, und am Ende lachten wir alle miteinander. Ich erinnere mich daran, wie er die erschlagenen

Mücken auf dem Kaminsims aufreihte und zählte und auch Judy dabei Zählbewegungen mit dem Finger machte. Aber ich will mich nicht mehr erinnern. Ich sehe die anderen Menschen, und ihr Leben scheint mir von einer Leichtigkeit zu sein, die meins niemals haben kann. Ich würde alles geben, um einer – beinahe jeder – von ihnen zu sein und ein anderes Leben zu führen. Es spielt keine Rolle, wessen Leben es ist. Hauptsache, es ist nicht meins und ich muss nicht ich selbst sein.

Jimmy und ich gehen auf die Withrow High School, aber er ist schon in der Abschlussklasse. Auf dem Flur tun wir so, als würden wir uns nicht kennen. Wenn wir uns begegnen, mustere ich die Graffitis an der Wand, und wir gehen schweigend aneinander vorbei. Ich finde ihn peinlich und bin mir sicher, es geht ihm umgekehrt genauso. Jimmy macht auf James Dean, hat die Haare mit Pomade zurückgekämmt und schlurft lässig durch die Flure. Sobald wie möglich kauft er sich ein Motorrad, um noch cooler auszusehen, obwohl er es nicht ist.

Ein Jahr vergeht, und auf einmal sehne ich mich danach dazuzugehören. Ich möchte meinen Platz finden. Ich schreibe für das Jahrbuch und die Schülerzeitung, mache überall mit, werde zur stellvertretenden Vorsitzenden des Französischclubs gewählt – und gehe dann nie mehr hin. Ich bin Mitglied im Dolphin Club, der Synchronschwimmen mit Tanz verbindet. Ich werde Schriftführerin des Girls' Athletic Club (GAA), des Sportclubs der Mädchen. Das ist eine wichtige Position, aber ich hasse sie. Ich bin stolz und überrascht, als man mich zur Tambourmajorin des Footballteams ernennt, und will fast postwendend alles hinwerfen. Ich wünsche mir Anerkennung, aber sobald ich sie bekomme, ist es mir peinlich, erkannt zu werden. Ich bin lieber unsichtbar.

Wochen und Monate vergehen, und wie es scheint, findet sich nie ein Wochenende, an dem Mama und ich zu Judy fahren können. Endlich wird ein Sonntag ausgewählt, aber dann entscheidet Mama wieder einmal, dass wir nicht wie geplant fahren können. Ich denke daran, wie oft wir die Besuche bei Judy absagen und wie unendliche viele Gründe es dafür gibt: schlechtes Wetter oder auch nur die Aussicht auf schlechtes Wetter; Probleme mit dem Wagen oder auch nur die Aussicht auf Probleme; Mamas Unpässlichkeit oder drohende Unpässlichkeit. Ich beschließe, dass ich Judy unbedingt sehen will.

Ich glaube, dass sie immer noch nicht weiß, was mit Papa passiert ist oder dass er sie nie mehr besuchen wird. Wir haben beim letzten Mal gar nicht versucht, es ihr zu erzählen. Aber vielleicht weiß sie es doch und hat es auf die ganz eigene Art verstanden, mit der sie die Dinge erfasst. Ich will, dass sie es weiß. Oder auch nicht. Aber so oder so muss ich Judy sehen, muss ich sie an meiner Seite spüren und wissen, dass es ihr gut geht. Fest entschlossen, den Besuch dieses Mal nicht ausfallen zu lassen, rufe ich meinen Bruder Wally und Carol an, die inzwischen verheiratet sind. Sie verstehen meine Sorge und hören die Verzweiflung in meiner Stimme. Sie ändern ihre Sonntagspläne und schlagen vor, am nächsten Morgen mit mir zu Judy zu fahren.

Während ich auf ihrem Sofa liege und warte, dass es Morgen wird, kann ich die Küchenuhr sehen und schaue immer wieder, wie spät es ist. Dann höre ich, wie Carol etwas an der Spüle macht und die Kaffeemaschine blubbert. Wir stürzen den Kaffee, die Cornflakes und etwas Marmeladentoast hinunter und brechen auf. An der Tür liegt ein kleines Häufchen Sachen für Judy. Vor dem Schlafengehen haben wir ein paar Zeitschriften und eine bunte, warme Mütze zusammengesucht, die einmal Carol gehört hat.

Dieses Mal kommt mir die Fahrt gar nicht so endlos vor. Wir sitzen gemütlich im Wagen und unterhalten uns ohne das übliche lange und unangenehme Schweigen, das zwischen mir und Mama herrscht. Ich sitze auf der Rückbank und lehne mich zwischen den Sitzen nach vorne, damit ich jedes Wort verstehen und selbst mitreden kann. Wir reden über Papa, aber nicht viel. Es ist schwer, mehr zu sagen. Bei uns in der Familie ist es nicht üblich zu reden, aber mit Wally und Carol ist das anders. Wir lachen sogar ein wenig darüber, dass Papa es Bootsy erlaubte, sich neben ihn aufs Sofa zu quetschen. Die Anspannung, die ich bei der Fahrt mit Mama empfinde, ist nicht da; das, worin ich später ihre Zwiespältigkeit und ihren Schmerz erkenne, ist nicht da. Da ist nur freudige Erwartung.

Wir fahren durch die kleine Stadt und anschließend über die lange Zufahrt über das Gelände zu Judys Wohnheim. Wir melden uns an, und eine Art Sekretärin gibt uns die Papiere, aber keinerlei Hinweise auf Judys Wohlergehen. Niemand scheint zu wissen, wer sie ist. Sie ist nur ein Name auf der Liste der Patienten, die in Haus K untergebracht sind. Seit unserem letzten Besuch ist Judy erneut verlegt worden. Das neue Gebäude ist kleiner und frisch gestrichen, aber innen wirkt es beinahe unbewohnt. Es gibt keinerlei Beschäftigungsmöglichkeiten für junge Menschen – nichts. Ich frage mich, wo sie schläft und wer jetzt neben ihr liegt. Ich frage mich, ob diese Menschen sie gern haben oder nicht. Woran hält sie sich in diesem Leben mit ständigen Ortswechseln und – schlimmer noch – mit immer neuen Gesichtern fest? Begegne ich ihr im Traum, wo sie auch mir begegnet?

Wir warten schweigend. Ich schaue nach unten und sehe, dass Wally extra seine Schuhe geputzt hat. Dann ist Judy da. Sie haben sie für unseren Besuch besonders hübsch zurechtgemacht, und sie trägt nicht nur ein Kleid, sondern auch eine passende kleine Weste dazu. Sie sieht größer aus, ist aber immer noch klein; kräftiger, aber immer noch schmal. Sie lacht, als sie uns sieht, wirft die Arme um meinen Hals und wir umarmen uns fest.

Wir packen Judy mit Mantel und Schal warm ein und geben

ihr Carols Mütze, die jetzt ihr gehört. Sie zieht sie in die Stirn und bis über die Augen – ein kleiner Scherz speziell für uns. Dann stülpt sie mir die Mütze auf den Kopf, zieht sie über mein Gesicht und wir lachen. Anschließend holt sie sich die Mütze schnell und geschickt wieder und wir brechen auf.

Dieses eine Mal haben wir es nicht eilig, nach Hause zu kommen, und schauen nicht alle paar Minuten auf die Uhr. Wir gehen zum Mittagessen in Frankie's Diner an der Straße in die Stadt, und Judy langt ordentlich zu. Sie schmiert Marmelade auf ihr Hühnersandwich, taucht jedes Pommesstäbchen in einen Berg aus Ketchup und quetscht noch mehr davon aus der Flasche auf ihren Teller. Wir sitzen eng nebeneinander, und ich stelle mir vor, dass dieser Augenblick niemals endet. Ich präge mir alles ein: Die Nähe und die Berührung ihres Arms, wenn sie zum Teller greift. Den Duft von Sauberkeit und Güte, der sie umgibt, ihre weiche Haut, das klebrig-süße Ketchup an ihren Fingern.

Nach dem Mittagessen fahren wir hinunter zum Fluss. Es ist kalt, und wir halten uns fest an den Händen. Ich ziehe die Mütze noch ein Stück weiter über Judys Ohren und schlage ihren Kragen hoch, und sie macht das Gleiche bei mir. Der rauschende Fluss erinnert mich an ein Spiel namens »Pu-Stöcke«, das wir als Kinder gespielt haben. Ich möchte diese Zeiten wiederaufleben lassen, möchte mit ihr zusehen, wie unsere Stöckchen unter der Brücke hindurchrasen, aber das Wasser ist hoch und fließt sehr schnell. Es ist unmöglich zu sehen, wie sie plötzlich verschwinden, und zu verfolgen, wohin sie treiben.

4
Tausend Meilen weit weg

Die Zeit auf der Highschool, die mit dem Tod meines Vaters begann, war geprägt von Trauer und Schuldgefühlen, und diese Traurigkeit trennte mich vom Rest der Welt. Aber nach dem Abschluss fasse ich den Entschluss, dass mein neues Leben anders werden würde. Mithilfe von Fördergeldern und einem Stipendium schaffe ich es nach Wittenberg, an eine kleine geisteswissenschaftliche Hochschule nördlich von Cincinnati, nur zwei Stunden und doch ein ganzes Leben von zu Hause entfernt. Ich trage einen kessen Hosenrock, meinen einzigen Kaschmirpullover und von jenem ersten Tag an auch eine neue Persönlichkeit – warmherzig, freundlich, gut gelaunt. Bald habe ich zwei gute Freundinnen. Beide sind weltgewandt, beide stammen aus New York und beide widmen sich dem Theater. Wenn sie bei der Arbeit in der Cafeteria Lieder aus Broadwaymusicals singen und Tanzschritte einbauen, während wir die Servierwagen durch die Reihen schieben, schmutziges Geschirr einsammeln und Tische abwischen, stimme ich mit ein. Sie rauchen, ich rauche. Sie sind selbstsicher, ich bin selbstsicher. Aber vor allem sind wir drei eine eingeschworene Gemeinschaft. Endlich gehöre ich dazu.

Da ich im ersten Studienjahr gute Noten habe, empfiehlt man mich für eine Position im Haus einer Geschichtsprofessorin, die am Rand des Universitätsgeländes wohnt. Sie ist für ein

Forschungssemester in Russland, aber später freunden wir uns an, und ich nenne sie »Tante Margaret«. In den ersten Monaten kümmere ich mich gegen Kost und Logis um ihre betagte Mutter, die temperamentvolle Großmama. Sie ist weit über neunzig, bettlägerig, meist ein wenig verwirrt und bringt deshalb oft Tag und Nacht durcheinander. Jede Nacht lerne oder schlafe ich von neun Uhr am Abend bis acht Uhr am nächsten Morgen in unmittelbarer Nähe ihres Zimmers und erfülle ihre Wünsche und Bedürfnisse, wenn sie mit ihrem Silberglöckchen läutet. Die sorglose Zeit als Studienanfängerin im Wohnheim ist vorbei, und ich trage jetzt die Verantwortung für das Leben eines Menschen. Mit jedem Läuten wächst mir Großmama mehr ans Herz. Je länger ich sie betreue, desto größer werden meine Liebe und mein Wunsch, sie zu beschützen. Ich wurde schon mit diesem Beschützerinstinkt geboren und lebte ihn als Kind mehr als sieben Jahre lang aus. Dieses Mal, das schwöre ich mir, wird mein Schützling mir nicht entgleiten.

Ich versuche, die innere Leere zu füllen, die durch den Verlust von Judy, den Tod meines Vaters und die Kluft unausgesprochener Trauer entstanden ist, die uns innerhalb der Familie voneinander trennt. Meine Freundin Janet füllt diese Leere schließlich zumindest zum Teil. Janet und ich studieren beide Englisch in einem höheren Semester und finden einander sympathisch, weil wir den Sinn des Lebens, unseren Platz und unsere Aufgabe im Leben hinterfragen. Wir haben beide eine Krise überstanden, schwimmen in einem Meer aus Zweifeln und kämpfen gemeinsam dafür, nicht darin unterzugehen. Wir mögen Rilke, T. S. Eliot, Millay und Hopkins. Ich präge mir die Worte anderer Außenseiter ein und kann sie jederzeit laut für Janet oder im Stillen für mich selbst wiederholen – auf dem Weg zum Unterricht, an Großmamas Seite oder beim Bummel über den nahen Friedhof. Janet ist ein Jahr nach mir nach Wittenberg gekommen und kann nichts mit dem Leben im

Studentenwohnheim anfangen, das auch mir inzwischen fremd geworden ist. Mit ihren Locken und ihrer zurückhaltenden Schönheit ist sie wie eine Schwester, beinahe eine Zwillingsschwester für mich. Ich vertraue ihr das Geheimnis von Judy an. Es ist Janet, die weiß, dass mir meine zweite Hälfte fehlt, dass ich einen großen Teil von mir verloren habe.

An einem Wochenende bitte ich sie, mit mir nach Gallipolis zu fahren, um Judy zu besuchen. Janet ist die Einzige, die ich zu Judy mitnehmen würde. Sie ist die Einzige, bei der ich sicher bin, dass sie Judy respektieren, unsere Verbundenheit und unsere Liebe verstehen wird. Während wir den Proviant für den Tag einpacken, kommt mir der Gedanke, dass dies mein erster Besuch ohne Wally und Carol oder Mama sein wird, und das fühlt sich komisch und befreiend zugleich an. Mir wird klar, dass ich immer gedacht hatte, ich hätte kein Recht darauf, Judy zu sehen, ohne dass Mama den Besuch und unsere gemeinsame Zeit kontrolliert. Janets kleiner Volkswagen zuckelt über die schmalen Straßen und Autobahnen, vorbei an Bauernhöfen und Flüssen, während wir uns unterhalten. Wir wechseln uns ab, und mal fährt die eine, während die andere aus Dostojewskijs Roman *Die Brüder Karamasow* liest, und umgekehrt.

Janet stößt beim Schalten gegen mein Bein, und ich stupse sie aufgeregt am Arm und sage: »Janet, Janet, hör dir das an.«

> *Väter und Lehrer, ich frage: »Was ist die Hölle?« Ich denke so: »Das Leiden daran, dass man nicht mehr lieben kann.« Einst, in dem unendlichen Sein, außerhalb der Maße von Raum und Zeit, wurde einem geistigen Wesen mit seinem Erscheinen auf Erden das Vermögen geschenkt, zu sich selbst zu sagen: »Ich bin, und ich liebe.« Einmal, nur ein einziges Mal, wurde ihm der Augenblick der tätigen, der* lebendigen *Liebe geschenkt und dafür das irdische Leben, und mit ihm Zeiten und Fristen, aber: Dieses glückliche Wesen verschmähte die kostbarste*

aller Gaben, würdigte sie nicht, wies sie von sich, schaute sie spöttisch an und blieb fühllos.

Sie fährt rechts ran, und jede von uns fasst das Buch mit beiden Händen. Wir sind vorübergehend sprachlos. »Leg ein Lesezeichen rein«, sagt Janet. »Dann können wir das Zitat in unsere Notizbücher übertragen, sobald wir zu Hause sind.«

Nachdem wir die geschwungene Auffahrt passiert haben, erfahren wir bei der Ankunft in dem düsteren und unheimlichen Verwaltungsgebäude, dass Judy erneut in ein anderes Haus verlegt wurde. Am Anfang halte ich das noch für ein gutes Zeichen. Da wir vorher angerufen haben, wartet Judy bereits auf uns. Sie strahlt übers ganze Gesicht. Genau wie ich. Bis mir das Lachen auf einen Schlag vergeht. Was ist mit ihren Zähnen passiert? Entsetzt sehe ich, dass sie nicht einen Zahn mehr im Mund hat. Ihre Lippen sind eingesunken, und sie sieht aus wie die Karikatur einer alten Frau. Wie kann es sein, dass sie keine Zähne mehr hat? Entsetzt verlange ich eine Erklärung von der Frau, die sie begleitet.

»Ach«, sagt sie beiläufig, »es ist schwierig, wenn die Leute hier Karies bekommen und solche Sachen. Das ist sowohl für die Insassen als auch für den Zahnarzt ein Problem, und deshalb ist es üblich, ihnen die Zähne zu ziehen, sobald die zweiten da sind. Sie werden sehen, dass es so viel besser für sie ist, wenn sie nicht zum Zahnarzt muss. Sie ist alle Probleme los. Wir pürieren ihr Essen oder geben ihr etwas ganz Weiches wie Bananen. Das funktioniert hervorragend.«

Bestürzt wird mir klar, dass ich in diesem Augenblick nicht das Geringste tun kann. Dabei wünsche ich mir nichts sehnlicher, als dass es in meiner Macht gestanden hätte, sie aufzuhalten. Jetzt haben sie Judy, die ohnehin schon alles verloren hat, auch noch die Zähne gezogen. Was können sie ihr noch nehmen? Ohnmächtig kehre ich nach Wittenberg zurück.

Janet fährt. Wir sind so fassungslos, dass wir kaum etwas sagen. Zu Hause mache ich die Zimmertür hinter mir zu, lege mich hin und starre hilflos in die Dunkelheit.

Am Ende des Winters kehrt Tante Margaret zurück. Sie ist groß, Respekt einflößend und herzensgut. Ich fühle mich zu ihr hingezogen, als wäre sie meine spirituelle Mutter. Sie verkörpert alles, was ich an einem Menschen bewundere und wonach ich strebe: Sie ist weise, prinzipientreu, rücksichtsvoll und warmherzig – ganz anders als meine Mutter.

Ich stehe auch weiterhin Woche für Woche jede Nacht auf Abruf vor Großmamas Zimmer bereit. Aber im April erleidet sie einen Schlaganfall, und in mir wächst eine überwältigende Angst, dass sie sterben könnte, während ich schlafe. Sie ist nicht mehr in der Lage, in den Nachtstunden nach mir zu läuten, und ich fürchte, dass der Schlaf uns trennen und ich es nicht schaffen könnte, sie zu retten – ganz gleich, wie nah mein Bett an ihrer Türe steht. Ich stelle mir vor, ihre Heizdecke könnte Feuer fangen oder sie könnte einen weiteren Schlaganfall erleiden. Alles könnte passieren. Ich habe schon einmal jemanden verloren, während ich schlief, und bald schlafe ich überhaupt nicht mehr. Ich weiche nicht von ihrer Seite und wache über sie, während sie schläft, ohne aufzuwachen. Ich weiß, dass ich sie nicht beschützen kann, dass ich sie nicht am Leben halten kann, und spüre den drohenden Verlust. Bald gehe ich nicht mehr zum Unterricht, esse nichts mehr, breche in Tränen aus, sobald mich jemand anspricht, und verliere jegliches Interesse am Leben. Ich denke ständig an Judy in ihrem Gefängnis, an den frühen Tod unseres Vaters und jetzt an Großmama, die jeden Augenblick sterben könnte.

Eines späten Vormittags kommt Tante Margaret zu mir. Ich bin wieder einmal im Bett geblieben, das Gesicht zur Wand gedreht, und habe weder Frühstück gemacht noch bin ich zum Unterricht gegangen. Als sie mit mir zu reden versucht, fange ich an zu weinen. Sie nimmt mich in den Arm und fragt leise und mit Tränen in den Augen, ob ich mit ihrem Arzt sprechen möchte, der mir vielleicht helfen kann. Nachdem er wieder fort ist, ruft Tante Margaret auf sein Anraten hin bei meiner Mutter an. Sie kommt, um mich abzuholen und den gebrochenen Menschen nach Hause zu bringen, der aus mir geworden ist. Wir fahren in ihrem gelben Pontiac nach Cincinnati, wo sie mich sofort zu einem Psychiater in der Stadt bringt, der mir Medikamente gegen meinen »Zusammenbruch« verschreibt, wie er sagt. Unter dem Einfluss starker Medikamente werde ich in dem frisch gestrichenen Zimmer über der Garage im neuen Heim meiner Mutter geparkt, in dem sie mit »Partycharlie« wohnt, ihrem neuen Mann. Zwei der anderen Zimmer gehören meinen Stiefbrüdern Mike und Charley Boy, und uns allen ist das gleiche kurze Leben als Familie bestimmt. Das hübsche Häuschen steht in einer Stichstraße, und von der Küche aus führt eine Flügeltür direkt auf die Veranda. Das ist praktisch für abendliche Drinks mit Freunden aus der Nachbarschaft. Ich schrecke vor dem Alkohol, dem lauten Gelächter und Charlies Spitznamen für Mama – er nennt sie »Kussmündchen« – zurück. Ich bleibe still, als ihre Stimmen schrill und immer lauter werden.

»Hey, Lil, mach mir noch einen Drink, wenn du schon in der Küche bist.«

»Du kannst dir deinen Drink selber machen oder einfach mal ein wenig warten. Du hast ohnehin genug.«

»Na, das sagt die Richtige!«

Während die Wochen langsam verstreichen und sich der von den Medikamenten verursachte Nebel allmählich lichtet, schreibe und lese ich. Ich mache lange, einsame Spaziergänge auf dem nahen Land und presse Blätter in meinen Büchern, wie ich es schon als Kind getan habe. Janet und ich finden Möglichkeiten, spätabends zu telefonieren, und tauschen auch weiterhin Gedichte aus. Wir schreiben uns täglich. Ich mache einen Ausflug in das Viertel, in dem wir früher gewohnt haben, und besichtige den Maulbeerbaum in dem Garten, in dem Judy und ich früher gespielt haben. Ich schlüpfe hinein, hebe ein paar Maulbeeren auf, zerdrücke sie in meiner Hand, lasse den lilafarbenen Saft durch meine Finger rinnen und erinnere mich.

Im Spätherbst muss ich noch immer starke Medikamente nehmen und kann nur wie benommen in der Welt funktionieren, die ich zurückgelassen habe. Viele Türen haben sich geschlossen. Das vertraute Leben an der Universität ist zu Ende. Die Stipendien sind weg, die Fördermittel auch. Da ans Studieren nicht mehr zu denken ist, suche ich mir einen Job in einem Kaufhaus namens Shillito's in der Innenstadt von Cincinnati. Nach schriftlichen Einstellungstests wird mir die Leitung der Abteilung für Damenbekleidung übertragen. Die Ironie an der Sache ist, dass ich mich eher schlecht als recht kleide, für Kleider nichts übrig habe und furchtbar schüchtern bin. Ich fahre jeden Morgen vor Tagesanbruch mit dem Bus in die Stadt. Die Fahrt von Mount Washington in die Stadt ist lang und öde, und jeden Abend kehre ich in mein Zimmer über der Garage zurück. Wally hilft mir, mein erstes Konto zu eröffnen. Gewissenhaft spare ich mein Gehalt und halte an meinem Traum fest, irgendwann irgendwo mein Studium wieder aufzunehmen.

Die freien Tage verbringe ich oft mit Wally und Carol, die umgezogen sind und nun eine knappe Stunde von Cincinnati entfernt wohnen. Dadurch, dass sie mit mir bei Judy waren, ist eine unausgesprochene Nähe zwischen uns entstanden. Carol bekocht uns mit großer Liebe. Sie macht solide Hausmannskost, wie sie für Ohio typisch ist, und meine Leibgerichte: Hackbraten und Wackelpudding mit Ananasstückchen. Ich spiele mit den beiden Jungs, gehe mit Phillip auf dem Rücken und Brian an der Hand in den Park. Abends trinken wir kannenweise Kaffee und diskutieren bis spät in die Nacht über die großen Fragen des Lebens.

Mit der Zeit und durch die Nähe zu ihnen lässt meine Verzweiflung langsam nach. Sowohl Wally als auch Carol verstehen meinen Wunsch, an die Universität zurückzukehren. Aber ihnen ist auch klar, dass der Traum von Wittenberg, einer privaten Einrichtung mit unerschwinglichen Studiengebühren, unerreichbar ist. Aber eine knappe halbe Stunde von ihrem neuen Wohnort entfernt, im nahen Oxford, befindet sich die Miami University. Sie bieten mir an, dass ich bei ihnen wohnen kann. Erleichtert nehme ich mit ihrer Unterstützung das Vollzeitstudium wieder auf.

Ich begegne Mick zum ersten Mal, als ich die lange Treppe zum Chaucer-Seminar hinaufsteige. Er sieht nicht auffallend gut aus, aber seine lockere Art, sein freundliches Lächeln und sein beschwingter Schritt ziehen mich an. Seine Freundlichkeit ist der Ausgleich zu meiner Schüchternheit, und wir kommen ins Gespräch, während wir wie hingegossen auf den Plastikstühlen in der Cafeteria sitzen und einen Blümchenkaffee nach dem anderen aus Styroportassen trinken. Wir reden und reden. Wir reden, während wir uns zu zweit unter einen Schirm drücken, der Regen von der Seite hereinweht und uns von außen durchnässt. Wir reden, während wir durch mehrere Tage alten Schneematsch stapfen und unsere nasskalten Füße kaum bemerken. Wir können gar nicht aufhören zu reden. Wir stellen fest, dass wir die gleichen Werte und die gemeinsame Vision teilen, benachteiligten und in extremer Armut lebenden Menschen zu helfen, und dass wir beide den Wunsch haben, unserem Leben mehr Bedeutung zu verleihen. Wir finden heraus, dass wir schon lange vor der ersten Begegnung angefangen haben, von der Arbeit beim Friedenscorps zu träumen.

Wir engagieren uns für die Bürgerrechtsbewegung, die um uns herum aktiv ist. Es ist 1964, und die Miami University befindet sich in einer Gegend, in der es starke rassistische Vorurteile gibt, gleichzeitig ist sie aber das nationale Ausbildungszentrum für die Unterstützung der Kampagne zur Registrierung schwarzer Wähler im Süden der USA. Unsere Gruppe versammelt sich in einem riesengroßen kalten Gebäude, um die Fahrt nach Mississippi zu planen. Draußen wirft ein wütender Mob Steine und Flaschen und brüllt Beleidigungen: »Verschwindet, ihr Niggerfreunde! Haut ab!« Um uns herum zerspringen Fensterscheiben, und wir rücken immer näher zusammen. So nah, dass unser Angstschweiß und unsere Körperwärme sich vermischen.

Tag für Tag kommen wir uns näher. Mit Micks altem Auto pendeln wir zwischen unseren Familien und der Universität hin und her. Auf den Landstraßen rauschen wir an Frühlingsblumen und -gräsern, an Wind und Sonne und dem Duft neuen Lebens vorbei. Im Radio singt Mary Wells »My Guy«, und wir wiegen uns im Takt und sitzen so eng nebeneinander, dass wir nur einen Platz brauchen.

Den Sommer verbringe ich bei Mama und arbeite Vollzeit als Babysitter für die Familien in der Nachbarschaft. Und Mick und ich sind verliebt. Im Juni schläft Mick in der Nacht nach der Hochzeit meines Bruders Jimmy im Wohnzimmer auf Mamas cremefarbenem Sofa. Nachts kommt er in mein Zimmer und zieht mich zu sich auf das Sofa mit dem Prägemuster, während um uns herum die Kissen zu Boden purzeln. Durch den Vorhang fallen die Schatten der einsamen Straßenlaterne und der Sackgasse. Küsse und Nähe, wir berühren, entdecken einander. Wir sind noch Kinder und wissen kaum, was wir tun.

Ein paar Wochen später fahre ich mit Mama und Charlie für ein langes Wochenende an den Eriesee und verbringe viel Zeit damit, hinters Haus zu laufen und mich vor der tarnenden Geräuschkulisse des aufgedrehten Wasserhahns zu übergeben. Außerdem bin ich müde, sehr müde und sehr schläfrig. Irgendetwas ist nicht in Ordnung. Allmählich mache ich mir Sorgen wegen der Nacht auf dem Sofa und unserem vermasselten Verhütungsversuch.

Der Sommer, die Hitze und die unablässige Übelkeit machen mir schnell klar, dass ich schwanger bin. Aber glauben kann ich es immer noch nicht. Ich erzähle niemandem davon und gestatte mir keinen Gedanken daran. Ich habe das Gefühl, gar nicht richtig erwachsen, sondern selbst noch ein Kind zu sein. Ich bin noch nicht bereit, so plötzlich erwachsen und Mutter zu werden. Statt mein Leben mit Kind zu planen, schmiede ich Pläne für das weitere Studium. Ich stelle mir vor, weiterhin Seminare zu besuchen, ohne dass meine zunehmende Leibesfülle und die Veränderung meiner Figur auffallen. Vorerst weiß nur Mick davon. Er sagt, er würde mich heiraten, aber ich weiß, er täte es lieber nicht. Außerdem hat er bereits die Zusage vom Friedenscorps in der Tasche.

Als ich ihm von der Schwangerschaft erzählte, waren seine ersten Worte: »Das wird meine Eltern umbringen.« Ich habe ihn für diese Bemerkung gehasst; hasse ihn noch immer dafür. Er will sofort beim Friedenscorps anfangen, aber für mich ist dieser gemeinsame Traum ausgeträumt. Ich denke allerdings noch immer, dass ich es schaffen kann, mein Studium fortzusetzen. Falls nötig, kann ich lockere Kleider und einen weiten Mantel anziehen. Ich kann das Kind in den Frühjahrsferien bekommen, es zur Adoption freigeben und sofort mit dem Unterricht weitermachen. Ich werde nicht zulassen, dass mein Bauch zu groß wird, sondern schlank bleiben. Niemand wird es bemerken. Die meiste Zeit über merke ich ja selbst kaum etwas davon. Nach fast vier Monaten ist noch niemandem etwas aufgefallen.

In einer knappen Stunde wird Mick kommen, um mich zur Uni zu bringen, und meine gepackten Taschen stehen neben der Tür. In den letzten Wochen haben wir uns kaum gesehen. Das Gefühl von Nähe hat nachgelassen, und der Gedanke an seine Berührungen ist mir körperlich unangenehm. Ich bin ihm aus dem Weg gegangen, aber es scheint mir wichtig, dass wir noch einmal miteinander reden, bevor er mit dem Friedenscorps nach Peru geht. Wir müssen uns verabschieden.

Leise schließe ich die Tür zu meinem Übergangszimmer in diesem Übergangszuhause. Dies ist das Haus und das Leben meiner Mutter, nicht meines. Ich gehöre nicht hierher. Ich gehe in die Küche, die im Halbdunkel liegt. Nur ein paar Sonnenstrahlen blitzen durch die geschlossenen Vorhänge. Gedankenlos öffne ich den Kühlschrank, finde aber nichts darin. Und so verlasse ich das Haus mit dem Buch *Der Fänger im Roggen* unter dem Arm. Diese Worte kann ich schmecken. Sie nähren mich und sprechen eine Sprache, die ich verstehe. Allmählich wird es warm draußen. Alles ist still. Die Zikaden singen in den Bäumen, der Sommer geht zu Ende. Ich beschließe, einmal um den Block zu gehen, bis Mick kommt. Ich bin angespannt und muss mich bewegen. Ich weiß, dass ich nachdenken muss, aber mein Kopf ist träge und schwerfällig. Überhaupt fällt mir das Denken schwer. Ich weiß nur, dass meine Rückkehr an die Uni klappen muss.

Aber im Gehen wird mir die Unmöglichkeit dieses Unterfangens klar. Ich muss den Verstand verloren haben zu glauben, ich könnte an die Uni zurück. Natürlich werden die Leute den Unterschied sehen und die Veränderung meiner Figur bemerken; und sie werden anfangen zu tuscheln. Man wird mich auf diese Schwangerschaft reduzieren, immer eine billige Geschichte, und mein Kind wird zum Gegenstand von Klatsch und Spekulationen werden. Ich denke an Nancy Percival, die in unserem letzten Jahr auf der Highschool eine Weile verschwand. Alle haben es gewusst. Alle haben darüber gesprochen. Alle haben getuschelt. Ich stelle mir vor, wie Dekan Dietrich mich einbestellt, befragt und anschließend bittet zu gehen. Nein … das ist einfach unmöglich. Doch was dann? Meine Taschen sind gepackt, aber ich weiß nicht, wohin ich gehen soll. Was kann ich tun?

Ich zupfe eine Handvoll Feuerdornbeeren und denke daran, wie gerne sie sich Judy in die Nase geschoben hat. Ich zerdrücke sie zwischen den Fingern und lasse eine nach der anderen auf den Boden fallen. Ich lege eine Spur, um den Weg zurück zu finden. Ich werde immer langsamer, zupfe am unregelmäßigen Rand der Hecke.

Zuerst höre ich das Geräusch von Micks Wagen. Er hat keinen Auspuffdämpfer und ist deshalb lauter, als er sein sollte. Dann sehe ich den verschossenen blauen Lack und die Beule von unserem Ausflug nach Coney Island im Frühling. Mick winkt und hält am Straßenrand, damit ich einsteigen kann. Er beugt sich über den Sitz, um mir die Tür zu öffnen. Ich steige ein, und der Sitz klebt an meinen nackten Beinen. Ich rücke ein wenig näher, aber nicht zu nah an ihn heran. Das ist vorbei. Wir lächeln traurig. Mick nimmt meine Hand. Seine Hand ist feucht, und ich erinnere mich daran, wie sehr ich seine Hände geliebt und wie ich mir vorgestellt habe, ein Leben lang zusammen mit ihm zu arbeiten. Aber das ist vorbei. Ich wünschte, ich könnte ihn noch lieben … aber es scheint alles so lange her zu sein.

Mick hat den Motor ausgemacht und sieht mich erwartungsvoll an, die Hände gegen das Lenkrad gestemmt. Ich drehe mich ein Stück zu ihm und sage: »Ich kann nicht zurück an die Uni. Es wird nicht funktionieren. Alle werden es merken, und dann werden sie mich auffordern zu gehen. Sie werden mich rauswerfen. Ich schaffe das nicht. Ich schaffe das einfach nicht.« Tränen schießen mir in die Augen, und ich versuche, sie zurückzudrängen. Er streicht mir das Haar aus dem Gesicht, streckt den Arm nach mir aus und zieht mich an sich. »Das musst du auch nicht. Wir finden schon eine Lösung.«

»Nein, das glaube ich nicht. Das glaube ich nicht.« Er zieht mich noch näher heran und legt den Arm um mich. Ich mache mich los. Eine Fliege setzt sich auf meinen Arm, und ich habe nicht die Kraft, sie zu verscheuchen. Ich bin wie gelähmt. Mick erschlägt sie. Das hätte ich sein können; das bin ich. So schnell und einfach ist mein Leben vorbei. Wir starren uns traurig an. Zögernd startet er den Motor, und wir fahren langsam zum Haus. In der Auffahrt parkt nur Mamas Wagen. Auf der Veranda kann ich Opa und Onkel Clarence hören, die beide hier wohnen und ein Baseballspiel im Radio anhören, das sie voll aufgedreht haben.

»Ich muss es Mama sagen. Ich ruf dich später an, in Ordnung?« Ich entdecke ein paar Feuerdornbeeren auf dem Sitz und fege sie mit der Hand weg. »Es tut mir leid. Es tut mir alles so leid.«

Ich springe aus dem Wagen, bevor er etwas sagen kann, gebe der Tür einen kräftigen Stoß und winke ihm zum Abschied zu, während ich zur Haustür stolpere. Ich bemerke kaum, dass meine gepackten Taschen immer noch im Flur neben der Tür stehen, und zwinge mich, ohne Umwege in Mamas Zimmer zu gehen und die Tür hinter mir zu schließen. Sie sieht auf, kneift die Augen ein wenig zusammen und fährt fort, ihre Sachen ordentlich in die Schublade zu legen. Das Bett ist wie immer perfekt gemacht, und beide Hausschuhe stehen so darunter, dass nur noch ein kleiner Teil davon hervorschaut. Ich sehe Charlies Hemden, die seit seiner Krebsdiagnose vor Kurzem unbenutzt sind, aber immer noch im Schrank neben ihren hängen und nur wenig Platz in Anspruch nehmen. Ihr Kleiderschrank zieht sich über die gesamte Länge des Zimmers.

Ich werfe mich aufs Bett. Ich versuche zu sprechen, aber ich beginne zu schluchzen und kann nicht mehr aufhören. Ich kann es ihr nicht sagen, kann nicht aufhören zu weinen. »Was ist los? Was ist denn los? Um Himmels willen, sag mir, was los ist!« Sie greift nervös zu ihren Zigaretten. Ich umklammere die Kissen. Ich will mich in ihre Arme werfen, will von ihr in den Arm genommen werden. Schließlich kommen die Worte in langen, verzweifelten Silben aus mir heraus: »Ich … ich … ich bin, ähm, bin, ähm, schwa schwa schwa schwang …ggg …er.«

»Was? Wie konntest du nur! Das glaube ich einfach nicht!« Sie schweigt. »Wie dem auch sei. Wenn das so ist, wirst du ihn eben heiraten.«

»Ich kann ihn nicht heiraten.«

»Du musst.«

»Ich kann nicht. Ich liebe ihn nicht mehr, und außerdem geht er für längere Zeit nach Peru.«

Bis auf meine letzten Schluchzer ist es wieder still.

Schließlich bricht Mama das Schweigen und sagt: »In Ordnung, das reicht! Wir fahren jetzt zu Wally und Carol. Die werden dich schon zur Vernunft bringen.«

Auf der Fahrt über die Landstraßen fällt fast kein Wort, und Mamas Lippen sind zu einer dünnen, nahezu unsichtbaren Linie zusammengepresst. Wir erreichen die ersten Ampeln und die vierspurigen Straßen der Stadt. An der Ampel stehen Kinder. Armut spricht aus ihren zerrissenen Hemden, dem Staub und Dreck und den nackten Füßen. Wir durchqueren die Stadt, fahren erneut übers Land und endlich die Auffahrt des neuen Hauses von Wally und Carol hinauf. Es liegt in einem Neubaugebiet, wo die Bäume an den Hängen der Vorgärten gerade erst zu wachsen beginnen. Ihre Nachbarn sind genau wie sie, ihre Kinder werden zusammen mit den frisch gepflanzten Bäumen heranwachsen, während sich das Leben vor ihnen ausbreitet wie die langen grünen Rasenflächen.

Wally empfängt uns an der Tür und zieht uns in den warmen Kreis ihres Lebens hinein. Durch den Durchgang zur Küche erhasche ich einen Blick auf eine Reihe von Müslischachteln, und ich höre die Jungs – meine Neffen – im nächsten Zimmer spielen. Mama zündet sich noch eine Zigarette an, klemmt sie in den Aschenbecher und sagt: »Wisst ihr, was sie mir angetan hat?«

Schweigen.

Alle warten.

»Sie ist schwanger. Und als wäre das noch nicht schlimm genug, sagt sie, dass sie ihn nicht heiraten will!« Sie lehnt sich zurück, schlägt die Hände vors Gesicht und fängt an zu weinen. Wally springt auf, kniet sich auf den Boden und legt seine starken Arme um sie. Ich sehe zu und wünschte, er würde mich umarmen. Ich sage Wally, was ich auch Mama gesagt habe: dass ich ihn nicht mehr liebe und nicht heiraten kann. Wally räuspert sich vernehmlich und sagt: »Nun, wenn sie ihn nicht heiraten will, sollte man sie nicht zwingen. Uns wird schon etwas einfallen. Wir finden bestimmt eine Lösung.«

Einen Tag später steht die Entscheidung fest: Ich werde nach Florida gehen. Sie schicken mich tausend Meilen weit weg zu Tante Dotty. Meine zwei Mal verheiratete und inzwischen verwitwete Tante arbeitet in einer kleinen Boutique in Coral Gables. Seit meiner Kindheit höre ich, dass Dotty ihr Leben verpfuscht hat. Ich kenne die Geschichte gut und bin mir ziemlich sicher, dass ich für Mama die nächste in der kleinen, aber stetig länger werdenden Reihe von schwarzen Schafen in unserer Familie bin. Sie findet es wichtig, dass man ein würdevolles und erfolgreiches Leben aufbaut und zur Schau stellt, und ist stolz auf ihre Häuser und Ehemänner – der erste arbeitete als Wirtschaftsprüfer, der zweite in einer Bank. Aus diesem Grund bekommt Tante Dotty keinen Platz auf der Liste der Menschen, die ihren Respekt verdienen. Sie ist ohnehin nicht lang und wird ganz klar von ihr höchstpersönlich angeführt.

Am nächsten Tag packt Mama mir zwei Eiersandwiches und saure Gurken für die Fahrt ein. Sie weiß, dass ich saure Gurken mag. Zum Abschied küsst sie unbeholfen die Luft neben meinem Gesicht und läuft dann schnell ins Haus, weil das Telefon klingelt. Eine Freundin setzt mich am Busbahnhof ab, und ich steige mit denselben Taschen in den Greyhound, die sorgfältig für die Universität gepackt neben der Tür gestanden hatten.

Wir fahren von Cincinnati aus zwei lange Tage und Nächte durch Maisfelder, Weiden, Wälder und Berge bis in die tropische Hitze Miamis. Der Bus hält über zwanzig Mal, meist in unbekannten kleinen Städten, und sammelt immer mehr traurige Gestalten auf. Ich sehe in jedem Passagier ein Spiegelbild meines Ausgestoßenseins, meines Kummers und meiner Angst.

Hier, am mehr als bescheidenen südlichen Stadtrand von Miami, wo die Dienstboten wohnen, wächst der Zustrom kubanischer und lateinamerikanischer Einwanderer, was Tante Dot ziemliche Sorgen bereitet. Vor ihrem Haus aus vergilbten Betonsteinen steht eine riesige Palme und unterscheidet es von den anderen leeren und meist ungepflegten Gärten im Briefmarkenformat. Ich habe ein eigenes kleines Zimmer, das innenliegende Bad benutzen wir gemeinsam. Jeden Abend vor dem Schlafengehen sehe ich, wie Tante Dotty den Vorhang an den Vorderfenstern ein wenig lupft – gerade genug, um auf die Straße hinausschauen zu können und sich zu versichern, dass ihr in die Jahre gekommener Dodge Dart unversehrt in der Einfahrt steht. Tagsüber, wenn Dotty bei der Arbeit ist, bleibt mir nicht viel mehr zu tun, als ihre elf streunenden Katzen zu versorgen und zuzusehen, wie die Riesenkröten das verputzen, was sie in der Schale auf der Hintertreppe übrig lassen.

Mit elf Jahren habe ich als Babysitter angefangen und seither immer gearbeitet. Daran soll sich auch jetzt nichts ändern.

Beim Durchblättern der Lokalzeitung finde ich genau, was ich suche: eine Stelle als Hausmutter in einer betreuten Wohneinrichtung für psychisch gestörte Jungen, wo ich auch wohnen kann. Ich bewerbe mich und bekomme den Job. Künftig werde ich fünf Tage die Woche dort und zwei Tage bei Tante Dotty sein. Das ist natürlich kein Job für die Ewigkeit; sie werden zwangsläufig irgendwann merken, dass ich schwanger bin. Schon jetzt trage ich lange Oberteile und weite Kleider. Aber fürs Erste habe ich Arbeit und meine Tage haben einen Sinn.

Ich lerne, diese verlorenen Jungs zu lieben, und fühle mit ihnen. Alle sind im Grundschulalter und haben massive Verhaltensprobleme. Die meisten von ihnen wurden einfach abgeschrieben, hierher gebracht und dann vergessen. Sie leben ohne eine Familie. Da ist Cliffy, der sich für einen Schmetterling hält und von Zimmer zu Zimmer flattert; JK, der ohne Punkt und Komma redet, vor Jahren von seinen reichen Eltern abgeliefert wurde und seither nie wieder Besuch bekommen hat; und der kleine Edwin, der zu schüchtern und zu ängstlich ist, um etwas zu sagen. Dann ist da noch Jakey. Er sagt nur: »Krieg iich 'n Aaananassaft?« im breitesten Südstaatenakzent und: »Komm um mich rum«, was so viel bedeutet wie: »Nimm mich in den Arm.« Dann lege ich die Arme um ihn, drücke ihn ganz fest an mich und denke an Judy in ihrer Anstalt voll fremder Menschen.

Eines Tages fragt mein Arzt bei einer der Schwangerschaftsuntersuchungen vorsichtig, ob er mir dabei helfen soll, eine Adoption zu arrangieren. Ich sage: »Ja«, und schlinge die Arme um meinen prallen Bauch. Er verweist mich an einen Anwalt in Palm Beach, der mir versichert, er könne dafür sorgen, dass ich ein Mitspracherecht bei der Wahl der künftigen Eltern meines Kindes hätte. Der Gedanke macht mir Mut. Ich setze mich auf, beuge mich vor und erkläre ihm, was mir wichtig ist: dass die Eltern diesem Kind eine gute Ausbildung und eine breite kulturelle Vielfalt mit Kunst und Ideen und all den Dingen bieten, die auch ich entdeckt habe und liebe.

Ein paar Wochen später soll ich erneut im Büro des Anwalts erscheinen. Er sagt, er hätte die perfekten potenziellen Eltern für mein Kind. Sie lebten in einer Kleinstadt im Bundesstaat New York, wo der Vater Literaturprofessor sei. Ich seufze tief. Genau das wünsche ich mir für mein Kind. Ich bin erleichtert, beinahe zufrieden. Ich glaube gern, was der Anwalt mir erzählt. Mein Kind hat so viel mehr verdient als das Leben, das ich ihm bieten könnte. Diese Eltern können ihm geben, wozu ich niemals imstande wäre. Der Anwalt sagt, ohne mich müssten sie kinderlos bleiben. Die Frau sei bereit, und sie würde eine gute Mutter sein. Und ich? Ich habe nicht die leiseste Ahnung.

Als ich nach Hause komme, klingelt das Telefon. Ich starre es eine Weile an, denn bei Tante Dotty meldet sich so gut wie nie jemand. Es klingelt weiter. Irgendwann hebe ich vorsichtig ab.

»Hallo?«

Am Apparat ist mein Bruder Dicky, der von meiner Schwangerschaft nichts weiß. Er denkt, ich mache eine Studienpause, um Geld zu verdienen. »Wie geht es dir?« Ohne meine Antwort abzuwarten, fährt er fort: »Es geht um Mama. Sie hat einen Darmdurchbruch und etwas, das sich Peritonitis nennt. Sie wissen nicht, ob sie überleben wird.«

»Ich komme … Ich komme sofort nach Hause.«

»Nein. Ich soll dir ausrichten, du sollst noch warten. Sie will nicht, dass du gleich kommst. Es geht ihr noch nicht gut genug, um dich zu sehen.«

Ich schweige. Natürlich kenne ich ihre Beweggründe, auch wenn er sie nicht kennt. Ich bin im siebten Monat schwanger, und bis auf Wally wissen das nicht einmal meine Brüder und auch nicht Mamas Mann Charlie, der gerade an Krebs stirbt. Weder Opa noch Onkel Clarence, und die Bridgefreundinnen – aller sechs Clubs – schon gar nicht. Natürlich kenne ich ihre Gründe. Sie schämt sich für mich.

»Wenn sie sterben könnte, sollte ich kommen«, sage ich.

»Sie hat Nein gesagt, Joyce. Sie war da sehr entschieden. Sie will, dass du bleibst. Ich werde dich auf dem Laufenden halten.«

Ich stelle mir vor, wie ich auftauche, und die Schande sie auf der Stelle umbringt.

»Also gut. Aber ruf bald wieder an, hörst du?«

Ein paar Wochen später bestellt mich der Leiter des Kinderprogramms in sein Büro. Ich gehe auf den achten Monat zu, und ohne es direkt anzusprechen, macht er seinen Standpunkt klar.

»Joyce«, beginnt er etwas zögerlich. Er ringt nach Worten. »Sie leisten ganz hervorragende Arbeit, aber … nun ja.« An dieser Stelle steht er auf, dreht sich zum Fenster, um das Rollo ein wenig zu justieren, setzt sich wieder und rutscht unruhig auf seinem Stuhl hin und her. »Ich … nun ja … ich halte es für keine gute Idee, wenn Sie bleiben … wenn Sie hier weiterarbeiten. Es könnte nicht gut für Sie sein. Sie wissen, was ich meine?« Er räuspert sich. »Nun, ich denke, Sie verstehen.«

Ich verstehe sehr gut. Schweren Herzens verabschiede ich mich von meinen verlorenen Jungs und kehre zu Tante Dotty zurück.

Während ich umringt von ängstlichen verwilderten Katzen und gleichgültigen Kröten auf der Hintertreppe sitze, ruft Dicky an. In meiner Eile, rechtzeitig zum Telefon zu kommen, stolpere ich über eine verblühende Geranie. »Gute Neuigkeiten«, sagt er. »Mama ist auf dem Weg der Besserung und kann morgen nach Hause. Sie sagt, du brauchst dir keine Sorgen zu machen, aber du sollst nicht anrufen. Sie fühlt sich noch zu schwach zum Telefonieren.« Ich spüre, wie mir eine Last von den Schultern fällt, aber gleichzeitig eine große Trauer. Seit meinem Aufbruch vor mehreren Monaten haben meine Mutter und ich nicht mehr miteinander gesprochen, und es sieht aus, als würden wir es nicht einmal jetzt schaffen. Ich fühle mich wie ein mutterloses Kind, das bald eine kinderlose Mutter sein wird.

Die Tage des Wartens verbringe ich mit stundenlangen Strandspaziergängen. Ich weiß, dem Baby und mir bleibt nicht mehr viel Zeit. Eines Abends beim Einschlafen geht es los. Ich liege die ganze Nacht wach und spüre das Ziehen, das immer stärkere Drängen des Kindes in mir. Ich weiß, dass dies der Anfang unseres Abschieds sein muss.

Leise geht die Türe auf. Es ist kurz still, dann schlurft meine vorzeitig gebückte Tante Dottys herein. Sie späht wie üblich mit etwas wirrem Gesichtsausdruck ins Zimmer und sieht, dass ich ein Kissen an mich drücke und schnell atme.

»Geht es dir gut? Ich meine, was ist los? Ist es so weit? Geht es los?«

»Ich denke, wir sollten bald ins Krankenhaus fahren. Ich habe seit Mitternacht Krämpfe. Aber es geht mir gut. Es ist alles in Ordnung.«

Wir fahren in Tante Dottys Wagen mit dem verblassten grünen Lack durch den frühen Morgen und die noch ruhigen Straßen einmal quer durch Miami. Tante Dotty fährt noch unsicherer als sonst, rast bei Rot über die Ampel und zögert bei Grün. Aber dieses eine Mal bemerke ich es kaum. Alle paar Minuten flüstere ich mit Nachdruck: »Halt an, bitte. Du musst anhalten. Halt sofort an!« Sie hält auf einem leeren Parkplatz und ich steige ganz schnell aus. Obwohl ich keine Ahnung von der Lamaze-Methode habe, entdecke ich zehn Millionen Jahre Instinkt und Erfahrung in mir. Ich gehe im Kreis, bis die Schmerzen nachlassen, gehe, bewege mich, bewege mich im Kreis mit dem Schmerz und durch ihn hindurch, immer im Kreis.

Fünf Parkplatzstopps später bin ich im Krankenhaus, die Hand- und Fußgelenke an kalten Metallstäben fixiert, was meinem beruhigenden Kreisen ein abruptes Ende setzt. Trotz meines Einwands nimmt man mir die Brille ab. Ich kann mich weder bewegen noch etwas sehen. Also schließe ich die Augen, mit denen ich ohnehin nichts sehen kann, und konzentriere mich auf meinen Atem und die immer stärker werdende Kraft des Lebens in mir. Bald höre ich seltsame, kraftvolle, unmenschliche Laute – meine neue Stimme. Ich spüre, wie etwas mit Macht durch mich hindurch nach unten und nach außen drängt, eine ungekannte und unvorstellbare Kraft, die durch mich hindurchfährt.

Ich spüre ein scharfes Brennen, als das Köpfchen des Kindes kommt, der Arzt eilt herbei und gibt mir eine Spritze. Ich verliere das Bewusstsein, und während jäh tausend schwere Vorhänge fallen, höre ich den ersten Schrei meines Kindes.

Beim Erwachen ist alles hell, und ich frage die Schwester: »Geht es meinem Baby gut? Ich muss wissen, ob es meinem Baby gut geht.«

»Ja, Ihrem Kind geht es gut.«

»Ist es ein Junge oder ein Mädchen?« Es fiele mir leichter, mich von einem Jungen zu trennen. Ein Junge ist anders als ich. Aber bei einem Mädchen … bei einem Mädchen wäre es, als würde ich mich selbst weggeben. Nein, es wäre noch schlimmer. Es wäre, als würde ich Judy weggeben, als ließe ich sie noch einmal im Stich.

Die Schwester schweigt.

»Bitte, ich muss es wissen – bitte.«

Sie schaut noch einmal auf mein Krankenblatt, drückt es an sich und sagt zögernd: »Es ist ein Mädchen. 3370 Gramm. Sie ist gesund, kerngesund.« Mir wird leicht und schwer zugleich ums Herz.

Ich werde auf eine Transportliege gelegt und den Flur entlang in ein Zimmer geschoben, in dem alle Rollos geschlossen sind. Man hievt mich in das Bett an der Tür, ein Bett mit groben Laken und einer dicken Kissenrolle, und ich versuche mühsam, es mir im Fastdunkel ein wenig bequem zu machen. Dann merke ich, dass ich nicht allein bin. Eine Gestalt regt sich in den Umrissen des Bettes am Fenster.

»Entschuldigen Sie bitte. Ich wusste nicht, dass noch jemand hier ist. Sie sind wach, oder?«, erkundige ich mich. Ich glaube, eine winzige Bewegung, eine Drehung des Kopfes wahrzunehmen. Eine völlig ausdruckslose Stimme erwidert: »Ich denke, ja. Ich denke, ja. Ich bin mir nicht sicher.«

»Haben Sie auch gerade ein Baby bekommen?«

»Mein Baby ist tot.«

»Tot? Das tut mir so leid.« Ich drehe mich zu ihr und spüre, wie sich ihr Kummer mit meinem verbindet. Ein nicht-körperlicher Schmerz durchfährt mich.

»Mein Baby ist fort.«

Keine Antwort. Sie sagt nichts und rührt sich nicht. Ich warte. Dann nicht mehr. Jede schweigt für sich und dreht sich von der anderen weg. Nach unseren ganz eigenen Tragödien liegen wir gemeinsam in einem kleinen Zimmer und jede schaut auf eine andere Wand. Durch den Verlust sind wir unfähig, aufeinander zuzugehen oder auch nur Kontakt aufzunehmen. Nachts wache ich auf, klatschnass von Tränen, Blut und der einschießenden Milch. Mein Schluchzen erschüttert meinen Körper ebenso stark wie die Geburt, aber die Leere macht es noch qualvoller.

Es ist noch früh am Morgen, als ich einen Anruf von dem Anwalt bekomme. Zu meiner Überraschung verkündet er, dass die Adoptiveltern aus New York bereits eingetroffen seien, das Baby schon gesehen hätten und die Kleine von ganzem Herzen liebten. Er sagt, sie seien unendlich dankbar. Als ich höre, dass es ein jüdisches Paar ist, gebe ich meinem Kind im Geiste den Namen

Anna – nach Anne Frank, die schon lange eine meiner Heldinnen ist. Von da an trage ich immer ein Bild von Anne Frank und eine gepresste Blume vom Strand von Coral Gables bei mir, wo ich an dem Nachmittag spazieren gegangen bin, bevor die Wehen eingesetzt haben, und Anna noch ein Teil von mir war.

Während ich im Krankenhaus liege und die Zeit vergeht, wachsen die innere Unruhe und der Entschluss, meine Tochter zu sehen, bevor ich mich endgültig von ihr verabschiede. Ich muss das Kind sehen, das ich neun Monate in mir getragen habe, ehe es verschwindet – ganz gleich, wie viele Regeln dafür gebeugt werden müssen. Monatelang hatte mir der Arzt bei jedem Termin mit großer Autorität und Nachdruck erklärt, ich solle möglichst nicht nach »dem Baby« fragen. Besonders wichtig sei, dass ich es nicht sehe. Man könne »leichter vergessen, was man nicht kennt«. Als sei man mit einem Kind, mit dem man neun Monate lang Fleisch, Blut und Körper teilt, nicht zutiefst vertraut. Er versichert mir, dass ich die Sache bald vergessen und mit meinem Leben weitermachen würde. Das Kind würde ein so viel besseres Leben haben, als ich ihm jemals geben könnte. Ich würde die zukünftigen Eltern überglücklich machen und könne eines Tages weitere Kinder bekommen. Ich müsse die Angelegenheit nur vergessen und hinter mir lassen. Natürlich müsse niemand je davon erfahren. Das sei wirklich besser für alle, sagt er.

Am ersten Tag behalte ich mein Vorhaben für mich. Aber am zweiten frage ich die Schwester, ob ich mein Kind sehen kann. Sie antwortet: »Das ist leider nicht möglich. Anweisung des Arztes.« Ich frage eine andere Schwester. Schließlich rufe ich bei meinem Arzt an und hinterlasse eine Nachricht nach der anderen. Als er am nächsten Morgen endlich zurückruft, wiederhole ich ruhig meine Bitte und verspreche, keine weiteren Forderungen zu stellen. Nach einer langen Pause willigt er widerstrebend ein.

Man setzt mich in einen Rollstuhl, und wir fahren mit dem Aufzug einen Stock tiefer. Vor einem Zimmer mit vielen kleinen Kinderbetten bleiben wir schließlich stehen. Ich warte an dem verglasten Fenster, während sich die Kinderschwester auf den Weg macht und mit einem gut verpackten Bündel wiederkommt. Das kleine Bündel reckt und streckt sich, aber seine Augen sind immer noch geschlossen. Dann öffnen sie sich leicht. Das ist mein Kind! Es hat ein kleines Gesicht mit feinen Zügen, dunkelbraunes Haar, winzige rosige Finger und ist in jeder Hinsicht vollkommen. Ich beuge mich noch näher ans Fenster, um mir alle Einzelheiten einzuprägen. Tränen schießen mir in die Augen, bis alles verschwimmt und ich nichts mehr sehen kann. Ich spüre in meiner Brust, wie mein ganzer Körper zu Eis erstarrt. Wie das Eis in mir überall Risse bekommt und bricht. Berstendes Eis und eisiges Wasser strömen durch mich hindurch, aus meinen Fingern heraus und zu meinen Zehen hinab. Überall sind kaltes Wasser und Splitter von geborstenem Eis.

Von jenem Augenblick an fehlt mir jede Erinnerung. Auf einmal bin ich wieder bei Tante Dotty. Ich spüre eine Leere in mir, die größer ist als der Raum, den das Baby eingenommen hat. Auch andere Körperteile fehlen: Meine Arme sind ganz gewiss verschwunden, meine Augen sind blind und vielleicht ist auch mein Herz bei meinem Kind geblieben. In mir ist nur ein Echo. Meine Stimme ist fort, und nur das Echo bleibt. Ich hatte geglaubt zu wissen, was Leere ist, aber in all den anderen Leeren war ein Hauch von Farbe, war irgendwo ein Lichtschimmer gewesen. Diese schwarze Leere ist so weit wie der Himmel.

Wally und Carol treffen mit ihren beiden Jungen ein. Sie haben die lange Fahrt von Ohio nach Florida auf sich genommen, um mir zu helfen. Wally begleitet mich zum Unterzeichnen der Papiere ins Gerichtsgebäude. Wir sind beide benommen und bedrückt. Er wirkt so aufgewühlt, dass sein Schmerz mit meinem verschmilzt. Der Anwalt reicht mir die Papiere, sieht zu, wie ich unterschreibe, nimmt mir die Dokumente aus der Hand, und wir gehen. Viele Jahre später sehe ich das Blatt und die Unterschrift wieder. Sie sieht aus wie die Unterschrift eines Kindes – eines Menschen, der beinahe selbst noch ein Kind ist.

Ich habe keine Ahnung, wo Baby Anna ist. Ich weiß nur, sie ist fort.

5

Frau ohne Vergangenheit

Von Florida aus fliege ich zunächst nach Cincinnati, um Mama zu besuchen, die sich immer noch von ihrer Bauchfellentzündung erholt und nicht einmal zwei Jahre nach ihrer Hochzeit um ihren verstorbenen Mann Charlie trauert.

Dicky holt mich am Flughafen ab, und Mama erwartet mich an der Tür. Sie küsst die Luft neben meiner Wange, dann sagt sie zu meinem Bruder: »Du kannst ihre Taschen gleich ins hintere Zimmer bringen.« Ich stehe da, suche nach einer Möglichkeit, mich irgendwo festzuhalten, und stütze mich auf die Kommode neben der Tür. Ich habe schreckliche Angst, Mama gegenüberzutreten, und bin gleichzeitig wie betäubt. »Um Himmels willen, Joyce, nun setz dich schon irgendwohin«, kommt ihre Stimme aus dem Flur. Als Dicky fort ist, der wie Jimmy nichts von meiner Schwangerschaft und dem Baby weiß, setzen Mama und ich uns an den Tisch. Sie rührt in ihrem Tee, beobachtet aufmerksam, wie sich der Zucker darin auflöst, und fragt: »Geht es dir gut?« Ich schiebe meinen Toast auf dem tiefblauen Teller herum und antworte mit gesenktem Kopf: »Ach, mir? Aber ja, mir geht es gut.« Weder sie noch ich verlieren jemals ein weiteres Wort darüber. Sie fragt auch nie, ob das Kind ein Junge oder ein Mädchen ist. Nichts. Ich bin jetzt wie Judy eine Schande und ein Geheimnis, und die kleine Anna ist einer der stummen, unsichtbaren Pinselstriche im Gemälde unseres Lebens. Wir essen mit Opa und Onkel Clarence zu Abend, spielen noch ein wenig Karten und gehen ins Bett. Mir ist kalt.

Die Uni geht bald wieder los, und ich halte es in diesem Haus nicht länger aus. An der Ohio State University in Columbus sind die Frühlingsferien fast vorbei. Mary, eine gute Freundin aus Wittenberg, unterrichtet jetzt dort, und wir wollen zusammenziehen. Da ich mir Wittenberg nicht mehr leisten kann und an Miami zu viele schmerzliche Erinnerungen hängen, habe ich beschlossen, mein Studium an der OSU abzuschließen, mir meinen Lebensunterhalt zu verdienen und mein Leben langsam wieder aufzubauen.

Am nächsten Morgen nehme ich den ersten Greyhoundbus nach Columbus. Mama scheint erleichtert, als sie mich verabschiedet, und hat mir ein Thunfischsandwich für die Fahrt eingepackt. Ein paar Stunden, viele Autobahnen und Maisfelder später komme ich in Columbus an, wo Mary mich am Busbahnhof abholt und fest in den Arm nimmt. Ich gerate in Panik. Meine Brüste sind steinhart und sondern Milch in Wallys Taschentücher ab, die ich in meinen BH gestopft habe. Wie kann es sein, dass sie nichts bemerkt? Wir fahren in unsere fast völlig leere Wohnung nicht weit von der Uni, wo wir auf einer Matratze auf dem Boden schlafen. Nacht für Nacht schrecke ich schreiend und schluchzend aus dem Schlaf. Mary fleht mich an, ihr zu sagen, was los ist. »Nichts«, sage ich. »Nichts. Das sind sicher nur irgendwelche Albträume.« Ich leide wochenlang darunter, und Mary bittet mich ebenso lang, ihr zu sagen, was los ist, bis ich schließlich nachgebe. Ich lasse sie beim Leben aller Kinder dieser Welt schwören, für sich zu behalten, was ich ihr sagen werde. Dann erzähle ich ihr von Anna. Sie nimmt mich fest in den Arm und wir weinen gemeinsam. Und dann sprechen wir nicht mehr darüber.

Ich nehme sowohl mein Studium mit mehr als der üblichen Stundenzahl als auch mein Leben wieder auf. Aber dieses Mal bleibe ich anonym. Von 15 bis 23 Uhr arbeite ich als Sekretärin auf der Neugeborenenstation der Uniklinik. Ich habe so viel zu tun, dass keine Zeit zum Nachdenken oder für Gefühle bleibt – genau so, wie ich es will.

Ein paar Monate später klingelt eines frühen Freitagmorgens das Telefon, als ich den letzten Schluck meiner dritten großen Tasse Kaffee trinke. Ich erkenne die starke, direkte Stimme sofort.

»Joyce, ich möchte, dass du mir zuhörst.«

Mir stockt der Atem, ich taste nach meinen Unterlagen und suche nach etwas, das fehlt. Ich weiß nur nicht genau, was. Dann straffe ich die Schultern und schiebe die leere Kaffeetasse auf dem Schreibtisch weg. Es ist Tante Margaret aus Wittenberg.

Irgendwie hat sie von meiner Situation erfahren – mein Schutzengel, meine weise und warmherzige Tante Margaret, die mich liebt, wie ich bin. Sie hat erfahren, dass ich jetzt an der Ohio State University studiere, weiß von meinem vollen Stundenplan und meinem Vollzeitjob.

»Ich weiß, was du vorhast, und es ist unmöglich. Du kannst deinem Studium nicht gerecht werden, wenn du zusätzlich zu deinen ganzen Seminaren auch noch Vollzeit arbeitest. Du riskierst es, sowohl deiner Gesundheit als auch deiner Zukunft zu schaden«, spricht sie weiter.

Ich nicke stumm und zustimmend und frage mich, worauf sie hinauswill.

»Ich habe bereits dafür gesorgt, dass du nach Wittenberg zurückkehren kannst, um deinen Abschluss zu machen«, fährt sie fort. »Wenn du einverstanden bist, hätte ich auch schon eine Förderung für dich. Du kannst bei mir wohnen, dann musst du dir keine Sorgen um deinen Unterhalt machen und kannst dich ganz auf dein Studium konzentrieren.«

Die Tränen der Dankbarkeit, die mir in die Augen steigen, kann sie nicht sehen.

Tante Margarets steter Glaube an mich sät den Samen meines Glaubens an mich selbst. Gestärkt durch ihre Freundschaft, geleitet von ihrem Vorbild und unterstützt durch ihre Hilfe kehre ich nach Wittenberg zurück, fest entschlossen, meinem Leben eine Richtung und einen Sinn zu geben. Hoffentlich werde ich eines Tages in der Position sein, ebenso gütig zu sein wie sie.

Ich hänge ein Zusatzsemester an und wechsle im Hauptfach von Englisch zu Psychologie. Ich stelle mir vor, in der Verbindung von Psychologie und Pädagogik irgendwie den Schlüssel zu finden, um Kinder, die durch Tragödien ihrer Geburt, ihrer Familie oder ihrer Vergangenheit gefangen sind, zu befreien. Dass dies mir die Möglichkeit gibt, sie zu erlösen und zu retten. Ich sehe mich selbst als eine Art weiblichen »Fänger im Roggen«.

Ein Jahr später habe ich meinen Abschluss in der Tasche, sage Tante Margaret Lebewohl und kehre nach Columbus zurück. Zum allerersten Mal lebe ich allein. Ich bin allein, aber niemals einsam. Denn obwohl Judy nicht da ist, bleibt sie doch fest mit dem Gewebe meines Seins verflochten – ist sie mit leuchtenden wie mit unsichtbaren Fäden eingewoben, die mich mit ihr und mit allem verbinden, was wir miteinander teilen, was wir füreinander waren und noch füreinander sind. Ich trage meine Vergangenheit und meine Geheimnisse immer in mir.

An der Wand über meinem Bett hängt ein großer Druck von Picassos stillender Mutter als stete, aber unbewusste Verbindung zu allem, was mir erst vor Kurzem gegeben und dann wieder genommen worden ist. Und in meinem Geldbeutel steckt das kleine Bild von Anne Frank, meinem Symbol für Anna, und das gepresste Blümchen, das ich an jenem letzten Tag beim Strandspaziergang gepflückt habe.

An einem schwülen Julinachmittag habe ich ein Vorstellungsgespräch beim Leiter der Glenwood School. Ein seltsamer Zufall will, dass sie sich auf dem Gelände der gleichen Anstalt befindet, in die Judy vor so vielen Jahren eingewiesen worden war. Als ich ihm und seinem strahlenden Lächeln am Schreibtisch seines unordentlichen und bis zum Bersten mit Kinderzeichnungen gefüllten Büros gegenübersitze, wird mir klar, dass mir die Entscheidung leicht fällt. Ich werde jeden Lehrauftrag annehmen, wenn ich nur hier unterrichten kann.

Meine Aufgabe ist es, Problemkinder von der vierten bis zur sechsten Klasse zu unterrichten. Es sind in erster Linie Jungen, und viele von ihnen sind auch in der Anstalt untergebracht. Die in Glenwood einquartierten Kinder wohnen in den gleichen großen und düsteren Gebäuden, in denen auch Judy gelebt hat. Mir kommt der Gedanke, dass eines von ihnen sogar in dem selben Bett schlafen könnte, in dem sie früher geschlafen hat. Jeden Tag fahre ich zwischen den alten Gebäuden der Anstalt hindurch, vorbei an den Flügelfenstern und den dunkelroten Backsteinmauern, bis auf den Hof der Glenwood School. Ich sehe die wuchtigen dunklen Türen und denke daran, wie ich als Kind ihr schweres Gewicht nach innen gedrückt habe, um Judy zu sehen. Beim Fahren spüre ich, wie mich der Geist von Judys Kindheit umgibt. Das Leben dieser Kinder unterscheidet sich nicht sehr von ihrem – bis auf meinen festen Entschluss, dass sie die Chance haben werden, die verschlossenen Türen ihres Lebens mit Liebe und Bildung aufzusperren.

Frühmorgens verlasse ich die Schnellstraße, während ich in der einen Hand eine Kaffeetasse jongliere, fahre auf das Anstaltsgelände und weiter in unsere verborgene Welt. Abends nehme ich den gleichen Weg zurück, schlängle mich vorbei an den Gebäuden und den Schatten, die sie am späten Nachmittag werfen. Allmählich fühle ich mich stärker, nicht mehr gefangen und hilflos, wie Judy es gewesen ist – wie ich es gewesen bin.

Neue Bilder gesellen sich zu den schmerzlichen Erinnerungen, wie ich mit meinen Eltern auf meine süße kleine Judy warte; zu den Bildern, wie sie mit den Händen durch das Gras neben mir streicht; von uns beim Schaukeln und von ihren Tränen, wenn wir wieder gehen. Allmählich wird die Anstalt zu dem Ort, an dem ich unterrichte, wo wir vor dem Mittagessen *Der kleine Hobbit* lesen. Wo Matthew versucht, im Dreck Rollschuh zu laufen, und Zappelphilipp Stevie uns erklärt, was seine Eltern ihm über Sex erzählt haben – und er singt seine Worte unter dem spöttischen Grinsen der anderen Jungen wie ein Vogel sein Lied. Ich sehe, wie Tyrone die Haare nach hinten kämmt, und Eddie, der das ganze Geld aus meinem Geldbeutel genommen und mir damit das Herz gebrochen hat. Vieles lässt sich nicht in Ordnung bringen: Malachis verwirrte Mutter ruft immer wieder an, um mir zu sagen, er sei der Sohn Satans und inzwischen der Teufel selbst.

Die Kinder werden mein Leben. Ich bin ständig mit ihnen zusammen und will es auch gar nicht anders. Samstags hole ich sie ab, und wir quetschen uns in mein altes VW-Cabrio, um die Nebenstraßen von Columbus, die Parks und Bauernhöfe in der Umgebung zu erkunden. An anderen Wochenenden nehme ich sie einzeln mit zu mir nach Hause in das kleine Reihenhaus mit der engen Küche, wo wir kochen, backen und Schach spielen. Ich habe keine eingebauten Grenzen.

Eines Tages erwähne ich im Telefongespräch mit Mama, was ich mache und wie bereichernd es ist. »Warum willst du diesen Menschen helfen?«, fragt sie. »Das sind doch Fremde. Deiner eigenen Mutter solltest du helfen.«

Das Jahr vergeht, und allmählich denke ich weniger an Baby Anna und Judy und mehr an die Kinder, die meinen Schreibtisch umringen und mir ans Herz wachsen. Nur abends vor dem Einschlafen schweifen meine Gedanken zu Judy und Anna, den beiden unsichtbaren und fehlenden Teilen von mir.

An drei Abenden in der Woche arbeite ich an der psychiatrischen Kinderklinik als Therapeutin in Einzelsitzungen mit Kindern mit emotionalen Problemen oder Lernschwierigkeiten. Es ist die Art von Arbeit, von der ich geträumt habe – Kindern zu helfen, ihnen Unterstützung und einen Ausweg zu bieten, und ich liebe diese Arbeit. Zu meiner Überraschung habe ich schon bald eine private Praxis mit meinem Namen an der Tür und einem Spielzimmer mit einem verspiegelten Fenster für Beobachtungen im Rahmen der Therapie. Es ist gerade einmal ein Jahr vergangen, seit ich meinen Abschluss gemacht habe. Ich bin stolz auf mich und mein Leben ist voller Möglichkeiten. Allmählich beschleicht mich das Gefühl, Tante Margarets Glaube an mich könnte gerechtfertigt sein.

An einem Wochenende packe ich ein paar Spielkarten und ein paar Leckereien für Judy und mich zusammen und mache mich auf die lange Fahrt nach Gallipolis. Wir fallen uns in die Arme – überglücklich, uns wiederzusehen. Seit unserer letzten Begegnung ist unendlich viel Zeit vergangen. Weil es für einen längeren Spaziergang zu kalt ist, machen wir uns auf den Weg zu dem Diner, in dem wir Stammgäste sind. Der orangefarbene Schal, den Judy zweimal um den Hals gewickelt hat, kontrastiert stark mit ihrem rosa Pullover, aber sie hat weniger Interesse an eleganter Kleidung als daran, einen Hamburger mit Pommes zu verspeisen, die in einer großzügigen Portion Ketchup schwimmen. Ich schneide den Hamburger in winzige Stückchen und beobachte sie bei jedem Bissen: Seit ihr die Zähne gezogen wurden, ist jeder Bissen, egal wie klein, schwierig.

Anschließend spielen wir im Wagen Karten – nur wir beide. Wir haben die Karten auf dem Schoß, verstreuen sie im Wagen, lachen, nehmen sie einander weg und lachen noch mehr, während wir uns vielsagende Blicke zuwerfen. Als es für Judy Zeit wird, ins Haus zurückzukehren, zögert sie – genau wie ich. Traurigkeit macht sich im Wagen breit. Schnell sammle ich die Karten ein, fixiere sie mit einem dicken Gummiband und lege sie in ihre erwartungsvollen Hände. Sie verstaut sie sorgsam in ihrer rosa Handtasche. Wir zwingen uns, die Türen zu öffnen, und gehen Hand in Hand zurück.

An der psychiatrischen Kinderklinik lerne ich den Doktoranden Michael kennen, der dort ein Praktikum absolviert. Wir führen eine Beziehung, die sich für mich wie eine Ehe mit meinem besten Freund anfühlt. Wir wohnen zusammen und teilen unser Leben, bis er im Rahmen seines Ersatzdiensts für Vietnam nach Nevada geschickt wird, um eine Klinik aufzubauen. Ich weine wochenlang und mache mich nach Schuljahresende auf den Weg zu ihm in den Westen. Als ich zu ihm stoße, ist alles beim Alten. Die Liebe ist noch da, aber auch die Scheu davor, sich fest zu binden. Und so ziehe ich weiter nach Kalifornien, wo ich den heilenden Zauber zu finden glaube, den ich seit dem »Summer of Love« vor Kurzem dort vermute.

In Kalifornien erkunde ich die ganze Küste von San Francisco bis San Diego, halte in Städten, besichtige Schulen entlang der Strecke und stelle mir jedes Mal vor, dort zu unterrichten. Südlich von San Diego mache ich kehrt, fahre wieder Richtung Norden und suche bei all dem Sonnenschein den Ort, der mein Zuhause werden könnte.

Ich finde eine Stelle als Lehrerin an einer Innenstadtschule in Richmond, in der Bucht von San Francisco, und ziehe mit ein paar anderen jungen Frauen in eine Wohngemeinschaft in einem großen, alten, mit braunen Holzschindeln verkleideten Haus in Berkeley. Wir alle tasten uns wie mit Hilfe von Blindenschrift an das Leben als Erwachsene heran. Ich achte darauf, immer beschäftigt zu sein und lebe jetzt in einer neuen und aufregenden Welt, weit weg von Cincinnati, weit weg von Columbus, aber trotzdem nah genug bei Judy, dass ich sie ein paar Mal im Jahr besuchen kann.

Hier in Berkeley kann ich vorgeben, eine Frau ohne eine von Verlusten gezeichnete Vergangenheit zu sein. Hier kann ich vorgeben, nur der Mensch zu sein, der ich zu sein scheine – nicht der Mensch, der auch Judy ist, der immer auch ein Teil von Judy ist, der immer bei Judy ist. Kein Zwilling ohne Schwester. Keine Frau, die heimlich Mutter ist, eine Mutter ohne Kind.

Eines Nachts, während das ganze Haus schläft, klingelt das Telefon. Ich habe gelernt, nächtliche Geräusche zu ignorieren – wenn es zu jeder Tages- und Nachtzeit an der Haustür hämmert, Lkw auf der Telegraph Avenue vorbeifahren, sich die Studenten von gegenüber betrinken und herumbrüllen. Stattdessen ziehe ich die Decke über den Kopf. Aber der Anruf ist für mich.

Es ist Dicky, und er hat sehr schlechte Nachrichten. Ich fliege sofort nach Cincinnati, wo mein Bruder Wally nach einem Fehler bei einer Routineoperation in Lebensgefahr schwebt. Bei meinem Eintreffen ist er bereits tot.

Nach Wallys tragischem Tod kehre ich in tiefer Trauer nach Berkeley zurück. Ich bin verletzlich und verzweifelt und sehne mich nach einem Zuhause, wünsche mir ein Kind und eine Familie. Ich lasse mich auf eine unbesonnene Ehe mit einem deutlich älteren Mann von trügerischem Charme ein. Er hat zwei kleine Kinder, die eine Mutter brauchen, und ich bin eine Mutter, die ein Kind braucht. Aber die Illusion dieser Familie löst sich bald auf. Es gelingt mir nicht, seine Abwesenheit und seine Affären mit anderen Frauen zu ignorieren oder zu tolerieren.

Doch aus der Asche dieser unglücklichen, kurzlebigen Ehe

erwächst mir das Geschenk einer wunderschönen Tochter. In den ersten glücklichen gemeinsamen Stunden nach ihrer Geburt starre ich sie unentwegt an. Ich erwarte, Anna in ihr zu finden. Doch zum Glück unterscheidet sie sich auf jede erdenkliche Weise von ihr: Sie ist kräftig, Anna war zart; sie sie kahl, Anna hatte einen Schopf dunkler Haare. Es gibt keinen Raum für Verwechslungen. Lilia ist ganz und gar sie selbst, und ich liebe sie.

Als ich nach Ohio fliege, um Mama mit ihrer neuen – und nach ihr benannten – Enkeltochter bekannt zu machen, spüre ich sofort bei meiner Ankunft die Kälte, die sich in ihrem Haus ausgebreitet hat. Seit Wallys Tod so kurz nach dem ihres Mannes Charlie spielt sie noch mehr Bridge, kauft noch mehr Antiquitäten und stellt noch mehr Regeln für Opa und Onkel Clarence auf, die meist in ihren Zimmern bleiben oder sich auf der von Fliegengittern geschützten Veranda das Baseballspiel im Radio anhören, wenn es das Wetter zulässt.

Ich habe Lilia auf dem Knie und beobachte Mama eingehend, aber ich kann nicht sagen, was sie für sie empfindet, ihr Gesicht ist für mich wie eine Maske. Wir vereinbaren, drei Tage nach meiner Ankunft Judy zu besuchen. Wie oft hat Mama früher Gründe gefunden, nicht zu fahren. Ich bin besorgt, füttere Lilia beim Abendessen nervös mit Bananenstückchen und zerfleddere meine Serviette. Wir essen früh und gehen früh zu Bett. Ich schlafe unruhig und werde immer wieder wach. Am Morgen des geplanten Besuchs sind Lilia und ich bereits fertig angezogen und startbereit. Vom Flur aus kann ich Mama in Bademantel und Hausschuhen in der Küche sehen. Sie telefoniert und hat noch nicht angefangen, sich herzurichten. Sie spricht mit Millie. In der einen Hand hat sie eine Tasse Kaffee und mit der anderen kritzelt sie auf einem Block herum, während sie sich für den Nachmittag zum Bridgespielen verabredet.

Ich unterbreche sie: »Moment mal, Mama, was soll das heißen? Was sagst du denn da? Wir fahren doch heute zu Judy.«

»Kannst du nicht warten, Joyce? Du siehst doch, dass ich telefoniere. Zum Kuckuck! Ich rufe dich zurück, Millie.«

Sie sieht mich an, ihr Blick ist wütend und abweisend.

»Das wird heute nichts. Um Himmels willen, Joyce, sieh doch nur aus dem Fenster und schau dir das Wetter und diesen Himmel an. Wenn es vielleicht Gewitter gibt, können wir nicht fahren. Bei diesem elenden Wetter fahre ich keinen Meter.«

»Schon in Ordnung, Mama. Ich kann fahren. Ich fahre ständig. Ich habe sogar alleine das ganze Land durchquert. Die Fahrt zu Judy macht mir nichts aus. Ich werde fahren. Wirklich. Du musst dir keine Sorgen machen.«

»Mein Entschluss steht fest, Joyce, und du wirst nicht mit mir darüber diskutieren. Das verbitte ich mir. Ich werde mir wegen dieser Fahrt nicht die Nerven ruinieren. Du kannst sie besuchen, wenn du das nächste Mal kommst.«

»Ich möchte heute wirklich gerne hinfahren, Mama. Es ist mir wichtig. Ich wollte, dass sie Lilia kennenlernt. Es ist ja nicht so, als könnte ich es einfach um eine Woche verschieben.« Tränen steigen mir in die Augen und drohen zu fallen.

»Es tut mir leid, Joyce. Ich habe keine Kontrolle über das Wetter. Es hat keinen Sinn, dass wir unser Leben aufs Spiel setzen, weil wir bei Gewitter auf dem Highway unterwegs sind. Außerdem weißt du, dass sie keine Ahnung von unserem geplanten Besuch hat. Wahrscheinlich kann sie sich kaum an uns erinnern. Ich bezweifle, dass unser Besuch ihr irgendetwas bedeuten würde.« Geräuschvoll stellt sie ein paar Teller neben der Spüle ab. »Du weißt, wie zurückgeblieben sie ist – sie haben es uns erklärt. Es geht ihr gut dort, unter ihresgleichen. Wir stören nur ihr Leben, wenn wir einfach hereinplatzen und dann wieder verschwinden.« Sie wirft mir einen ihrer finsteren Blicke zu. Sprachlos schnappe ich mir Lilia und laufe aus dem

Zimmer. Ich habe nur einen knappen Vorsprung vor meinen Tränen.

Wir sind drei ledige Mütter, drei Babys, ein Vietnamveteran und ein Go-go-Girl, das sich mit Arbeit das Studium finanziert, wohnen unter einem Dach, kümmern uns gemeinsam um unsere Kinder und essen zusammen zu Abend. Hier in Berkeley würden wir uns nicht als Hippiekommune betrachten, aber der eine oder andere könnte uns wohl dafür halten. Lilia und ich lassen die enttäuschende Vergangenheit hinter uns und finden ein neues Zuhause, ein Gefühl der Sicherheit und der Zugehörigkeit.

Viele Monate und viele Mahlzeiten später spüre ich erneut den unwiderstehlichen Drang, Judy zu besuchen. Da ich jetzt ein Wohnmobil habe, kann ich mit Lilia zu ihr fahren – unabhängig davon, was Mama entscheidet. Ich mache mich mit Lilia auf die abenteuerliche Reise durch den Westen der Vereinigten Staaten. Wir campen, radeln durch Nationalparks und fahren weiter, bis wir Wochen später bei Judy in Ohio sind. Lilia ist fast zwei, als wir in der Anstalt eintreffen. Judy ist überrascht, sie zu sehen, und findet sie ein wenig rätselhaft. Lilia scheint zu merken, dass Judy anders ist als die anderen Erwachsenen, die sie kennt. Sie spürt, dass sie etwas hat, was ihnen fehlt.

Judy nimmt Lilias kleines Gesicht in ihre Hände und schaut ihr tief in die Augen. Dann streckt sie die Arme aus, um sie hochzuheben. Ich will, dass sie sich zuerst hinsetzt. Judy ist sehr klein und Lilia ziemlich schwer. Sie setzen sich, und Judy unterhält sich mit Lilia in ihrer ganz eigenen Sprache. Lilia hört zu, dann zeigt sie auf einen vorbeilaufenden Hund. »Wauwau!«, quietscht sie. Judy nickt und sagt: »Ho, ho, bah.« Sie nickt erneut. Lilia rutscht von ihrem Schoß, läuft ein Stück auf den Hund zu und wieder zurück. Judy empfängt sie mit offenen Armen. Es rührt mich zu Tränen zu sehen, was sie miteinander teilen und was Judy niemals haben kann. Aber vielleicht ist ihr Glück in diesem Augenblick ja genug.

Bei unserer Rückkehr nach Berkeley stellen Lilia und ich fest, dass unsere Freunde weitergezogen sind und unser gemeinsames Zuhause nicht mehr existiert. Wir schlafen einen Monat auf den Sofas von Freunden, bis eine befreundete Lehrerin ein winziges Cottage mit einem noch winzigeren Garten für uns auftreibt, Rücken an Rücken mit der Feuerwache von North Oakland. Wenn ich die Küchentür offen lasse, damit etwas Luft hereinkommt, kann ich die Feuerwehrmänner Basketball spielen hören. Ihre Stimmen geben mir wieder das Gefühl, große Brüder um mich zu haben, was mir Behaglichkeit und Sicherheit schenkt. Wenn ich nachts im Bett liege und Lilia sich an mich kuschelt, denke ich an Judy ganz allein in ihrem Bett. Ich denke immer daran, wie klein ihre Welt ist, weiß aber auch, dass Bitterkeit nicht zu ihrem Gefühlsrepertoire gehört. Die Traurigkeit sehr wohl, und auch die Einsamkeit muss in die grobe Decke gewoben sein, unter der sie liegt.

Auch in dem Jahr, in dem Judy und ich dreißig werden, sind wir getrennt. Freunde schmeißen eine Party für mich. Gloria Gaynor singt immer wieder »I Will Survive« und bringt das Haus zum Beben. Ich denke an Judy in ihrem Heim und frage mich, ob man ihren Geburtstag feiert oder einfach vergisst? Ob sie Luftballons und einen Kuchen bekommt? Ich möchte es gerne glauben.

Ich denke zurück an die Geburtstage in Cincinnati, als wir klein waren. Da gab es weder Luftballons noch eine Geburtstagsfeier oder Geburtstagslieder. Niemand kam zum Abendessen. Es gab keinen Geburtstagskuchen. Es waren Tage wie alle anderen. Ich wende mich ab, nehme das Besteck aus der Schublade und stopfe stattdessen den alten Groll auf unsere Mutter hinein. In Gedanken kehre ich zurück zu Judy, und eine Erinnerung wartet auf mich: Wir sitzen an unserem kleinen Tisch und essen Doppeldeckerkekse. Judy gibt mir ihren, ich gebe ihr meinen. Ich schätze, dass man das als Party, als unsere ganz eigene Party betrachten könnte.

Als ich beim Infant Project anfange, einer Einrichtung für Mütter von Babys mit Behinderungen, habe ich endlich das Gefühl, meine Berufung gefunden zu haben. Ein wichtiger Aspekt meiner Arbeit besteht darin, diese jungen Mütter auf dem Weg zu unterstützen, auf dem sie sich völlig unerwartet wiederfinden. Ich weiß sehr gut, wie stark sich das von der Erfahrung meiner Mutter und den Dingen unterscheidet, denen sie sich ganz allein stellen musste – dem Mangel an Unterstützung und der unbegründeten Annahme, Judys Andersartigkeit sei schlecht und darauf zurückzuführen, dass sie etwas falsch gemacht hätte. Allmählich kann ich ihre Isolation, ihre Traurigkeit, ihre Schuldgefühle und ihre Angst vor Verurteilung besser verstehen. Die Situation muss überwältigend für sie gewesen sein.

Den Müttern beim Infant Project kann ich eine große Hilfe sein. Neben Hausbesuchen bieten wir zwei Mutter-Kind-Treffen in der Woche an, mit Aktivitäten und Entwicklungstipps für die Mütter und der Möglichkeit, Kontakte zueinander zu knüpfen.

Eine dieser Mütter ist Elizabeth. Sie ist beruflich erfolgreich, hat einen gut aussehenden Ehemann, besitzt ein wunderschönes Haus in den Hügeln und fährt teure Autos. Sie erfreut sich der edelsten Kleider, Restaurants und Urlaube. Bei meinem ersten Hausbesuch lerne ich ihre kleine Tochter Jennifer kennen, die mit Down-Syndrom geboren wurde. Jennifer kam sehr plötzlich und schnell zu Hause auf die Welt. Dass ihr Kind das Down-Syndrom hat, erfuhr Elizabeth erst später. Sie wurde aus dem durchorganisierten Luxusleben gerissen, das sie bislang geführt hatte, und unerwartet vor eine sehr viel größere Herausforderung gestellt. Anfangs wirkt sie betäubt und unfähig, darauf zu reagieren. Sie starrt ins Leere, fast so wie ich das von meiner Mutter in Erinnerung habe.

Bei meinem ersten Besuch trägt Elizabeth Stöckelschuhe und ist perfekt geschminkt, obwohl es zehn Uhr morgens und sie Mutter eines zweijährigen Kindes und eines Säuglings ist. Baby Jennifer liegt in der Wiege, die am Rand des Wohnzimmers steht. Elizabeth macht mich auch nicht sofort mit ihrer Tochter bekannt. Sie scheint vergessen zu haben, wieso ich hier bin.

Nachdem ich sie ein wenig ermuntert habe, geht sie schließlich doch mit mir hinüber. Ich warte darauf, dass sie Jennifer auf den Arm nimmt, aber Elizabeth hält sich zurück. Offenbar möchte sie, dass ich die Kleine nehme. Aber ich bin neugierig, wie sie mit dem Baby umgeht, und warte ab. Jennifer liegt auf dem Bauch und schläft. Alles, was sie anhat, ist rosa – sogar die kleine Schleife. Irgendwann greift Elizabeth doch in die Wiege und hebt sie hoch, hält sie aber mit gestreckten Armen weit von sich weg. Erst nach vielen Wochen dringend benötigter Unterstützung und Ermutigung nimmt sie ihr Baby allmählich fester in den Arm. Den ersten großen Erfolg kann ich verbuchen, als ich sie dazu bringe, Jennifer in den Arm zu nehmen und Blickkontakt herzustellen. Mein Herz geht auf, als Jennifer ihre Mama schüchtern anlächelt und Elizabeth das Lächeln erwidert. Der Anfang ist gemacht.

Im Laufe der Zeit, durch die Begegnungen mit anderen Müttern, die wöchentlichen Hausbesuche und einen inneren Wandel entwickelt Elizabeth eine tiefe Liebe zu Jennifer. Und die Liebe zu diesem unerwarteten und wunderbaren

Kind macht ihr Herz groß und weit. Als Jennifer drei Jahre alt ist, übernimmt sie die Leitung der örtlichen Down-Syndrom-Elterngruppe. Sie geht als ehrenamtliche Mitarbeiterin in die Krankenhäuser vor Ort und spricht mit frischgebackenen Eltern, die gerade erfahren haben, dass auch sie mit einem Kind mit Down-Syndrom gesegnet wurden. Als wir uns viele Jahre später darüber unterhalten, sagt sie, ihr Leben habe sich von Grund auf verändert. Was ihr vor Jennifers Geburt wichtig gewesen sei, sei weggefallen. Ein großer Teil davon habe seinen Wert verloren, und ihr Leben spiele sich jetzt auf einer tieferen, sinnvolleren und äußerst befriedigenden Ebene ab.

Am stärksten fühle ich mich den Müttern von Kindern mit Down-Syndrom verbunden. Fast immer erzähle ich die Geschichte von meiner Schwester und ihrem Leben im Heim, und dass unsere Familie wegen der damals herrschenden Vorurteile fast ein ganzes Leben verpasst hat, das wir eigentlich hätten zusammen verbringen sollen. Ich teile mit diesen Müttern sowohl diese Trauer als auch die Freude über die neuen Möglichkeiten für ihre Kinder und die Bildungs- und Inklusionsangebote, die ihnen und ihren Familien heute zur Verfügung stehen. Gemeinsam glauben wir daran, dass ihre Kinder die Chance haben werden, ihr Potenzial zu verwirklichen und dass sie als Eltern ihre Fürsprecher sein und Vorurteile bekämpfen werden, wo immer sie ihnen begegnen. Wir sind voller Hoffnung.

Zur Arbeit für das Infant Project gehört auch die fortlaufende Weiterbildung am Children's Hospital Oakland. Zwei Jahre lang schwärme ich für Dr. Richard Umansky, den Leiter der Klinik, an der die Weiterbildung stattfindet – genau wie alle anderen. Wir beobachten seine herzzerreißende Liebenswürdigkeit und seine strahlenden blauen Augen, während er mit Müttern und ihren Kindern arbeitet. Wir hängen an seinen Lippen und diskutieren alle Ideen, die er in den Raum stellt. Es fällt uns sogar auf, dass seine Schuhe am Rand etwas abgetragen sind. Ich mache mir bei seinen Vorträgen Notizen und bemühe mich nach Kräften, mir interessante Wortbeiträge auszudenken. Wenn er mich ansieht, schlage ich die Augen nieder. Wenn er woanders hinsieht, mustere ich ihn ganz genau und frage mich, woran er abgesehen von diesen Kindern noch denkt. Was tut er, wenn er allein zu Hause ist? Ich stelle mir vor, dass er Gedichte liest und lange Spaziergänge unternimmt.

Er lädt die Mitarbeiter des Infant Project zu einem Fest in sein Haus hoch oben in den Hügeln von Berkeley am Panoramic Way ein. Lilia, die mich überall hin begleitet, ist inmitten von Bilderbüchern auf seinem Bett eingeschlafen. Als ich nach ihr sehe, steht er in der Tür und betrachtet sie. Lilia hat seit vier Jahren nichts von ihrem leiblichen Vater gehört, und da steht Richard mit Tränen in den Augen beim Anblick ihrer schlafenden Anmut. Was ich bisher nur vermutet habe, wird jetzt zur Gewissheit: Ich habe mich in ihn verliebt. Später bringt er uns unter einem sternübersäten Himmel zum Wagen. Am nächsten Abend ruft er an und lädt mich zum Essen ein. Ich schnappe mir Lilia, wirbele sie im Zimmer herum und tanze zu einer Musik, die gerade für mich begonnen hat.

Richard und ich heiraten bald, und tief in meinem Herzen freue ich mich darüber, dass unsere beiden Welten durch Judy vereint wurden. Als ich merke, dass ich schwanger bin, bin ich von Kindern mit Behinderungen umgeben und rechne beinahe damit, dass auch wir mit unserem Kind vor Herausforderungen gestellt werden. Unsere Tochter kommt jedoch gesund zur Welt, aber dafür zeigt sich bald, dass es bei ihrem Vater und mir Behinderungen und Einschränkungen gibt, wenn es darum geht, einander zu verstehen, zu lieben und zu unterstützen. Statt noch mehr Kinder zu bekommen, halte ich im Garten Ziegen und Hühner und gründe mit Freunden die gemeinnützige Organisation BirthWays. Sie unterstützt Frauen in der

San Francisco Bay Area während Schwangerschaft und Geburt und wird mit der Zeit ein großer Erfolg.

Richards Arbeitstage sind lang. Trotzdem liest er Lilia und Ilana – ungeachtet beruflicher Frustrationen und unserer zerfallenden Beziehung – jeden Abend Gutenachtgeschichten vor. Danach verschwindet er im Arbeitszimmer. An den Wochenenden absolviere ich ein weiterführendes Studium in Kinderpsychologie und führe mein Laien-Hebammen-Programm fort. Wir sind beide hingebungsvolle Eltern, leben aber allmählich nur noch nebeneinander her.

Über ein Jahr vergeht bis zum nächsten Besuch mit Ilana und Lilia in Ohio, damit Mama Ilana kennenlernen und wir alle gemeinsam zu Judy fahren können. Judy entwickelt sofort eine tiefe Zuneigung zu Ilana. Sie will sie gar nicht mehr hergeben und kann nicht aufhören, ihre dicken Backen zu küssen. Was Ilana jedes Mal zum Lachen bringt. Judy nimmt sie auf den Schoß. Für diesen kurzen Augenblick ist sie ihr Baby. Anschließend machen wir einen sehr langsamen Spaziergang über das Anstaltsgelände. Lilia findet versteckte Blumen und schenkt sie Judy. Mama schaut auf die Uhr.

Nach unserer Rückkehr gerät meine Beziehung zu Richard weiter ins Trudeln. Es gibt keine Nähe zwischen uns, sie wächst jetzt in anderen Bereichen – zu meinen Töchtern, meiner Arbeit, meinen Freunden. In unserem Garten gedeihen nur die Ziegen und Hühner; nichts Grünes, kein Grashalm weit und breit. Im Haus wie im Garten wächst, unterbrochen von gelegentlichen vorübergehenden Waffenruhen, nur das Schlachtfeld.

Da ich mich unbedingt von Richard trennen will, bin ich seit einem Jahr heimlich auf Wohnungssuche. Schließlich finde ich ein Apartment und bin wieder eine alleinerziehende Mutter. Meinen Lebensunterhalt verdiene ich mit mehreren Jobs, unter anderem Hospiz- und Geburtsarbeit sowie Hausbesuchen bei jungen Müttern, vor allem Müttern mit behinderten Kindern.

Ich merke, dass ich effektiver arbeiten könnte, wenn ich eine medizinische Qualifikation hätte, und beginne eine Ausbildung zur Krankenschwester. Nach drei straffen Ausbildungsjahren bereite ich mich mit meinen Freunden in Nachmittagsarbeitsgruppen auf die Prüfungen vor. Frühmorgens gehe ich mit Karteikarten in der Hand am Yachthafen von Berkeley spazieren, denke dabei aber mehr an Judy und an Baby Anna als an onkologische Behandlungen oder die Physiologie der Nieren.

Da ich unbedingt Judy sehen will, mache ich mich auf den Weg nach Osten, wild entschlossen, mich auch nicht von Mamas Protest abhalten zu lassen. Dieses Mal werde ich weder Absagen in letzter Minute noch an den Haaren herbeigezogene Ausreden gelten lassen. Ich werde mich nicht mehr still ihrem vernichtenden Mantra beim Abendessen beugen: »Es interessiert niemanden, was du denkst.«

Als es so weit ist, fahren wir los. Es ist grau und nieselt und die Fahrt ist lang, aber all das spielt keine Rolle. Wir sind da. Ich beobachte, wie Mama schon beim Aussteigen auf die Uhr sieht – es ist die goldene, die sie von Charlie zur Hochzeit bekommen hat.

Beim Betreten des Gebäudes schlagen uns ein Schwall warmer, abgestandener Luft und der Geruch von ungeputzten Zähnen entgegen. Wie kann es nach ungeputzten Zähnen riechen, wenn so viele Heimbewohner gar keine haben?

Dann kommt Judy. Sie sieht ein wenig kleiner und erheblich dünner aus. Man hat sie auf strikte Diät gesetzt. Sie ist hübsch angezogen und trägt ein Stirnband, das den feinen Haarflaum aus dem Gesicht hält. Mama holt sofort ein Taschentuch aus der Handtasche und wischt Judy energisch über den Mund. Ihr Mund ist blitzsauber, aber ihre Lippen sind so aufgesprungen, dass sie fast schon bluten. Vaseline! Warum habe ich nicht daran gedacht, Vaseline einzupacken? Ich habe zwei Zeitschriften mitgebracht – *Better Homes & Gardens* und *Good Housekeeping*. Die Ausgaben sind schon ein paar Jahre alt. »Sie werden ihr die Zeitschriften bestimmt gleich wieder wegnehmen. Also wozu das Ganze?«, protestiert Mama. »Sie bekommt alles, was sie braucht. Das ist nicht unsere Aufgabe.« Ich halte den Mund und tue so, als würde ich etwas in meiner Tasche suchen. Judy ist begeistert, überfliegt die Zeitschriften und drückt sie an ihre Brust. Ich glaube nicht, dass sie sie so schnell wieder hergeben wird. Sie streckt die freie Hand nach mir aus, tätschelt meine Wange, gibt meiner Nase genau wie früher einen kleinen Stups und geht dann voraus Richtung Tür.

Judys Betreuerin erzählt, Judy würde gerade lernen, den Geschirrspüler einzuräumen, und bereits beim Tischabwischen helfen. Eines Tages, so sagt sie, werde sie auch noch lernen, sich selbst die Haare zu waschen. Es macht mich so traurig, dass sie nie die Gelegenheit bekommen hat, etwas zu lernen, oder dass man ihr auch nur das Sprechen beigebracht hätte. Ich habe den Eindruck, sie wird als kostenlose Arbeitskraft missbraucht, und bin darüber alles andere als erfreut. Aber zumindest sitzt sie nicht nur herum, wie viele der anderen Patienten. Immer noch habe ich die Hoffnung, dass sie ein paar Worte lernen könnte, und bin mir sicher, dass sie – wenn sie die Gelegenheit bekäme – Freude an Musik und Kunst hätte.

6
Unter den Redwood-Bäumen

Wenn morgens die Sonne scheint und vom Pazifik eine frische Brise durch die Golden Gate Bridge über die Bucht von San Francisco weht, nehmen Ilana und ich unsere Drachen und gehen an den Strand. Wir laufen im Yachthafen von Berkeley mit dem Wind um die Wette, und unsere gelbe Labradorhündin Dustin springt neben uns her. Wenn der Wind in die Drachen fährt und sie in den Himmel trägt, erscheinen sie mir wie eine Metapher für unsere Hoffnungen, die immer höher in die Luft steigen. An den anderen Tagen gehe ich morgens ins Café, um meinen Milchkaffee zu trinken und die halbe Stunde des Tages zu genießen, die ich ganz für mich allein habe.

An diesem Morgen fahre ich gedankenverloren im Morgengrauen durch die menschenleeren Straßen von Berkeley. Es ist Annas sechzehnter Geburtstag, und wie jedes Jahr werde ich heute Abend eine Kerze anzünden. Ich werde ihr wie immer die gleichen Dinge zum Geburtstag wünschen: dass es ihr gut geht, dass sie glücklich ist – und dass wir uns eines Tages wiederfinden. Als ich an der Hauptpost am Allston Way vorbeifahre, sehe ich auf der großen, breiten weißen Treppe eine einsame und verlassene Gestalt sitzen. Das Mädchen ist ungefähr sechzehn, mit dunklen Haaren und dunklen Augen. Sie hat einen abgewetzten grünen Rucksack bei sich und sieht verloren aus. Ich nehme den Fuß vom Gas, um sie mir genauer anzusehen. Ob sie das sein könnte? Mit klopfendem Herzen drehe ich eine Runde um den Block und fahre noch einmal Richtung Postamt. Dustin drückt sich an mich, hebt den Kopf und leckt mein Gesicht. Ich wische mit der Hand darüber und schiebe ihren Kopf ungeduldig von mir weg. Der Entschluss, was ich als Nächstes tun werde, ist schnell gefasst. Ich werde das Auto abstellen, die Treppe hinaufsteigen und das Mädchen fragen, ob ich mich zu ihm setzen darf. Wir werden anfangen zu reden, natürlich nur ganz allgemein. Ich werde nicht mit der Tür ins Haus fallen. Ich stelle mir vor, wie wir gemeinsam im Café frühstücken und das Gespräch vertiefen.

Ich halte vor der Post, steige aus und lasse den Blick nervös von oben bis unten über die Treppe schweifen. Da ist niemand. Ich drehe und wende mich in alle Richtungen, laufe bis an die Ecken des Gebäudes und suche alles ab. Sie ist nicht da. Ich steige wieder in den Wagen und ziehe immer größere Kreise um den Block. Aber da ist niemand.

Durch BirthWays und die Arbeit mit Schwangeren erfahre ich vom Post-Adoption Center for Education & Resources (PACER) und bin dort schon bald ehrenamtlich in der Telefonberatung tätig. Dadurch, dass ich andere berate, erfahre ich von Gruppen, die Adoptierte und Herkunftseltern unterstützen. Ich höre vor allem von der landesweit tätigen Adoptees' Liberty Movement Association (ALMA). Diese Organisation hat es sich zum Ziel gesetzt, erwachsene Kinder und ihre Herkunftseltern zusammenzubringen – eine ungeheuer schwierige Aufgabe, da die Akten vertraulich und alle Aufzeichnungen versiegelt sind. Ich rufe an und finde heraus, dass das nächste Treffen des Ortsverbands im Untergeschoss einer Kirche stattfindet.

Dort angekommen, werde ich an der Tür von einer Frau begrüßt und gebeten, Platz zu nehmen. Auf der einen Seite des Raumes sitzen Frauen mit gequälten Gesichtern; das müssen die Herkunftsmütter sein. Die jungen Leute auf der anderen Seite haben frische Gesichter; das sind die Adoptierten – Blumen, die ihre Wurzeln verloren haben. Ich finde einen freien Platz am Ende der traurigen Elternreihe und stelle mir vor, ich könnte den Schmerz der Frau neben mir spüren. Denn neben mir sitzt die erste Frau, von der ich weiß, dass sie ihr Kind auf die gleiche Weise verloren hat wie ich. Ich will sie so vieles fragen. Stattdessen starre ich auf mein Informationsblatt.

Die Frau, die mich an der Tür begrüßt hat, trägt ein schickes blaues Kostüm, steht gerade und aufrecht. Sie tritt nach vorn, spricht über ALMA und erklärt, was auf uns zukommt, falls wir uns für eine Suche entscheiden. Es kann einfach sein, sagt sie, wahrscheinlicher aber ist, dass es schwierig wird. Keiner von uns weiß, wie die Reaktion ausfallen wird. Trotzdem, so sagt sie, sei es der Mühe wert. Sie sagt den Adoptierten, dass sie das Recht darauf haben, ihren gesundheitlichen Hintergrund und ihr kulturelles Erbe zu kennen. Sie erklärt, dass die Suche nach Herkunftseltern oder einem zur Adoption freigegebenen Kind etwa ein halbes Jahr dauert. Ich rechne die Anzahl der Monate am Rand meines Infoblatts zusammen und habe das Gefühl, dass sie sich wie Berge vor mir auftürmen. Sicherheitshalber werde ich noch sehr viel mehr Zeit einplanen. Mit achtzehn wird Anna erwachsen sein und, so hoffe ich, das Haus ihrer Adoptiveltern verlassen haben und aufs College gehen. Aber was sie tut, ist mir eigentlich egal. Ich will nur wissen, dass sie am Leben ist und dass es ihr gut geht.

Nach dem Vortrag stellen wir uns mit dem Vornamen vor und erzählen, warum wir hier sind. Zum allerersten Mal höre ich Frauen sagen, dass sie Herkunftsmütter sind, und die meisten von ihnen sprechen nicht mit gesenktem Kopf. Sie sprechen ohne Scham. Plötzlich bin ich an der Reihe: »Ich heiße Joyce und ich bin eine Herkunftsmutter.« Es ist raus! Ich bin knallrot im Gesicht und bekomme kaum Luft, aber es ist raus. Es ist kein Geheimnis mehr, wer ich bin, und auch meine Tochter ist kein Geheimnis mehr.

Auf dieser Versammlung höre ich auch von monatlichen Schulungsveranstaltungen speziell für leibliche Mütter auf der Suche nach ihren verlorenen Kindern, und ich bin fest entschlossen, eine solche Schulung zu besuchen. Euphorisch verlasse ich die Veranstaltung, und mein Kopf birst fast vor Informationen und Strategien, die nach Umsetzung verlangen. Ich bin bereit, sofort loszulegen. Kaum zu Hause, setze ich mich hin, um an das Krankenhaus und das Gericht in Miami zu schreiben. Mein Abendessen vergesse ich fast darüber. Ich formuliere die Briefe schnell, aber sorgfältig, und erwähne alles, woran ich mich erinnern kann. Die Informationen haben sich mir vor sehr langer Zeit ins Gedächtnis gebrannt: das Datum, die Uhrzeit und der genaue Augenblick der Geburt, Größe und Gewicht meiner Tochter – alles, was nötig sein könnte, um sie zu finden.

Mission erfüllt. Gewissenhaft hefte ich die ersten Fotokopien in meinen neuen schwarzen Ordner. Ich bin zuversichtlich, dass diese Briefe Erfolg haben werden.

Nun fühle ich mich bereit, meinem engsten Freundeskreis und meinen beiden Töchtern von Anna zu erzählen. Sie soll für sie genauso real sein wie Judy. Sie sollen von ihrer Schwester, von diesem fehlenden Teil unserer Familie wissen. Mir ist auch klar, dass meine Mutter noch nicht bereit sein wird, dass ich die Familie in Ohio darüber informiere. Aber das kann warten.

Ilana und ich fahren mit dem Auto durch die Oxford

Street. Es ist viel Verkehr. Draußen ist es bereits dunkel, aber im Wagen ist es gemütlich. Es fühlt sich an, als wäre dies der richtige Augenblick. Ilana ist acht Jahre alt. Als ich ihr von Anna erzähle, mustert sie mich im Schein der vorüberziehenden Straßenlaternen mit besorgten braunen Augen und fragt: »Wie konntest du nur dein eigenes Baby weggeben, Mama?«

»Ich weiß es nicht, Liebling … ich weiß es wirklich nicht. Ich stelle mir diese Frage jeden Tag. Ich wünschte, ich hätte es nicht getan. Aber damals war alles ganz anders. Ich hatte das Gefühl, keine andere Wahl zu haben.«

Wir sitzen beim Abendessen, als ich es Lilia erzähle. Ich habe uns Pfefferminztee gemacht, und sie hat Schokokekse gebacken. Ich sage, dass ich ein Geheimnis und eine Überraschung mit ihr teilen möchte. Ich hatte auf Freude und Begeisterung gehofft, aber sie scheint in erster Linie verärgert. »Du weißt, dass ich Geheimnisse und Überraschungen hasse! Außerdem bin ich in dieser Familie die Älteste, und nicht sie – wer sie auch ist«, erklärt sie.

Nach und nach erzähle ich auch meinen engsten Freundinnen davon. Die meisten sind erst entsetzt und dann erfreut, dass ich noch eine Tochter habe und sie finden will. Bald weiß ich von drei Freudinnen, dass sie selbst Herkunftsmütter sind. Frauen, die ich seit Jahren kenne und die, wie ich, niemandem davon erzählt haben. Wie ich haben sie gelernt, es zu verheimlichen und sich anzupassen – ihre Geheimnisse so fest verborgen und verschnürt wie unsere Brüste, als die Milch einschoss und unsere Kinder fort waren.

Während sich mein schwarzer Ordner mit gescheiterten Bemühungen füllt, wird mir klar, dass ich professionelle Hilfe in Anspruch nehmen muss, wenn ich Anna je finden will. Ich greife auf das Netzwerk zurück, das mir dank PACER zur Verfügung steht, und engagiere zwei Helfer für die Suche in Florida. Auch sie stoßen auf eine Mauer des Schweigens. Auch bei ihnen der gleiche Mangel an Informationen und das völlige Fehlen von Hinweisen.

Eine Enttäuschung folgt auf die andere. Da mir der Anwalt damals erzählt hat, Annas Adoptivvater sei Professor an einem kleinen College im Norden des Staates New York, beauftrage ich einen Suchdienst. Wir telefonieren oft, aber nach wochenlanger Suche hat auch er nichts vorzuweisen.

Gerade, als es den Anschein hat, dass alle Möglichkeiten, Anna zu finden, ausgeschöpft seien, lädt mich meine Freundin Rachel zum Abendessen ein. Sie ist ebenfalls Herkunftsmutter. Wir treffen uns in einem thailändischen Restaurant, und beim Eistee eröffnet sie mir ernst: »Ich muss dir etwas Wichtiges sagen, Joyce.« Sie senkt die Stimme, schiebt den Tee beiseite und flüstert: »Diese Information ist streng vertraulich. Du musst mir versprechen, niemandem ein Sterbenswörtchen davon zu verraten. Ich habe noch nie darüber gesprochen, aber auf der Suche nach meiner Tochter habe ich von jemandem gehört, der vielleicht etwas für dich tun kann.« Sie nimmt einen Schluck Tee, schiebt das Glas wieder weg und fügt eindringlich hinzu: »Ich bin mir sicher, dass er dir helfen kann. Ich hatte ganz ähnliche Probleme wie du. Keiner weiß, wer er ist. Er wird ›St. Jude‹ genannt – nach dem heiligen Judas, Schutzpatron der Vermissten und hoffnungslosen Fälle. Er hat Mittel und Wege, Menschen zu finden, aber wie er das anstellt, weiß keiner. Er ist der Einzige im ganzen Land, der spurlos verschwundene Kinder finden kann. Aber seine Identität muss geheim bleiben. Sonst wird er verhaftet, und dann ist für uns alle jede Hoffnung auf Hilfe verloren.«

Noch ehe wir mit dem Essen fertig sind, plane ich in Gedanken schon den nächsten Schritt. Ich entschuldige mich, danke ihr und umarme sie schnell. Ich warte nur so lange, bis sie mir den kostbaren Zettel mit der Telefonnummer aushändigt, über die der Kontakt zu St. Jude schließlich zustande kommen wird und – davon bin ich überzeugt – die Geheimnisse um Annas Leben und ihren Aufenthaltsort gelüftet werden. Ich halte ihn so fest umklammert, als wäre er mein Talisman, mein Amulett.

Bei meiner Rückkehr liegt das Haus im Dunkeln und alles ist still. Ich vergesse völlig, dass es verschiedene Zeitzonen gibt, und wähle die geheimnisvolle Nummer, die mir anvertraut wurde. Irgendwo weit weg an der Ostküste klingelt das Telefon. Während ich im Dunkel warte, antwortet eine unbekannte Frauenstimme. Ich erzähle ihr meine Geschichte. Anschließend wird die Nachricht über ein kompliziertes Netz weitergegeben, bis sie »St. Jude« erreicht. Ich muss nur auf seinen Anruf warten. Ich muss auch nur zahlen, wenn er sie findet. Ich weiß allerdings nicht, womit.

Ich gebe weiter Geburtsvorbereitungskurse, helfe bei Geburten und atme mit Frauen während der Geburt. Ich mache Hospizarbeit, arbeite mit Menschen in den letzten Tagen ihres Lebens, atme mit ihnen im Sterbeprozess, atme mit meinen Töchtern, atme in mein eigenes Leben des Wartens und Hoffens hinein.

Eines Morgens um vier klingelt laut das Telefon. Ich befinde mich im Tiefschlaf, taste unbeholfen nach dem Hörer, fege dabei meine Brille auf den Boden und stoße ein Wasserglas um. Eine tiefe Stimme dringt durch die Dunkelheit, und ich weiß: Das muss er sein. Sofort bin ich hellwach und höre ganz genau hin, damit mir nur ja keines seiner Worte entgeht. »Joyce«, beginnt er, ohne sich vorzustellen. »Ich rufe wegen Ihrer Tochter an. Erzählen Sie mir alles, woran Sie sich erinnern – absolut alles.« Ich beantworte seine Frage mit meiner inzwischen oft erzählten Geschichte, wiederhole sie mit allen Einzelheiten zu Annas Geburt und Adoption.

»In Ordnung, Joyce«, fährt er fort. »Ab jetzt müssen Sie nur noch eines tun: Sie müssen aufhören, sich Sorgen zu machen. Ich werde mich in den nächsten Wochen wieder bei Ihnen melden. Dann werde ich wissen, wie Ihre Tochter heißt und wo sie ist. Sie sollten sich entspannen und auf mich und Ihre Zukunft vertrauen.«

Entspannen? Wie kann ich mich entspannen? Aber er ist so zuversichtlich, dass ich einfach daran glauben muss. Außerdem hat er schon Rachels Tochter gefunden. Ich tanze regelrecht durch mein Leben, aber als die Wochen vergehen und kein Anruf kommt, tanze ich ein wenig langsamer. Ich mache mit meinen Kursen, der Krankenpflege und mit allem anderen weiter, aber das kleine Lied in meinem Inneren ist verstummt.

Das Telefon klingelt zur gleichen späten Stunde, und da ist er wieder. Im Hintergrund ist ein rätselhaftes Piepen zu hören. Wieder spricht er, ohne sich vorzustellen. Er sagt, er habe nicht angerufen, weil es keine Neuigkeiten gebe. Es sei ihm nicht gelungen, meine Tochter über die üblichen Kanäle zu finden. Es müsse bei der Adoption irgendwelche Unregelmäßigkeiten gegeben haben. Noch einmal verspricht er, die Suche fortzusetzen und sich bald wieder zu melden.

Die Zeit fließt immer langsamer dahin und Monate vergehen ohne einen Anruf, aber jeden Abend vorm Schlafengehen denke ich, dass es in dieser Nacht so weit sein könnte. Dunkelheit außen und innen, Schlaf und Traum. Irgendwann klingelt das Telefon, und im Hintergrund ist wieder das vertraute leise Piepen zu hören. Ich weiß, dass er es ist. Ich weiß, noch bevor er zu sprechen beginnt, dass er sie gefunden hat.

»Ich muss Sie anrufen, Joyce, und ich tue es äußerst ungern. Ich habe alles versucht, aber ich kann Ihre Tochter nicht finden. Ich vermute, was Sie für eine private Adoption hielten, war ein Grau- oder Schwarzmarktgeschäft. Ihr Kind wurde verkauft. Es ist Geld geflossen. Unterlagen wurden gefälscht. Es fehlt jede Spur von ihr, und ich glaube, dass Sie wohl nie wissen werden, was mit ihr geschehen ist. Es tut mir außerordentlich leid. Es gibt nichts, was ich noch tun könnte. Es tut mir so leid. Ich weiß nicht, was ich noch sagen kann.« Klick. Er hat aufgelegt. Stille …

Nach der Abschlussprüfung trete ich meine erste Stelle als Krankenschwester auf der Neugeborenen-Intensivstation des Kinderkrankenhauses an, aber ich merke schnell, dass mir der damit verbundene enorme Stress nicht liegt. Deswegen suche ich mir nach drei Monaten einen Job über eine Pflegepersonalvermittlung in San Francisco, der wie für mich gemacht ist.

Die zarte und missgebildete kleine Sasha ist eine Überlebenskünstlerin. Die ersten drei ungewissen Monate ihres Lebens verbringt sie auf der Intensivstation des Universitätsklinikums San Francisco, wo man ihre Überlebenschancen nicht einmal mit eins zu zehn bewertet. Wegen ihres winzigen Körpers, mehrerer schwerer Geburtsfehler und ernster Atembeschwerden braucht sie rund um die Uhr Pflege.

Als sie die Intensivstation endlich verlassen darf, besteht ihre Mutter Nadia darauf, sie nach Hause zu holen. Ich stoße zu dem Team aus Kinderkrankenschwestern, die Sasha am Leben halten. Sie muss stündlich abgeklopft und abgesaugt, künstlich ernährt und ständig mit Sauerstoff versorgt werden. Dies sind die Aufgaben, für die ich ausgebildet wurde, und da sie meine einzige Patientin ist und ich mich ausschließlich auf sie konzentrieren kann, leite ich schon bald das Schwesternteam.

Vier Jahre lang sitzen Nadia und ich Nacht für Nacht an Sashas Bett und vertrauen einander Geheimnisse aus unserer komplizierten Vergangenheit an. Nie ist mir eine Mutter begegnet, die entschlossener und bedingungsloser für das Überleben ihres Kindes gekämpft hat. Sie weigert sich standhaft, die düsteren Prognosen der Ärzte zu akzeptieren. Während wir über Sasha wachen, erkunden wir in endlosen Gesprächen den Sinn des Lebens, das Wesen des Todes und des Sterbens. Das Wunder von Sashas Überleben und die gemeinsame Innenschau inspirieren Nadia und mich, an Wochenend-Retreats des buddhistischen Lehrers und Autors Stephen Levine in San Francisco teilzunehmen. Er ist allgemein bekannt für seine Arbeit mit Menschen, die sich dem Tod und großen Tragödien stellen.

Bei einem dieser Wochenendseminare erfahre ich von einem Retreat, das Stephen und seine Frau Ondrea im Mount Madonna Center in den Santa Cruz Mountains südlich von San Francisco halten werden. Vielleicht werden sechs Tage Schweigemeditation mir helfen, mich intensiver mit den inneren Dämonen auseinanderzusetzen, die mich noch immer peinigen.

Ich erkenne mein Muster, mir immer zu viel aufzuhalsen, wodurch mein Leben überladen, krisengeschüttelt, immer hektisch und unkonzentriert ist. Ich weiß, dass es auch einen anderen Weg geben muss, aber sobald ich innehalte und stillsitze, werde ich von einem furchtbaren Gefühl der Leere und des Verlusts überwältigt. Ich bin mir bewusst, dass ich unvollständig bin, dass mir die zweite Hälfte fehlt, wie bei einer einsamen Buchstütze, die ihre Aufgabe allein nicht erfüllen kann. Ich brauche einen sicheren Ort, an dem ich diese Gefühle empfinden und erforschen und sehen kann, was passiert, wenn ich mich nicht in ständiger Betriebsamkeit verliere. Mir ist vollkommen klar, dass ich Hilfe brauche, um die Gefühle zu bezwingen, die mir in stillen Momenten auflauern und mich quälen.

Nach mehreren Wochen angespannten Wartens breche ich von Berkeley Richtung Süden auf. Ich fahre durch die Redwood-Wälder am Highway 17, der sich durch die Hügel und an der kalifornischen Küste entlang nach Santa Cruz schlängelt. Richard, mit dem ich mir das Sorgerecht für Ilana teile und der sich oft auch um Lilia kümmert, hat sich bereit erklärt, auf die

Mädchen aufzupassen, damit ihr Leben wie gewohnt weitergeht. Aber meines wird sich ändern. Das spüre ich.

Bei der Ankunft in Mount Madonna befinde ich mich bereits in einem Zustand erhöhter Sensibilität. Ich stelle den Wagen ab und bewege mich auf die Stille zu. Die zuschlagende Wagentür und der knirschende Kies unter meinen Füßen sind mir zu laut, zu intensiv. Das Zimmer, das ich mir mit anderen Frauen teile, ist klein und einfach, aber behaglich. Es gibt drei Stockbetten und ein kleines Fenster, durch das man die Redwoods sieht.

Das Retreat besteht aus stundenlangem Schweigen, einem abendlichen Erfahrungsaustausch und Gesprächen über Leben und Sterben, Trauer und Verlust, Liebe und das Fest des Lebens. Die bevorstehenden Stunden der Stille machen mir Angst.

Wir sind zu sechst im Zimmer. Eine der Frauen ist eine gute Freundin, aber alle anderen kennen sich nicht. Keine von uns sagt etwas. Wir sind nur selten alle zusammen im Zimmer, eigentlich nur zum Schlafen. Wenn wir nicht gerade meditieren, gehen wir draußen am Bach oder allein im Wald spazieren. Wir gehen langsam und meditieren dabei.

Durch das offene Fenster strömt kühle Waldluft ins Zimmer. Meine Freundin liegt im Stockbett unter mir. Wir sprechen zwar nie miteinander, aber von Zeit zu Zeit streckt sie ihre Hand aus, um in stiller Verbundenheit nach der meinen zu greifen. Jede von uns kann die Gegenwart der anderen in der Dunkelheit spüren, so wie Judy und ich vor langer Zeit Trost in der Gegenwart der jeweils anderen fanden.

Die stille Meditation dauert mehrere Stunden. Wir sind viele Menschen in einem großen Raum mit dunkelgrünen Teppichen, die Fenster offen zur ebenso stillen Welt des Waldes hin, die uns umgibt. Frühmorgens füllt sich der Raum allmählich. Einige der Teilnehmer können nicht mehr selbstständig gehen, andere werden bald sterben, und alle wenden den Blick nach innen, um zu sehen, wer da ist.

Die Menschen, denen es gesundheitlich am schlechtesten geht, liegen auf Matten im vorderen Teil des Raumes. Sie werden von der Gruppe geschützt und umringt wie unsere frühen Vorfahren in primitiven Kreisen, um die Wärme eines uralten Feuers zu empfangen. Wir anderen tun unser Bestes, unseren Rücken zu stützen und in einer aufrechten Sitzhaltung zu meditieren. Alle haben sich allein in ihren Kokon zurückgezogen und warten wie Schmetterlinge darauf, dass ihr neues geflügeltes Selbst schlüpft. Die wenigsten kennen sich, und doch sind wir uns nicht fremd, und während die Stunden und Tage verstreichen, empfinden wir eine große Liebe und Verbundenheit. Einmal am Tag bekommt jeder, der etwas sagen möchte, die Gelegenheit dazu, und fast immer sind sie ein Widerhall unserer individuellen Kämpfe, aber auch der universellen Aspekte des Menschseins und des kurzen Lebens hier auf Erden.

In den Stunden der Stille und der Meditation fällt alles von mir ab. Die Gedanken fliegen davon wie die Samen der Pusteblumen, die Judy und ich uns sanft zugepustet haben. Da mein Bewusstsein nicht mehr von störenden Gedanken erfüllt ist, die Verwirrung und Chaos anrichten, da ich jetzt den Himmel erkennen kann, sehe ich mehr als mich selbst und die hektische Betriebsamkeit meines Alltags.

Allmählich sehe ich Judy so deutlich vor mir wie zuletzt vor einem Jahr und wie ich sie seither in Erinnerung habe. Judy, die weinend zu mir läuft; Judy in ihrem kahlen, sterilen Raum. Ich sehe, wie sie Tische abwischt, den Geschirrspüler einräumt und ihre Anziehsachen ordentlich in Schubladen legt. Ich sehe, wie sie mit traurigen, verlassenen Menschen in einem Raum schläft. Ich spüre, dass sie auf mich wartet. Aber wartet sie wirklich? Wie kann sie wissen, dass sie wartet? Wie kann sie wissen, dass ich kommen werde? Und dennoch sehe ich sie und spüre, dass sie mit unendlicher Geduld meiner harrt, weil sie weiß, dass ich kommen werde.

Der vierte Tag bricht an. Vier Tage Schweigen – schweigendes Gehen, schweigendes Essen, schweigendes Sitzen, schweigendes Atmen ... immer und überall Schweigen. In dieser Stille fällt mein Panzer Stück für Stück von mir ab. Die unglaublichen Ablenkungen, die Betriebsamkeit einer alleinerziehenden Mutter, die – oft Tag und Nacht – als Krankenschwester arbeitet, zwei Töchter allein großzieht, ein Haus besitzt, das sie mit Mietern, mit Fremden teilt, die kommen und gehen, kurz in unser Leben treten und dann wieder verschwinden – alles in allem treibt es mich an den äußersten Rand des Wahnsinns und dient mir gleichzeitig als schützender Schild.

Ich bin der törichten und wahrscheinlich irrigen Ansicht, meine Mädchen müssten die Gelegenheit haben, allen möglichen Interessen nachzugehen, um sich entwickeln zu können, wie es ihnen am besten entspricht. Da wir in der San Francisco Bay Area leben, sind die Möglichkeiten unendlich: Theaterkurse in der Stadt, Gesangs- und Klavierunterricht, die Angebote der Lawrence Hall of Science, ehrenamtliches Engagement für alte Menschen und Tiere, Kunstkurse, außerschulische Aktivitäten. Mit jedem Halbjahr wird die Liste länger, und so flitzen wir in unserem überstrapazierten, alternden Kombi kreuz und quer durch die Stadt und über die Brücke. Dabei haben wir oft weitere Kinder, Hunde und gelegentlich eine Ziege oder ein Huhn im Gepäck. Da bleibt weder Zeit noch Raum für Traurigkeit.

Allmählich kann ich die wesentlichen fehlenden Elemente meines Lebens spüren – Judy und Baby Anna. Es folgen der bittere Nachgeschmack zweier gescheiterter Ehen und nicht weniger gescheiterter Scheidungen, die Wut und Enttäuschung mit sich brachten und nicht in Freundschaft, sondern lediglich eine Art Toleranz mündeten, weil Richard und ich uns die Elternrolle teilen. Die Ebenen der Betriebsamkeit und des Durcheinanders verschwinden und geben die Ebenen der Trauer frei.

Nach einem weiteren Tag des Schweigens versammeln wir uns am fünften Abend. Wir nehmen die Plätze ein, die wir uns ausgesucht haben. In der Stille zu sitzen, schenkt uns jetzt Ruhe und Trost, und wir spüren, wie die Gedanken zur Ruhe kommen und sich die Herzen noch weiter öffnen. Eine Schwere kommt über mich, und ich lege mich auf den weichen grünen Teppich. Mir kommen die Tränen, sie laufen über meine Wangen und sammeln sich in meinen Ohren. Immer und immer mehr. Tränen der Trauer wegen der vielen Tage und Nächte unseres Lebens, die Judy und ich verloren haben. Tränen wegen Judys Einsamkeit und Schmerz, an die zu denken ich kaum ertragen kann. Tränen meiner Einsamkeit ohne sie. Tränen der traurigen Verschwendung von Tagen, die zu Jahren wurden. Mein ganzes Sein zerfließt in einem Meer aus Kummer.

Aber allmählich breitet sich eine seltsame Leichtigkeit in meinem Körper aus – Leichtigkeit und Freude. Ich spüre Judy und mich inmitten meines Herzens, und wir sind immer noch verbunden, immer noch eins. Ich weiß, dass unsere Verbindung nicht abgerissen ist, dass sie weder gekappt noch verändert werden kann. Ich erkenne, wie absurd unsere Trennung ist, und weiß mit absoluter Gewissheit, dass sie nicht mehr nötig ist und dass es möglich ist, den Rest unseres Lebens gemeinsam zu verbringen.

Es ist mehr als möglich. Es wird passieren. Ich weiß jetzt, dass ich über die nötige Entschlossenheit und Kraft verfüge – ganz gleich, wie viel ich davon brauchen werde. Ich weiß, dass unsere Liebe, die mir immer Kraft gegeben hat, mich jetzt noch stärker machen wird. Die Frage ist nicht, wie ich auf die Idee komme, Judy zu uns zu holen. Die Frage ist, wie ich es *nicht* tun kann. Und dann frage ich mich nur noch, wie ich vorgehen soll. Ich bin von einer ungeheuren Klarheit und Leichtigkeit, von purer Freude erfüllt.

7

Eine Welt der Stille

Als ich am Sonntagabend von Mount Madonna zurückkehre, gehe ich zuerst in die Küche, um mir eine Tasse Tee zu kochen. Im Wohnzimmer brennen nur zwei kleine Lampen, eine davon schalte ich aus. Für den Moment mag ich dieses Halbdunkel, und ich setze mich hin, sitze einfach da. Das mache ich sonst nie. Ich schaue mich in unserem kleinen Häuschen um und sehe alles mit neuen Augen. Es hat sich völlig verändert. Für den Moment, zum ersten Mal, fühlt es sich angenehm und richtig an, still dazusitzen. Ich nehme den ganzen Raum in Augenschein. Dieses Haus, dieses eine schwache Licht wird Judy umfangen. Sie wird sitzen, wo ich gerade sitze. Es soll besser, es soll perfekt für sie sein. Aber ich weiß längst, dass es genug sein wird, wenn wir wieder zusammen sind, denn das ist bereits eine Art Perfektion.

Die Mädchen werden erst am nächsten Morgen nach Hause kommen, und ich bin allein. Mein Leben lang habe ich es gehasst, allein zu sein, aber jetzt füllen Judy und eine bislang ungekannte Ruhe diese Einsamkeit. Ich frage mich, wie ich je glauben konnte, ich sei allein. Ich betrachte den dunklen Umriss des Telefons und überlege, welche Fragen ich am nächsten Tag stellen muss. Wen soll ich zuerst anrufen? Wen soll ich im Heim anrufen? Die Verwaltung? Ich weiß nicht recht.

Ich liege im Bett, weit davon entfernt schlafen zu können,

und mein Verstand müht sich ab, die federleichten Gedanken nicht gleich wieder entwischen zu lassen, die mir durch den Kopf gehen. Welche Schritte sind nötig, um Judy aus dem Heim und zu uns zu holen? Könnte der Staat versuchen, mich aufzuhalten? Könnte er sich weigern? Im Dunkeln kritzle ich Notizen auf einen Block und muss am nächsten Morgen feststellen, dass der Stift keine sichtbaren Spuren der ihm anvertrauten Gedanken hinterlassen hat.

Ich fasse den Entschluss, zuerst bei Jean Denny anzurufen, Judys verständnisvoller Sozialarbeiterin. Ich hatte vor ein paar Jahren zum ersten Mal mit ihr gesprochen, nachdem Mama so viele Besuche abgesagt hatte, dass ich mich allmählich fragte, ob Judy nicht vielleicht schon tot sei und ich es nie erfahren würde – wie bei Papas Herzinfarkt, wie bei Judys Einweisung. Beide verschwanden, während ich nichtsahnend schlief. Ich denke, Jean Denny könnte ein paar Tipps für mich haben, wer mir am ehesten helfen kann oder welche Fallstricke ich meiden sollte. Ich weiß, dass sie versteht, wie schwierig der Umzug für Judy sein könnte, und vielleicht einen Vorschlag hat, wie sich diese Belastung verringern lässt. Sie ist sehr fürsorglich und kennt Judy gut. Ich kann mich auf ihre Erfahrung verlassen.

Ich schließe die Augen, atme in meine Gedanken und erlaube mir, über diese nächsten Schritte nachzudenken. Aber schon bald muss ich an meine Töchter denken. Ob ich ihnen sofort sagen soll, dass Judy zu uns ziehen wird? Nein, es dürfte wohl besser sein, wenn ich abwarte, bis ich mit dem Heim und Jean Denny gesprochen habe; wenn ich abwarte, bis ich rechtlichen Rat eingeholt habe und weiß, welches die beste Vorgehensweise ist. Ich weiß, dass ich auch Mama irgendwann darüber informieren muss. Aber das hat Zeit. Sie wird es bestimmt für keine gute Idee halten. Aber hier geht es um meine Verpflichtung gegenüber Judy und mir selbst. Es ist meine Entscheidung für uns beide. Wenn ich Mama von meinem Vorhaben erzähle, wird sie es nur kategorisch ablehnen. Ich werde warten, bis ich genügend weiß, damit ich sie vor vollendete Tatsachen stellen kann. Sie wird die Vorstellung eher akzeptieren, wenn alles bereits geregelt ist. Bei ihr muss ich vorsichtig sein. Ich kann ihr von den vielen tollen Programmen und Möglichkeiten erzählen, die es für Judy hier in Kalifornien gibt. Immerhin bin ich seit geraumer Zeit in diesem Bereich tätig. Ich kann sie daran erinnern, dass es mit zunehmendem Alter schwieriger für sie werden wird, Judy zu besuchen, auch wenn ich die Wahrheit nicht sagen kann: dass es immer schwierig für sie war, Judy zu sehen.

Am nächsten Morgen kommen die Mädchen nach Hause, und ich bringe sie in die Schule. Dann lasse ich mich mit Dustin in unserer Ecke des Sofas nieder und rufe Jean Denny an. »Ja, Judy Scott geht es gut«, erwidert sie. »Ich war erst gestern bei ihr. Ich bin mit ihr in die Stadt gefahren, um Unterwäsche und Socken zu kaufen.« Dann fügt sie hinzu: »Manchmal sind die Fahrten in die Stadt mit ihr natürlich schon etwas zäh. Wenn wir alleine unterwegs sind, ist es so still im Wagen. Nicht einmal mein Radio funktioniert.«

»Ich glaube, ich verstehe Sie nicht ganz.«

Ich habe den Nudelteller vom letzten Abend in die Küche gestellt und stehe in der Tür, das Telefon fest ans Ohr gepresst.

»Na ja, Sie wissen schon, weil sie doch gehörlos ist.«

»Gehörlos? Was soll das heißen, sie ist gehörlos? Seit wann ist Judy gehörlos?« Es überläuft mich eiskalt.

»Seit wann sie gehörlos ist? Nun, das kann ich nicht genau sagen, aber ich weiß es, seit ich hier arbeite, und das sind jetzt ungefähr sieben Jahre. Meiner Ansicht nach könnte sie schon immer gehörlos gewesen sein.«

Ich schweige, schockiert und ungläubig. Judy gehörlos? Wie kann das sein? Wie kann es sein, dass sie nicht hören kann und wir nichts davon wussten? Das ist einfach unglaublich! Ich höre das Ticken der Uhr, das Knistern von Körnerschalen aus der Ecke mit unserem einbeinigen Kanarienvogel. Draußen fährt ein Wagen rückwärts aus der Einfahrt, und auf dem Parkplatz nebenan spielen ein paar Kinder Ball. Judy kann diese Geräusche nicht hören, und was noch schlimmer ist, sie konnte sie noch nie hören. Unmöglich!

Die Puzzleteile unseres Lebens wirbeln wild in meinem Kopf umher und bilden im Fallen ein völlig neues und schmerzhaft deutliches Muster. Ich sehe, wie Judy die Straße entlang läuft, während alle nach ihr rufen und sie einfach weiterläuft; wie überrascht sie wirkt, als wir sie am Arm packen und umdrehen, sie an die Hand nehmen und mit ihr nach Hause gehen. Ich sehe, wie sie im Gras spielt und meine Berührung braucht, damit sie aufhört und ins Haus kommt. Wie sie jedes Mal, wenn etwas Neues passiert, meine Hand und meine Berührung braucht. Mit einem Mal ergibt all das einen Sinn. Ich spüre einen schrecklichen Schmerz in meinem Herzen. Judy lebt in einer Welt ohne Ton. Mit einem Mal verstehe ich es: Ich verstehe unsere Verbindung und wie wichtig sie war; wie wir die ganze Welt gemeinsam erfühlten; wie sie die Welt erschmeckte und ihre Farben und Formen einzuatmen schien; wie wir alles sorgfältig betrachteten und vorsichtig berührten, während wir uns durch die Tage tasteten.

Plötzlich muss ich an Helen Keller denken, die durch eine Scharlacherkrankung das Gehör verlor. Ich erinnere mich daran, dass Judy ebenfalls Scharlach hatte, als sie noch sehr klein war. Vielleicht ist Judys Sprachentwicklung zum Stillstand gekommen, als sie nicht mehr hören konnte, und deshalb klingen ihre Laute wie das Geplapper eines Kleinkinds? Das ergibt einen Sinn.

Jean empfiehlt mir, telefonisch bei der Heimverwaltung anzufragen, welche rechtlichen Voraussetzungen ich erfüllen muss, um Judys Vormund werden zu können. Aber der Schock ist so groß, dass ich kaum höre, was sie sagt. Trotz meiner Nervosität reagiert mein Gesprächspartner in der Verwaltung sehr verständnisvoll und zuvorkommend und verspricht eine schriftliche Antwort innerhalb einer Woche. Das Warten beginnt, und Tag für Tag sehe ich ungeduldig den Stapel aus Rechnungen für Telefon, Gas, Wasser, Strom und Werbung durch.

In der Zwischenzeit beginne ich mit ernsthaften, aber völlig unwichtigen Vorbereitungen auf Judys Ankunft. Ich räume die Besteckschublade aus und Stück für Stück wieder ein. Ich notiere, was wir brauchen. Wir brauchen noch vier Teelöffel und ein schärferes Messer. Dann sind die Gewürzgläser an der Reihe. Und die Bettwäsche. Wir brauchen ein paar schöne Garnituren für Judy. Sie kommen ebenfalls auf meine Liste.

Eine Woche später liegt der Brief auf dem roten Betonboden der Veranda. Ich habe ihn aufgerissen, bevor ich mich setze. Er beginnt mit den Worten: »Sehr geehrte Ms. Scott …« Ich überfliege die Zeilen bis zur entscheidenden Stelle. »Wie Sie wissen, ist der Bundesstaat Ohio der gesetzliche Vormund Ihrer Schwester. Wir können Ihr Anliegen daher erst dann bearbeiten, wenn die Vormundschaft für Ihre Schwester auf Sie übergegangen ist. Dies müssten Sie sowohl bei den Gerichten des Bundesstaates Ohio als auch des Bundesstaates Kalifornien beantragen. Wenn Sie der gesetzliche Vormund Ihrer Schwester sind, können wir Sie bei der Überführung unterstützen. Bis dahin bleibt sie als Mündel dieses Staates weiterhin Patientin der Gallipolis State Institution und in Haus C untergebracht.«

Allmählich wird mir klar, dass ich keine Ahnung habe, wie man eine Vormundschaft rechtlich korrekt beantragt; schon gar nicht, wenn die Betreffende längst Mündel des Staates – noch dazu eines anderen Staates – ist. Aber ich will, dass es schnell geht. Judy ist schon über vierzig Jahre alt, und damit sehr viel älter, als man je für möglich gehalten hätte. Bei ihrer Geburt hatte man ihr eine Lebenserwartung von nur dreizehn Jahren gegeben. Ich möchte die letzten Jahre mit ihr gemeinsam verbringen und wünsche mir nichts dringlicher, als dass es jetzt schnell geht. Die verschwendeten Jahre, die leeren Jahre, die Jahre ihres Leidens lasten schwer auf mir. Nun, da mir endlich klar ist, dass es in meiner Macht steht, unsere Leben wieder zusammenzuführen, lässt mich der Brief in meiner Hand fast verzweifeln.

Mir wird bewusst, dass es mit ein paar Briefen in diesem Fall nicht getan ist. Ich versuche, mir in der Bibliothek Informationen zu beschaffen. Ich kontaktiere Familien, in denen es Erwachsene mit Behinderungen gibt. Ich rufe beim Gericht an. Es werden auch Gerichtsverhandlungen nötig sein. Allein kann ich das nicht bewältigen. Meine Gedanken drehen sich eine Weile ängstlich im Kreis, dann fällt mir meine Freundin Peggy Hill ein, die in Berkeley Anwältin ist. Ich bin mir sicher, dass sie uns helfen kann. Sie hat viele Jahre Berufserfahrung und bestimmt schon mit Vormundschaften zu tun gehabt. Sicher kennt sie den Ablauf und kann mir dabei zur Seite stehen, wie sie es auch während der unschönen Nachwehen zweier unglücklicher Scheidungen getan hat. Ich wähle ihre Nummer, kann aber niemanden erreichen. Ungeduldig fahre ich gleich zu ihrer Kanzlei, setze mich mit einem Kaffee und meinem Notizbuch hin und warte auf sie. Als sie auftaucht, hat sie wie üblich einen Stapel Akten auf dem Arm und eine Riesenportion Freundlichkeit für mich auf Lager.

»Es tut mir leid, Peggy, dass ich hier einfach so aufkreuze, aber ich brauche unbedingt deinen Rat, und am Telefon hat sich niemand gemeldet«, sage ich und springe auf, um ihr ein paar Akten abzunehmen. »Ich habe dir doch von meiner Zwillingsschwester erzählt …«

Natürlich erinnert sie sich, und während ich in meinen Notizen blättere, erzähle ich ihr von meinem Plan, von der

Unkenntnis, wie ich Judys Vormund werden kann und von der Unsicherheit bezüglich der erforderlichen Schritte – und dass ich dringend ihren Rat brauche. Ich erkläre ihr, dass ich Judy so schnell wie möglich aus dem Heim und zu uns nach Kalifornien holen will. Dass sie anfangs bei uns wohnen und später in eine Einrichtung für betreutes Wohnen in der Nähe ziehen kann, wo ich sie jeden Tag besuchen kann. Leider kann ich nicht aufhören zu arbeiten, um ganz für sie da zu sein.

Peggy schließt die Tür und nimmt mir die Akten aus den Händen. »In Ordnung, Joyce. Wie ich sehe, bist du dir über diese Entscheidung bereits im Klaren, darum werde ich mich zuerst bei dem Gericht in Ohio erkundigen, was dort zu tun ist«, sagt sie. »Ich werde dir bei den Anträgen für die Gerichte hier und in Ohio helfen. Aber was ist mit deiner Mutter? Wie steht sie dazu?«

»Ähm … nun ja, ich habe bis jetzt nur ein paar Andeutungen gemacht. Ich möchte warten, bis alles in die Wege geleitet ist, weil ich genau weiß, dass sie strikt dagegen sein wird. Sie redet sich ein, Judy sei sehr gut untergebracht. Wahrscheinlich muss sie das so sehen. Sie denkt auch, ein Umzug würde Judy zu sehr verstören. Ich glaube, in Wirklichkeit fällt es ihr schwer, überhaupt an Judy zu denken, und wahrscheinlich werden schon die Gespräche über die ganze Sache alte Wunden aufreißen. Aber das ist kein Grund, Judy in einem staatlichen Heim zu lassen«, antworte ich.

Peggy seufzt zustimmend, schaut hoch und sagt: »Vermutlich könnte sie dir das Leben schwer machen. Aber die rechtliche Entscheidung liegt beim Heim und beim Staat, und ich bezweifle, dass sie sich dir in den Weg stellen werden. Wir müssen sehen. Ruf doch einfach in ein paar Tagen an, bis dahin müsste ich mehr wissen. Die Abläufe in Kalifornien sind mir natürlich bekannt, und ich werde mich erkundigen, wie es in Ohio ist. Während ich meine Erkundigungen einziehe, können wir zumindest schon mal anfangen, die Unterlagen für den Antrag auf gesetzliche Vormundschaft in Kalifornien vorzubereiten.«

In der Zwischenzeit beantrage ich Einsicht in Judys Akten. Ich brauche etwas, an dem ich mich festhalten kann, während wir warten. Ich muss so viel wie möglich über Judys Leben und ihre Bedürfnisse wissen, und gleichzeitig graut mir davor, mehr über ihr Leben im Heim zu erfahren. Vor allem aber muss ich wissen, wie es um ihre Gesundheit und eventuelle spezielle medizinische Bedürfnisse steht. Wenn wir bald wieder zusammen leben, möchte ich so gut wie möglich informiert sein, damit der Übergang reibungslos vonstattengeht.

Peggy hilft mir bei den notwendigen Schreiben. Sie hindert mich daran, die völlig unangemessenen, rührseligen Briefe loszuschicken, die ich frühmorgens geschrieben habe; schmerzhaft persönliche Briefe über meine Liebe zu Judy. Und sie beglaubigt die angemessenen Schriftstücke. Ich schicke sie ab und warte weiter – sowohl auf Judys Akten als auch auf Nachricht aus dem Heim.

Die Wochen vergehen. Es ist Donnerstag, und als ich nach Hause komme, bleiben mir nur zwei Stunden, bevor es mit der Hospizarbeit weitergeht. Zwei Stunden, um Abendessen zu machen und ein wenig Zeit mit Lilia und Ilana zu verbringen, die jeden Augenblick von der Schule nach Hause kommen. Ich werfe meine Bücher und Unterlagen auf den überfüllten Esstisch und drehe mich um, um die Post aufzuheben, die hinter der Haustür auf dem Boden verstreut liegt. Als ich mich bücke, gibt mir Dustin einen ihrer dicken, nassen Küsse. Wieder nichts. Besorgt öffne ich die Tür, um auf der Veranda nachzusehen.

Dort liegt ein großer Umschlag mit dem Aufdruck »Gallipolis State Institution«. Mein Herz schlägt wie verrückt. Das ist der Brief, auf den ich warte. Was werde ich über Judy erfahren?

Werde ich es verkraften? Wird es noch mehr Überraschungen geben? Der Umschlag ist nicht so dick, wie ich erwartet hatte. Ich schiebe an einer Ecke den Finger unter die Lasche und reiße den Brief auf.

Dustin folgt mir brav ins Haus, und ich lasse mich in eine Ecke des Sofas fallen. Schnell überfliege ich die ersten Seiten und werde immer wütender, während ich lese:

»Ungeeignet für jede Art von Erziehungsprogramm.«

»Mongoloide Idiotie – stark zurückgeblieben – IQ 30.«

Lächerlich! Meine wachsende Entrüstung bringt meine Wangen zum Glühen. Ich hasse diese Leute, wer sie auch sind. Wie können sie es wagen, meine Schwester auf diese Weise abzustempeln und mit dieser Beurteilung zu rechtfertigen, dass sie ihr jede Gelegenheit nehmen, etwas zu lernen. Jede Chance auf ein Leben, jede Chance, ihr Potenzial zu verwirklichen.

Viel mehr kommt nicht, in der Folge werden nur noch Impfnachweise aufgeführt. Aber weiter unten lese ich, Judy habe ein »Verhaltensproblem«, sei »unkontrollierbar« und habe angefangen, auf andere Kinder loszugehen. Wann war das? 1955 – ein Jahr vor Papas Tod.

Wie kann es sein, dass Judy aggressiv und unkontrollierbar wurde? Judy, die mich und unsere Familie liebte? Die so gerne die Würmer in den Pfützen auf dem Gehweg vor dem Ertrinken rettete? Die die Kaninchen mit ihrem weichen Fell und sogar das Gras zwischen ihren Fingern liebte? Aber allmählich ergibt die Sache einen Sinn. Es war, als wir sie kaum noch besuchten. Wir konnten ihr nicht sagen, dass Papa einen Herzinfarkt gehabt und alles anders geworden war. Kein Wunder, dass sie sich verlassen fühlte und Angst hatte! Ich ahne ihre Verzweiflung, und wieder ist mir übel. Es tut mir im Herzen weh. Dustin kommt etwas näher und legt ihren Kopf in meinen Schoß. Gedankenverloren kraule ich sie am Ohr und blättere um.

Joyce und Judith als Säuglinge, 1943.

Ein Porträt der Zwillinge, 1943.

Die Zwillinge Joyce und Judith im Alter von zweieinhalb Jahren zu Hause in Cincinnati im US-Bundesstaat Ohio, 1945.

Ohne Titel (1988). Diese umwickelten Bündel erinnern an Judiths erste Skulptur. Längliche Formen, oft mehr als zwei Meter lang, sind häufige Elemente in Judiths Arbeit.

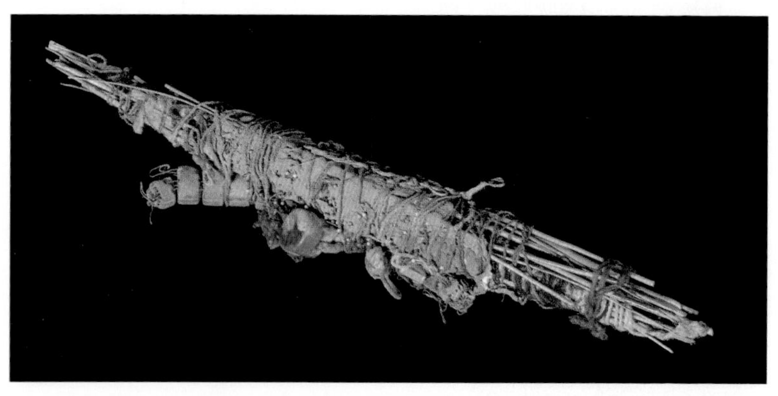

Ohne Titel (1988). Judiths allererste Skulptur. Viele ihrer späteren Arbeiten haben dieses längliche Kernelement, aber anders als ihre späteren Werke wurde dieses Objekt mit Farbe betupft.

Ohne Titel (1988-89), 137 x 129 x 17 cm. Dieses frühe Werk ist eine von Judiths größten Skulpturen. Woraus das seltsam geformte innere Gerüst besteht, ist nicht bekannt.

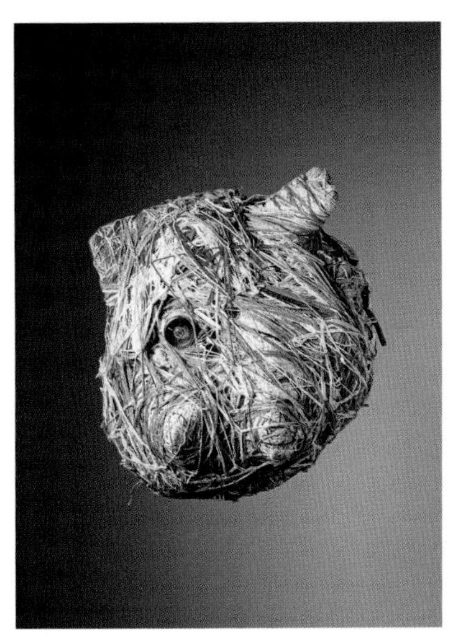

Ohne Titel (1988-89). Bei diesem frühen Werk bleiben Teile des Innenlebens an der Oberfläche sichtbar. Judith umwickelte die innere Struktur oft so lange, bis nichts mehr davon zu sehen war. Dabei baute sie auch »geborgte« Gegenstände wie Schlüssel und einmal sogar einen Scheck ein.

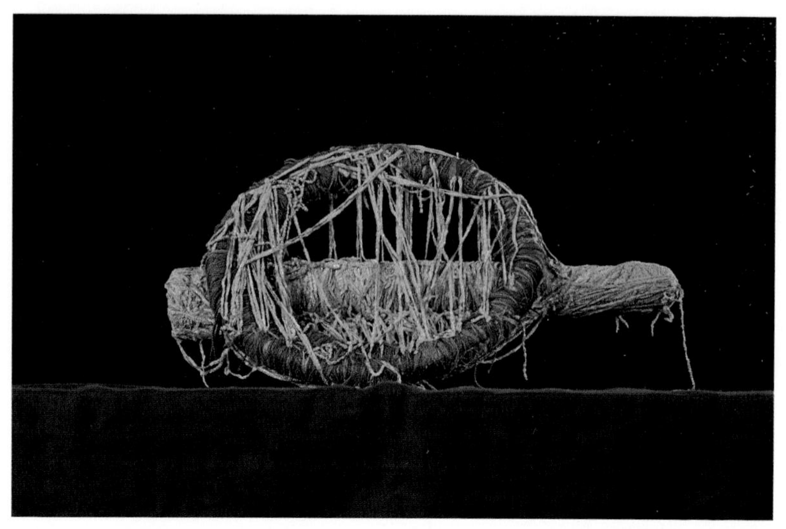

Ohne Titel (1993), 61 x 40 x 10 cm. Diese große Skulptur zeigt besonders eindrucksvoll, wie Judith starke Kontraste zwischen verhaltener Monochromatik und leuchtender Farbe nutzt.

Ohne Titel (1994). Diese Skulptur entstand, als Judith bei Renovierungsarbeiten im Creative Growth Art Center im kalifornischen Oakland ohne den üblichen Materialvorrat auskommen musste. Sie verknotete Bahnen angefeuchteter Papierhandtücher, die sie aus der Toilette holte, zu diesem einfarbigen Werk.

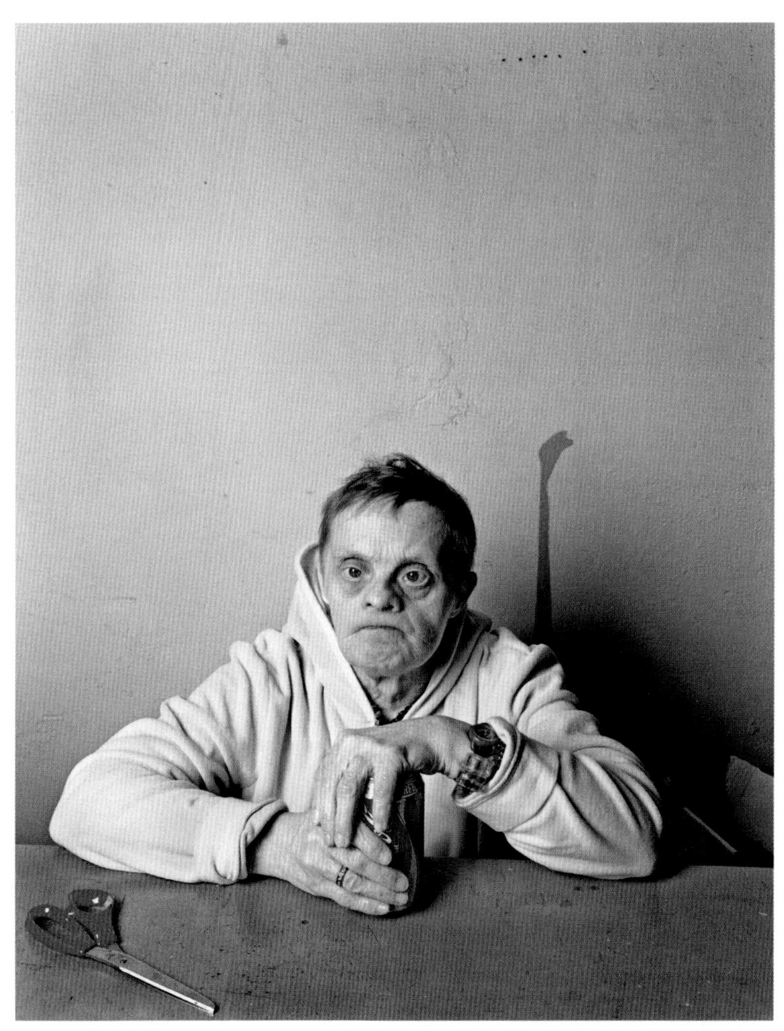

Ein Porträt von Judith an ihrem Tisch im Creative Growth Art Center, 2002.

Judith mit Ilana, Taylor, deren Mann Mark und Joyce (von links), 1988.

Joyce, Judith, Lilia, Taylor und ihr Sohn bei der ersten Ausstellung von Judiths Skulpturen im Creative Growth Art Center im Jahr 1999.

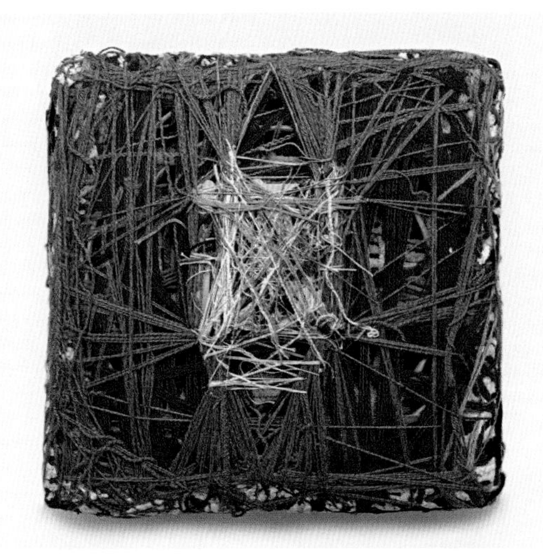

Ohne Titel (2002). Die Überlegung, mit der Judith die Garnstränge um einen gefundenen Holzrahmen webt, verdeutlicht ihren bewussten Planungsprozess.

Judith bei der Arbeit an einer großen Skulptur im Creative Growth Art Center, 2002.

Judith umarmt eines ihrer Werke, als sie es bei der Ausstellung im Jahr 1997 im Creative Growth Art Center entdeckt.

Ich verstehe jetzt, warum sie nach Gallipolis verlegt wurde. Später denke ich, dass ihre Frustration und ihre Wut ihr vielleicht das Leben gerettet haben, da sie wegen des auffälligen Verhaltens aus Columbus und diesen großen, düsteren Räumen wegkam. Gallipolis war zwar ebenfalls ein Heim, aber es war kleiner und dadurch weniger furchtbar und gefährlich, was Judys Überlebenschancen erhöhte. Dort bestand wenigstens die Chance, dass irgendjemand Notiz von ihr nahm und sich um sie kümmerte.

Auf einmal brechen die Aufzeichnungen ab. Es fehlen zwanzig Jahre ihres Lebens, ohne ein Wort, ohne einen Beleg. Da ist nichts … nicht das Geringste. Ich blättere noch einmal zurück. Als sie Mitte dreißig ist, folgt eine Reihe von Berichten über Programme zur Verhaltensmodifikation. Auf der letzten Seite angekommen, bin ich voller Wut und habe mehr Fragen als Antworten.

Ich bringe Peggy die Akten in der Kanzlei vorbei – hauptsächlich, damit sie meine Empörung teilen kann. Dann warte ich. Schließlich ruft Peggy an und bittet um Nachweise bezüglich meiner Arbeit, meines Einkommens und meiner Lebensumstände. Kurze Zeit später fahre ich bei ihr vorbei, um alle Dokumente zu unterzeichnen. Sie steht schon seit Längerem mit dem Heim sowie den Gerichten in Ohio und Kalifornien in Kontakt. Nach der Gerichtsverhandlung sollte Judy frei sein, sollten wir endlich wieder zusammen sein und miteinander leben dürfen.

TEIL II

ENTFESSELT

8

Wieder vereint

Ein weiteres Jahr ist vergangen, und in meine Freude über die Gewissheit, dass Judy zu uns kommen wird, mischt sich die wachsende Verzweiflung über meine erfolglose Suche nach Anna. Ich habe wie immer eine unruhige Nacht und versetze meinem Kopfkissen einen Stoß. Um vier Uhr morgens klingelt das Telefon. Die geheimnisvolle Stimme von »St. Jude« fragt ohne Gruß oder weitere Höflichkeiten: »Würden Sie gerne wissen, was Ihre Tochter diesen Sommer macht, Joyce?«

»Machen Sie Witze? JA, natürlich will ich das wissen! Sagen Sie es mir bitte!«

»Sie arbeitet als Betreuerin in einem Ferienlager für Kinder mit Behinderung, und sie ist in New York, genau wie Sie dachten.«

Unglaublich. Meine Tochter. Arbeitet mit behinderten Kindern. Aber natürlich, sie ist ja meine Tochter.

»Wie haben Sie sie gefunden?«

Keine Antwort ist auch eine Antwort. Er wird es nicht verraten. Aber er sagt, dass dies der schwierigste Fall sei, den er je gehabt hätte, dass die Dokumente geändert worden seien. Dann erzählt er, sie sei an der Universität und studiere Luft- und Raumfahrttechnik. Unglaublich!

Schon bald wird meine Euphorie darüber, dass Anna gefunden ist, von neuen Zweifeln und Sorgen überlagert. Auf dem

Weg über die Bay Bridge nach San Francisco zu Nadia und einer weiteren Acht-Stunden-Schicht bei Sasha bin ich verzweifelt. Wie Rachel erklärt hatte, verlangt der geheimnisvolle »St. Jude« erst dann eine Bezahlung, wenn er die gesuchte Person gefunden hat. Um den neuen Namen, die Adresse und die Telefonnummer meiner Tochter zu bekommen, muss ich ihm zweitausend Dollar in bar über sein Netz aus anonymen Mittelsleuten schicken. Die Zeit an der Krankenpflegeschule hat ein großes Loch in meine Ersparnisse gerissen, das muss ich mit meiner Arbeit erst wieder auffüllen. Die zweitausend Dollar könnten ebenso gut zwei Millionen sein.

Aber nur drei Tage nach dem Gespräch mit St. Jude bekomme ich einen weiteren Anruf. »Ms. Scott?« Am Apparat ist ein Mann, dessen Stimme ich nicht erkenne.

»Ja«, erwidere ich zögernd und eingedenk der vielen unbezahlten Rechnungen mit mehr nur als einem Anflug von Argwohn.

»Hier spricht …« Der Name sagt mir nichts, und ich spüre, wie meine Abwehr wächst.

»Wer ist am Apparat?«, frage ich in meinem kühlsten professionellen Ton. »Es tut mir leid, ich habe Ihren Namen nicht verstanden.«

Der Anrufer widerholt ihn noch einmal. Schlagartig wird mir klar, dass es sich um den Anwalt handelt, den ich vor über zwei Jahren nach einem Auffahrunfall beauftragt hatte, als mir jemand ins Auto gefahren war und ich eine Verletzung am Hals davongetragen hatte. Ich hatte die Sache längst vergessen. »Ms. Scott«, fährt er fort, »ich habe hier einen Scheck über zweitausend Dollar für Sie. Sie können jederzeit vorbeikommen und ihn abholen.«

Ein echtes Wunder! Und das, obwohl ich noch gar nicht angefangen hatte zu beten.

»Ich bin schon auf dem Weg. Ich bin in ein paar Minuten

bei Ihnen«, erwidere ich. Ich lege auf und greife gleichzeitig nach meiner Handtasche.

Ich bin außer Atem, als ich den Scheck in der Kanzlei abhole. Anschließend fahre ich sofort zur Bank, um mir das Geld bar auszahlen zu lassen, packe die zwanzig Hundertdollarscheine sorgfältig in einen braunen Umschlag und schicke ihn mit einem Dankesgebet auf die erste Etappe seiner umständlichen Reise zu dem geheimnisvollen St. Jude. Endlich werde ich erfahren, wie Anna jetzt heißt und wo sie wohnt, und eines Tages werde ich sie vielleicht sogar wiedersehen.

Wegen der vollen Terminkalender der Gerichte verzögert sich der komplexe, mehrstufige Übergang der gesetzlichen Vormundschaft für Judy. Dessen ungeachtet, habe ich in den vergangenen zwölf Monaten sämtliche Vorkehrungen für ihre Ankunft getroffen. Nur der genaue Zeitpunkt ist noch ungewiss. Mama hat sich inzwischen damit abgefunden und jammert nur noch gelegentlich: »Ich hoffe nur, du weißt, was du tust.« In wenigen Monaten wird Judy zum ersten Mal in ihrem Leben in Begleitung eines Betreuers aus dem Heim in Ohio in ein Flugzeug steigen und nach Kalifornien fliegen.

Während wir warten, überlege ich, was ich Lilia und Ilana über Judys Ankunft erzählen soll. Sie sollen sich wohl dabei fühlen, dass sie bei uns wohnt. Wir sitzen auf der Treppe vor dem Haus, die Blätter der Pappel neben uns flattern im Wind. Ich beginne das Gespräch mit den Worten: »Wisst ihr noch, als wir Judy in Ohio besucht haben? Da habe ich euch erklärt, dass sie das Down-Syndrom hat und ein wenig anders aussieht.«

»Klar, wissen wir noch«, kommt wie aus einem Mund.

»Nun, ich dachte, da sie jetzt bei uns wohnen wird, solltet

ihr etwas mehr über sie wissen, falls ihr Fragen habt oder eure Freunde Fragen stellen. In gewisser Weise …«

»Moment mal«, unterbricht die neunjährige Ilana. »Warum sieht sie eigentlich anders aus?«

»Weil Judy, nun ja … wegen des Down-Syndroms hat sie ein zusätzliches Chromosom. Deshalb ist sie anders, und deshalb tut sie sich mit manchen Dingen schwerer.«

»In Ordnung«, meldet sich Ilana wieder zu Wort. »Aber was ist das überhaupt, ein Chromosom? Und was bedeutet es, dass sie ein zusätzliches hat?«

»Chromosomen sind in jeder Körperzelle und enthalten die Gene, also die Informationen, die uns zu den Menschen machen, die wir sind. Ich schätze, ein zusätzliches Chromosom äußert sich bei jedem anders, aber normalerweise brauchen Menschen mit Down-Syndrom länger, um etwas zu lernen.«

»Du meinst, sie ist zurückgeblieben«, sagt Ilana – zufrieden, dass sie weiß, wovon ich spreche.

»Weißt du, ›zurückgeblieben‹ ist kein schönes Wort. Es trifft noch nicht einmal richtig zu. Wir sollten es lieber nicht verwenden. Judy ist in vielen Dingen sehr geschickt und in anderen etwas langsamer. Aber weil niemand gemerkt hat, dass sie gehörlos ist, war man der Ansicht, dass sie nichts lernen könne. Dabei war die Gehörlosigkeit schuld daran, dass sie nicht verstand, was die Leute sagten, und niemals lernte zu sprechen.«

»Wie furchtbar, dass niemand gemerkt hat, dass sie nicht hören kann«, brüllt Lilia mich fast an.

»Echt furchtbar«, pflichtet Ilana ihr etwas leiser bei.

»Jedenfalls können Menschen mit Down-Syndrom genau wie alle anderen unterschiedlichste Talente und Fähigkeiten haben, die sich in Tests nicht messen lassen, und zum Beispiel kreativ und künstlerisch oder besonders liebenswürdig sein. Es macht mich so traurig, dass Judy als Kind keine Gelegenheit hatte, zur Schule zu gehen oder überhaupt viel zu machen.«

Die Mädchen starren mich an, und Ilana rückt immer näher, bis sie fast auf meinem Schoß sitzt.

»Ich frage mich nur, warum sie ein bisschen komisch ausschaut, ohne Zähne und so.«

»Dass sie anders aussieht, liegt zum Teil am Down-Syndrom. Aber wirklich schlimm ist, dass ihr im Heim alle Zähne gezogen wurden. Außerdem hat sie irgendein Medikament bekommen, das sich noch in der Versuchsphase befand. Deshalb bewegt sie den Mund jetzt so komisch. Sie kann nichts dafür. Mir wird ganz schlecht, wenn ich daran denke, was ihr angetan wurde.«

Lilia entwirrt eine Strähne ihrer langen Haare. »Mir auch.«

Und Ilana verkündet: »Mir gefällt Judy«, und drückt etwas Erde in einen Riss in der Stufe. »Ich mag alles an ihr, und ich kann es kaum erwarten, dass sie endlich kommt! Wir werden ganz viel Spaß haben!« Ob sie sich an die Ketchup-Schlachten mit Judy in dem kleinen Restaurant in Gallipolis erinnert?

Judys Ankunft wird unser Leben für immer verändern, aber ich lebe in der ruhigen Gewissheit, dass diese Entscheidung richtig, absolut richtig ist. Ich spüre, dass sie heimkehren wird und dass auch ich damit endlich zu Hause ankommen werde.

Aber bevor Judy im Herbst zu uns kommt, steht mir eine weitere Reise bevor, die den Lauf meines Lebens verändern wird. Es ist ein unglaubliches Geschenk: Ich bekomme das Angebot, mit einem reichen und großzügigen Freund und einer anderen guten Freundin von ihm auf Reisen zu gehen. Geplant ist, zunächst in China eine Radtour zu machen und dann mit dem Schiff aus Asien über den Nahen Osten nach Hause zurückzukehren. Ich finde es unwiderstehlich. Die fernen Länder kommen mir wie fremde Planeten, wie lockende Sterne vor. Wenn Judy erst einmal hier ist, werde ich lange nicht mehr auf Reisen gehen können. Dies ist meine Chance, in die große weite Welt hinauszufahren, um dann in unsere gemeinsame Welt zurückzukehren.

Ilana hilft mir im Wohnzimmer beim Packen, und ich sammle auf dem Boden verstreute Dokumente, schmutzige Socken und Schuhe ein. Ich versuche, mir unser neues Leben mit Judy vorzustellen, und denke an all das, was ich inzwischen über sie weiß. Sie ist meine Zwillingsschwester, mein verlorenes Ich. Sie ist ich in anderer Gestalt – eine kleinere, gütigere Version von mir. Das war mir immer klar. Als ich Ilanas Kleinmädchenturnschuhe aufhebe, muss ich an Judys Füße denken, die nie gewachsen sind. Meine Füße wurden immer größer, aber ihre blieben klein. Ich denke an das Paar kleiner Schuhe, das an dem Abend nach ihrem Verschwinden unter unserem Bett stand. Ich ließ sie noch lange stehen. Bis auch sie eines Tages verschwanden – genau wie Judy selbst.

Manchmal herrscht in meinem Kopf Verwirrung. Dann ist Judy nicht meine Schwester, sondern mein Kind. Sie ist das Kind, hinter dem ich herlief, um es vor dem Schotter und den Hummeln zu beschützen. Das Kind, das ich Huckepack trug und das die Arme fest um meinen Hals schlang, während wir den Schlackenweg hinaufflitzten. Das Kind, das hinter mir herlief – wenn es nicht gerade umgekehrt war. All das weiß ich, weiß ich instinktiv. Aber ich habe keine Ahnung, wer sie jetzt ist. Ich weiß nicht, was sie gerne tut. Ich weiß nur, was man ihr beigebracht hat, zum Beispiel die Geschirrspülmaschine auszuräumen und den Tisch zu decken. Der Mensch, der sie im Heim zu sein schien, kann nicht allzu viel mit ihrem wahren Selbst zu tun haben, und ich habe nur so wenig über ihr Leben dort in Erfahrung bringen können.

Bestimmt sieht sie immer noch Dinge, die ich nicht sehe, und genießt immer noch mehr als ich, wie sich die Dinge anfühlen. Es war schon immer so, dass sie die Maulbeeren sorgfältiger umrührte und einzeln mit den Fingern zerdrückte.

Jeden kleinen Stein, jedes Blatt hielt sie länger in der Hand, tastete sie sorgfältiger ab, nahm sie behutsamer in den Mund. Wenn wir zusammen waren, bedeutete das besonders für sie, dass unsere Körper sich immer irgendwo berührten – dass ihre Hand an meinem Gesicht, ihr Bein an meinem Bein lag –, bis wir fast vollständig und fast immer eins waren. Dass sie nicht hören kann, hatte keinen Unterschied gemacht, als wir es noch nicht wussten. Warum sollte es jetzt anders sein?

Ich streiche mit der Hand über den Schal, den ich auf dem Schreibtisch liegen gelassen habe, und berühre den weichen Stoff, wie Judy es vielleicht täte. Ich stehe in der Tür, den Blick nach innen gewandt, den Schal um die Hand gewickelt, und denke über meine Schwester und den Stoff und die Weichheit nach, die sie umgab.

Ilana zupft an meinem Arm, zieht an meinem Schal und holt mich damit abrupt in die Gegenwart zurück. »Komm schon, Mama!«, sagt sie. »Wir müssen packen. Wieso stehst du da und starrst Löcher in die Luft?«

»Ich komme, ich komme schon.« Ilana reicht mir ein paar zusammengelegte Hosen, und ich stopfe sie in die Tasche neben mir. »Gibst du mir bitte die T-Shirts dort auf dem Tisch? Ich sollte wohl versuchen, sie als Nächstes unterzubringen.« Sie wirft sie zu mir herüber und kichert. Ilana ist neun, und reicht mir noch mehr Sachen. Lilia ist vierzehn und hat gerade ihre Spezialschokokekse für uns gebacken. Sie sitzt mit Dustin auf dem Sofa und betrachtet uns etwas verdrießlich.

Es wird gerade dunkel, als der grüne Flughafenbus vor dem Haus hält. Ich nehme Ilana und Lilia in den Arm, umarme Dustins lieben, warmen und schweren Körper und poltere mit der neuen, viel zu voll gepackten Tasche die Treppe hinunter.

Die *Illyria* ist eine kleine, gut ausgestattete Luxusyacht und wurde vom American Museum of Natural History in New York, einem der größten Naturkundemuseen der Welt, für eine Kreuzfahrt gechartert. Sie erwartet uns in Singapur, wo wir auch unsere Reisegefährten treffen. Viele von ihnen sind Förderer des Museums und nicht zum ersten Mal dabei. Schon bald unterhalten sie uns mit den Geschichten von ihren Erlebnissen. Diese Welt aus Privilegien und Luxus übersteigt alles, was ich bislang erlebt habe, aber man heißt uns sofort willkommen und nimmt uns mit großer Liebenswürdigkeit und Charme die Befangenheit.

Nach Thailand und Burma geht es nach Indien. In Mamallapuram hält unser Bus am Straßenrand, und wir sehen, wie vom nächsten Hügel eine Armee von kleinen und noch kleineren Kindern mit brauner Haut, strahlenden Augen und nackten Füßen auf uns zugelaufen kommt. Ihre Arme sind voll, und sie strecken uns handgefertigte Halsketten und kleine Schnitzereien entgegen. Ein kleiner Junge sagt »Mama« zu mir, und obwohl ich weiß, dass vor mir schon andere Frauen eine Stunde lang diese Rolle übernommen haben, macht es mich glücklich, seine Mama zu sein – und sei es nur für diesen kurzen Augenblick. Ich schlinge die Arme um ihn und bitte ihn, mir seinen Namen zu sagen und seine Geschichten zu erzählen. Der Not gehorchend, haben diese Kinder gelernt, mindestens ein halbes Dutzend Sprachen fließend zu sprechen.

Bei der Ankunft in Bombay werden wir vom Geschrei der Krähen und Pfauen begrüßt. Die Luft ist erfüllt von einer Vielfalt von Gerüchen, wie ich es nie für möglich gehalten hätte. Vor lauter Aufregung über die Entdeckung dieser neuen Welten bekomme ich kaum mit, dass für die zweite Hälfte der Reise zwei neue Gastdozenten angekündigt werden.

Die Höhlen von Elephanta sind uralt, ursprünglich und voller Rätsel. Sie befinden sich auf einer Insel im Hafen von

Bombay am oberen Ende einer schier endlosen Treppe. Ich steige langsam hinauf, schaue mich dabei um und sehe eine alte Frau auf einer Mauer sitzen. Sie verkauft Betelnüsse, die ich schon immer einmal probieren wollte. Ich lächle, nicke ihr zu und starre überrascht auf das ziemlich große, mit Blättern umwickelte Päckchen, das sie mir reicht. Ich schaue immer noch erstaunt, als ein großer, gut aussehender und mit Kameras behängter Herr mit großen, kraftvollen Schritten neben mir auftaucht.

»Ah, das sieht interessant aus!«, sagt er mit unverwechselbar britischem Akzent. »Das sind Betelnüsse«, erwidere ich. »Ich habe in dem Roman *Auf der Suche nach Indien* davon gelesen und dachte, ich probiere sie mal aus. Möchten Sie auch?« Wir gehen kauend weiter und unterhalten uns über die vor uns liegenden Höhlen. Er sagt, sein Name sei John Cooke. Er ist der neue Naturforscher und Fotografiedozent auf unserem Schiff.

Beim Abendessen stelle ich überrascht und erfreut fest, dass John den Platz neben mir hat. Erst Jahre später finde ich heraus, dass das kein Zufall war. Diese Abendessen sind der Beginn unserer Freundschaft, und es gelingt uns meist, während der Mahlzeiten nebeneinander zu sitzen. Wenn es Abend wird, spielt die Band und die Menschen tanzen. Wir tanzen mit, obwohl wir zusammen vier linke Füße haben. Aber das merken wir kaum.

Durch die vielen gemeinsamen Busfahrten zu außergewöhnlichen antiken Stätten – Petra, den Pyramiden und vielem mehr – ist eine Nähe entstanden, die uns beide überrascht. Und als wir uns Seite an Seite die »Son et Lumière«-Aufführung in Luxor anschauen, sind wir verliebt. In meinem Kopf werden Johns Geschichten für immer mit den Mönchen des Katharinenklosters und den altägyptischen Pharaonen verbunden sein.

Die Zukunft ist ungewiss. Ein Abschied wird kommen, und ein Wiedersehen ist nicht in Sicht. John lebt als Fotograf in New York. Ich lebe in Kalifornien und werde dorthin zurückkehren – zu meinen Krankenpflegejobs und den Mädchen, zu Ilanas zehntem Geburtstag und Judys bevorstehender Ankunft. John und ich malen uns ein Wiedersehen aus, und nur dieser Vorsatz und unsere Träume geben uns Kraft. Aber so, wie Judy und ich wieder zusammen sein werden, sind auch John und ich uns sicher, dass wir zusammenkommen werden. Inzwischen glaube ich fest an die Macht der Beharrlichkeit und des Schicksals – und wir haben beide auf unsere Seite. Das ist mir klar.

Nach einem schmerzhaften Abschied in Athen kehre ich nach Kalifornien zurück. Als ich nach zweimonatiger Abwesenheit spätabends zu Hause eintreffe, stelle ich überglücklich fest, dass Ilana und Lilia aufgeblieben sind und mit Dustin auf mich gewartet haben, die sich so weit wie möglich zwischen uns drängt. Lilia zeigt mir wunderschöne Fotografien. Sie hat gelernt, sie im Dunkel unseres fensterlosen Badezimmers zu entwickeln. Ich sehe zu, wie die Mädchen die einzigen Geschenke öffnen, die ich aus Indien mitbringen konnte: den Schmuck, den ich am Leib getragen habe. Alles andere war auf der Zugfahrt von Athen durch Jugoslawien gestohlen worden. Geblieben sind mir nur die Erinnerungen und die Unterwäsche, in der ich geschlafen hatte, weshalb ich in geliehenen Kleidern zu Hause ankam.

Bald nach meiner Rückkehr nach Berkeley sorge ich dafür, dass der örtliche Fotoclub John für einen Vortrag über Tierfotografie aus New York einfliegen lässt. Er ist gerade erst zur Tür hereingekommen, da wird er von Lilia – die Schnürsenkel offen und in jugendlichem Trotz bewusst nachlässig gekleidet – mit den Worten begrüßt: »Verschwinde aus meiner Aura!« John lacht leise und wirft mir einen Blick zu: »Jetzt weiß ich, dass ich in Berkeley bin.«

Wir treffen uns mit Freunden, ich nehme John mit zu Sasha

und Nadia, dann ist sein zweiwöchiger Besuch um, und es folgt ein weiterer herzzerreißender Abschied. Keine zwei Tage später meldet er sich aus New York. Unmittelbar nach seiner Rückkehr hatte ein alter Freund angerufen, der für PBS einen Tierfilm produziert und wissen will, ob John den Sommer über in der Sierra Nevada filmen könne. Der Drehort ist nur dreieinhalb Autostunden von Berkeley entfernt. Innerhalb von einer Woche hat John seine Verpflichtungen in New York geregelt und zeltet mit seinem Filmteam unter den Pappeln in der Wüste. Ich fahre den ganzen Sommer über fast jedes Wochenende zum Camp, den Wagen voll mit köstlichen Gourmetgerichten. Die meisten wurden heimlich von Freunden zubereitet, die besser kochen können als ich.

Als der Sommer zu Ende geht und die Tage kürzer werden, reden wir stundenlang darüber, eine gemeinsame Zukunft aufzubauen. John hat sich bereits verpflichtet, ab September vier Monate lang naturkundliche Führungen in Afrika zu übernehmen. Wir beschließen, uns bei seiner Rückkehr in Boston zu treffen und gemeinsam quer durch die USA zu fahren, um seine Siebensachen nach Kalifornien zu bringen.

Bei seiner Rückkehr aus Afrika kaufen wir den großen, betagten Lieferwagen eines Freundes und stopfen ihn bis zur Decke mit Büchern sowie der Film- und Fotoausrüstung voll. Der Platz reicht gerade noch für das Chamäleon, das John am Flughafen Lusaka aus der Abflughalle gerettet hat. Auf dem Rückspiegel sitzend wird es mit uns den ganzen Kontinent durchqueren, in den Motels um die Lampenschirme kreisen und sich an den schläfrigen Herbstfliegen laben, die an den Fenstern sitzen.

Ich komme zu dem Schluss, dass wir über Cincinnati fahren sollten, damit Mama und John sich kennenlernen können. Aber zuerst müssen wir einen wichtigen Abstecher machen. Mit weiterer Unterstützung des Netzwerks zur Zusammenführung von Adoptierten und ihren Herkunftseltern habe ich herausgefunden, dass Anna von ihrer Adoption weiß. Monatelang habe ich mich mit dem ersten Brief an sie gequält und ihn nach vielen Fehlstarts endlich abgeschickt. Da sie begeistert antwortet, planen wir das lang ersehnte Wiedersehen. Lilia kann wegen der Studienzulassungstests nicht kommen, aber John und ich holen Ilana am Flughafen in New York City ab und fahren gemeinsam nach Buffalo. Wir machen erst halt, als wir unser Ziel erreicht haben: einen bescheidenen Wohnblock unweit der Stadtmitte.

Ich drücke Annas Klingel und zugleich Ilanas Hand. Durch das Fenster in der Tür sehe ich, wie eine Frau die Treppe heruntereilt, das Gesicht im Halbschatten. Als die Tür aufgeht, dränge ich mich hinein, strecke die Hände nach Anna aus und umarme sie fest. Dann gebe ich sie frei, damit auch John und Ilana sie begrüßen können. Ihre Umarmungen fallen etwas zaghafter, etwas weniger fest aus. Ich habe mir diesen Augenblick öfter vorgestellt, als ich denken kann, und auf einmal ist Anna da. Sie fühlt sich an wie ein zarter Vogel, der jederzeit davonfliegen könnte. Die Knochen nicht fest, die Haut weich. Eine Welle der Trauer spült über mich hinweg. Das Baby von früher gibt es nicht mehr. Ich werde mein kleines Mädchen niemals auf den Arm nehmen, sie niemals auf ihrer Schaukel in die Lüfte schwingen können.

»Sieh sie dir an. Du hast gewusst, dass sie erwachsen sein würde«, ermahne ich mich selbst. »Natürlich ist sie kein Baby mehr. Warum solltest du das wollen? Lass es einfach. Sie ist wunderschön, sie ist entzückend, und sie hat die Reise durch die Kindheit ohne dich gemacht.«

Ich seufze und lächle. Das Baby gibt es nicht mehr. Jene Zeit ist für immer verloren, aber der gegenwärtige Augenblick ist wie ein Wunder.

Wir steigen die lange, steile Treppe hinauf. Ich gehe gleich hinter Anna, die bei der Adoption den Namen Esta bekommen und als junge Erwachsene den Namen Taylor angenommen hat, und wir sind von einer wunderbaren Süße umgeben. Ist sie das? Riecht sie so? Ich beobachte, wie sie sich bewegt. Wessen Schritte sind das? Sie hat nicht viel von ihrem Vater, denke ich, während ich mich ein weiteres Mal am Geländer nach oben ziehe.

»Kommt doch bitte rein und setzt euch«, sagt sie zu uns und zeigt auf das dunkelgrüne ramponierte Sofa. Sie selbst setzt sich auf den Rand des einzigen anderen Möbelstücks im Zimmer. Ihre Wohnung hat die typische Atmosphäre einer provisorischen Studentenbude.

»Also … das ist deine kleine Schwester. Ist das nicht toll?«, frage ich, um das Unbehagen zu vertreiben, das wir mit ziemlicher Sicherheit alle vier empfinden.

»Das ist großartig.« Sie sieht Ilana an. »Als ich das Bild gesehen habe, das deine Mama – ich schätze mal, sie ist *unsere* Mama, nicht wahr? – von dir geschickt hat, wusste ich, dass ein Irrtum ausgeschlossen war. In deinem Alter habe ich genauso ausgesehen. Warte, ich kann dir das Bild zeigen. Ich habe es hier.« Sie beugt sich zum Couchtisch und zieht ein Foto aus einem Stapel, auf dem sie zehn Jahre alt ist. Es stimmt. Sie sieht ganz genauso aus wie Ilana.

»Ist ja ganz schön unheimlich«, sagt Ilana.

Wir sehen uns noch ein paar Fotos an, und ich spüre, dass ich immer trauriger werde. Ich sehe, wie sie die ersten Schritte macht, wie sie mit einer Freundin lacht, sehe sie auf dem Klettergerüst und am Strand. Ich habe ihr ganzes Leben bis zum heutigen Tag verpasst. Ich kann es kaum ertragen. Ich beuge mich vor, räuspere mich und sage dann ein wenig zu laut: »Also, ich schlage vor, dass John und Ilana uns eine Weile alleine lassen, damit wir uns ungestört unterhalten können, nur du und ich. Was hältst du davon?«

Als wir allein sind, lächelt sie schüchtern. Ich rutsche ein Stück nach vorne. Dann sagt sie: »Ich habe eine Kleinigkeit zum Essen und Trinken vorbereitet. Einen Augenblick, ich bin gleich wieder da.« Sie kommt aus der nur wenige Schritte entfernten Küche. Als sie mit dem Tablett über die Türschwelle tritt, gerät sie ins Stolpern und all die schönen Häppchen und Getränke fliegen durchs Zimmer. Eine Olive rollt unters Sofa, die Käsewürfel sind am Fenster gelandet und die hübschen kleinen Tomaten sind überall verstreut.

»O nein«, sagt sie, völlig geknickt, den Rand des Tabletts noch in der Hand.

»Mach dir nichts draus, alles halb so wild. Ich helfe dir.«

Wir krabbeln auf allen vieren durchs Zimmer und heben Teile von Crackern und Käsewürfel auf. Ich denke bei mir: »Jawohl, das muss meine Tochter sein. Das hätte mir auch passieren können.« Ich liebe es. Hätten wir uns, von ihrer Geburt abgesehen, länger als eine Stunde gekannt, hätten wir darüber gelacht. Aber so weit sind wir noch nicht.

Wir setzen uns ohne die Häppchen wieder hin, und sie kommt sofort zum Punkt: »Zuallererst sollst du wissen, dass ich nicht wütend auf dich bin, Joyce, weil du mich weggegeben hast. Ich bin nur dankbar, dass ich am Leben bleiben durfte. Ich weiß, dass du sehr jung warst, und dann waren da natürlich noch dein Medizinstudium und das Jurastudium meines Vaters …«

Verblüfft lasse ich mir mit einer Antwort etwas Zeit und überlege, was ich am besten darauf sage. »Nun, das ist nicht ganz richtig, aber entscheidend ist, dass ich dich nicht weggeben wollte und seither jeden Tag, wirklich jeden Tag an dich gedacht habe.« Sie senkt den Blick in ihren Schoß, greift zum Glas, trinkt einen Schluck und schweigt.

»Ich bin neugierig, was du über deinen Hintergrund wissen willst«, fahre ich fort. »Ich werde dir alles erzählen, was ich kann, das heißt alles, was dich interessiert.«

»Na ja, es gib so vieles, was ich gerne wissen würde. Über dich. Über meinen Vater. Über meine Familie. Ich weiß gar nicht, wo ich anfangen soll. Wie wäre es mit meiner Herkunft? Das ist vermutlich das Einfachste zum Einstieg. Ich weiß, dass ich Jüdin bin, aber das ist auch schon alles.«

Ich rutsche etwas weiter nach hinten, lehne mich an das einzige Kissen und versuche, es mir ein wenig bequemer zu machen. Meine Gedanken schweifen mal hierhin und mal dorthin, und ich werfe einen hilfesuchenden Blick aus dem Fenster. Ich sehe einen einsamen Baum mit kahlen Ästen.

»Ich weiß nicht recht, was ich sagen soll, aber du bist tatsächlich nicht jüdischer Abstammung. Vermutlich haben dir das deine Adoptiveltern erzählt, aber meine Familie stammt hauptsächlich von den Britischen Inseln – Schotten, Iren, diese Richtung. Dein Vater war irischer Abstammung und hatte auch ein wenig spanisches Blut. Es tut mir sehr leid, wenn das jetzt ein Schock für dich ist.«

Draußen setzt ein Lkw zurück und irgendjemand ruft etwas.

»Hm, na ja, ich weiß nicht. Es war mir eigentlich nie so wahnsinnig wichtig, Jüdin zu sein, also spielt das vielleicht keine so große Rolle. Auf alle Fälle ist es eine ziemliche Überraschung.«

Wir greifen beide nach unseren Gläsern, und wieder entsteht eine kurze Pause. »Warst du verliebt in meinen Vater?«, fragt sie leise.

Ich streiche mir mit beiden Händen die Haare aus den Augen und ziehe die Strähnen am Oberkopf nach hinten.

»Ja, aber es war eine sehr unreife Liebe. Er war erst neunzehn, und ich war zwanzig. Er war meine erste große Liebe und umgekehrt. Er ist ein sehr netter Mensch. Ich hoffe, du wirst ihn eines Tages kennenlernen. Ich versuche, ihn zu finden, und eines Tages wir es mir sicher auch gelingen. Es war kurz vor seiner Zeit beim Friedenscorps, und es ging alles so schnell.

Ich war emotional eher auf dem Stand einer Sechzehnjährigen, sehr schüchtern, hatte noch nie einen Freund gehabt. Er war meine erste große Liebe. Aber das sagte ich ja schon. Meine Lebenserfahrung stammte weitgehend aus Büchern. Ich habe einfach sehr lange gebraucht, um erwachsen zu werden. Wenn man damals unverheiratet schwanger wurde, wurde man fortgeschickt. Das war bei mir nicht anders. Ich musste zu meiner Tante nach Miami. Deshalb bist du dort zur Welt gekommen.« Ich höre ein Kratzen, halte inne und merke, dass ich mit dem Fuß über die Querstrebe am Tisch fahre.

»Du würdest also sagen, er war ein guter Mensch?«

Geräusche im Treppenhaus. Das müssen John und Ilana sein. Sie klopfen kurz und stürmen zur Tür herein.

Wir haben geplant, in Taylors Lieblingsrestaurant zu Abend zu essen, und sie bestellt Cocktails für uns beide. Ich habe keine Ahnung, was ich da trinke. Als wir immer enger zusammenrücken und fast schon miteinander tuscheln, werden die Hintergrundgeräusche allmählich leiser, bis der Raum und alle Menschen darin verschwunden sind. Sie erzählt von der Krankheit ihres Vaters, einem unentdeckt gebliebenen Hirntumor, und wie sie die Familie zerstörte; dass sie mit ihrer Mutter in einer kleinen Wohnung lebte und ihre Mutter sehr viel arbeiten musste; dass sie das Zimmer mit ihrer Großmutter teilte, die im Sterben lag; dass sie später mit erst sechzehn Jahren ein Stipendium für das Massachusetts Institute of Technology (MIT) bekam, aber stattdessen ein staatliches College besuchen musste, weil ihre Mutter für die weiteren Kosten nicht aufkommen konnte.

Ich greife zur Gabel, seufze und lege sie wieder hin. Ich hatte mir so viele Dinge für sie erträumt: ein angenehmes, stabiles Leben, in dem ihr alle Möglichkeiten offenstanden. Aber ich weiß natürlich, dass es in diesem Leben keine Garantien gibt.

Wir trinken noch einen Cocktail, und dann passiert es einfach. Ich frage, ob ich ihre Finger sehen kann. Ich betrachte sie ganz genau. Dann sage ich: »Würde es dir etwas ausmachen, mir auch deine Zehen zu zeigen?« Sie lacht und schlüpft mit dem Fuß, der mir am nächsten ist, aus dem Schuh. Sie sind alle da, alle perfekt. Ich muss nicht nachzählen, sondern ziehe ebenfalls einen Schuh aus, und wir stellen unsere Füße nebeneinander. Ich sehe den gleichen Fuß, nur etwas jünger; er sieht genauso aus wie meiner. Die zweite Zehe ist etwas länger als die erste, und die kleinen Zehen sind stark gekrümmt. Ihre Zehen. Sie ist wie ich. Sie ist wunderbar. Sie ist meine Tochter. Nichts und niemand kann mir das je wieder nehmen.

9

Eine große rote Bowlingkugel

Auf dem Weg über die Bay Bridge und weiter zum Flughafen von San Francisco ist schrecklich viel Verkehr. Ich bin nervös. Bei unserer Ankunft am Gate spähen wir neugierig den Gang entlang. Der letzte Nachzügler des Flugs ist schon vor einer Weile vorbeigekommen, aber von Judy oder ihrer Begleitperson fehlt noch immer jede Spur. Wir warten schweigend weiter, als eine einsame, kleine und stark gebückte Gestalt in der Ferne auftaucht. Sie trägt schwer, ist langsam und unsicher auf den Beinen. Eine Sekunde lang schaue ich ungläubig. Dieses kleine, verzweifelt wirkende Persönchen kann einfach nicht Judy sein. Es ist undenkbar, dass sie allein gekommen ist, dass man sie ohne Begleitung auf den weiten Flug von Ohio nach San Francisco geschickt hat. Judy, die seit über fünfunddreißig Jahren im Heim lebt. Außerdem hatte ich Absprachen mit den Leuten getroffen. Man hatte mir versichert, mir versprochen, dass sie jemand auf der Reise nach Kalifornien, auf ihrem allerersten Flug begleiten und sich um sie kümmern würde. Aber da kommt sie – und sie ist allein.

Selbst auf diese Entfernung, und gebückt vor Sorge und ihrer schweren Last, ist Judy unverkennbar. Ich laufe zu ihr. Sie hat dunkle Augenringe, ihre Lippen sind blau und beben. Sie scheint dem Zusammenbruch nahe. Als sie mich sieht, lässt sie alles fallen und stürzt sich schluchzend in meine Arme. Ich drücke sie fest an mich. Ilana drängt sich zwischen uns, und umarmt Judy ebenfalls, während John die Arme um uns alle legt.

Keiner von uns weiß, wie lange wir reglos in dieser emotionalen Umarmung verharren, aber irgendwann hebt Judy den Kopf von meiner Brust und schaut auf. Der Anflug eines Lächelns huscht über ihr tränennasses Gesicht, und wir lösen uns voneinander. Kurz darauf lacht sie und gibt eine Reihe rätselhafter Laute von sich. Wahrscheinlich erzählt sie, dass sie sich Sorgen gemacht hat und dass diese Sorgen völlig unbegründet waren.

Jetzt kann es ihretwegen losgehen. Sie beugt sich nach unten, um ihre Zeitschriften, ihre Handtasche und eine prall gefüllte Ledertasche aufzuheben – mit einer … mit einer … was ist denn das? Eine schwere rote Bowlingkugel! Sie gibt mir einen leeren Becher. Ein Souvenir aus dem Flugzeug. Dann machen wir uns als neue, größere und glücklichere Familie auf den Weg zur Gepäckausgabe.

Lilia hat einen Strauß kleiner gelber Astern als Willkommensgruß für Judy besorgt, die nun ebenfalls auf ihrem Stapel liegen. Im Wagen sitzen wir eng aneinandergedrückt, als wir über die Bay Bridge und die Autobahn weiter Richtung Berkeley und in unser neues Leben fahren. Daheim steigt Judy die Stufen hinauf, von denen die rote Farbe blättert, und geht ins Haus, als hätte sie ihr Leben lang hier gewohnt, als hätte sie es erst am Morgen verlassen. Sie scheucht die anhängliche Dustin mit einer Handbewegung fort, sieht sich um, nimmt alles in sich auf und marschiert dann schnurstracks in die Küche, wo etwas schmutziges Geschirr herumsteht. Sie wirft mir einen schnellen Blick zu, sucht sich, was sie braucht, füllt die Spüle mit Wasser und Geschirrspülmittel und wäscht ab. Am Ende wischt sie die Hände mit einer ausholenden Geste von oben bis unten an meiner Bluse ab, lacht einmal laut und klatscht entzückt in die Hände.

Da es allmählich spät wird, zeigen wir Judy ihr neues Zimmer und stellen ihren Koffer auf ihr Bett. Vor ein paar Tagen haben wir die unlängst entdeckte und frisch gestrichene Kommode hineingestellt. Wir sehen zu, wie Judy ihre Garderobe sorgfältig auspackt und Schublade für Schublade ordentlich verstaut, die Unterwäsche neu zusammengerollt und in akkuraten Reihen angeordnet.

Ihre Bowlingkugel darf wie eine nahe Verwandte, die sie auf ihrer Reise begleitet hat, auf dem Stuhl neben dem Bett sitzen. Die inzwischen etwas welken Blumen vom Flughafen haben wir auf den winzigen Nachttisch gestellt, und auf ihrem Bett sitzen die beiden Teddybären, die die Mädchen für Judy ausgesucht haben und die lange Zeit an ihrer Seite bleiben werden.

Judy faltet ihren Pullover, legt ihn für den nächsten Tag auf dem Stuhl bereit, stellt ihre Schuhe unters Bett, schiebt ihre Handtasche und ihre Zeitschriften unters Kopfkissen und legt sich hin. Sie streckt die Arme nach mir aus und drückt mich fest, umarmt dann Lilia und Ilana und John und wirft uns noch ein paar Gutenachtküsse zu. Anschließend zieht sie die Decke über den Kopf und kuschelt sich in die wartende, schützende Wärme, um erst am nächsten Morgen wieder aufzutauchen – als sie im Licht des neuen Tages bereits darauf vertraut, dass wir immer noch da sein werden.

Von der ersten Nacht an im neuen Bett scheint Judy zu wissen, dass sie zu Hause ist – obwohl ihr Zuhause nun kein staatliches Heim mehr ist und sich auch nicht wie vor so vielen Jahren in einem Außenbezirk am Stadtrand von Cincinnati befindet. Ihr Zuhause ist nun über dreitausend Kilometer weit weg bei den Menschen, die sie lieben und denen sie wichtig ist. Zu Hause ist dort, wo wir zusammen sind, und jetzt ist sie endlich da, sind wir endlich zusammen, sind wir beide zu Hause.

Am nächsten Morgen macht John kurz nach dem Frühstück den Vorschlag, ich könnte mit den Mädchen und Judy nach Tilden Park zu der kleinen Farm fahren, wo Lilia und Ilana als Kinder unzählige Stunden verbracht haben. Ich weiß, dass Judy

Tiere liebt, und nehme an, dass sie an den Ziegen und Eseln ebenso viel Freude haben wird wie ich. Aber das ist ein Irrtum. Ich hatte gedacht, Judy und ich wären gleich. Judy liebt Tiere, aber nur die *kleinen*. Als wir uns dem Zaun nähern, hängt sie sich an meinen Arm und zieht mich weg – sogar von den Hühnern und Enten. Judy mag Tiere, die klein und handlich sind und ein Fell haben. Sie muss sie halten und streicheln können wie unsere Katze Mary, die uns zugelaufen ist und inzwischen zusammengerollt auf Judys Bett schläft. Bald hat Judy mich von den Tieren weggedreht, zieht dann auch Lilia und Ilana weg und marschiert demonstrativ zum Wagen zurück.

Am Nachmittag gehen wir am Pier des Yachthafens von Berkeley spazieren. Der Wind bläst Judy ins Gesicht, und ich wickle sie in ihren Schal, bis nur noch ihre kalte kleine Nase herausschaut. Etwas später an diesem Samstag bekommt sie ihren ersten Vorgeschmack auf Garagenflohmärkte – eine Leidenschaft, der ich am Wochenende fröne und die sie schon bald mit mir teilt. Sie darf sich beliebig viele Ketten oder bunte Schals aussuchen und mit nach Hause nehmen. Sie wählt einige Sachen aus und schaut immer wieder zu mir hoch, um sicherzugehen, dass ich nicht plötzlich meine Meinung ändere und sie alles wieder zurücklegen lasse. Es muss ihr zu schön vorkommen, um wahr zu sein. Ich hänge ihr noch ein paar Ketten um und sehe, wie sie strahlt. Begeistert drückt sie mit dem Finger meine Nase platt und lässt die Sachen, die sie fest umklammert hatte, schnell in ihrer Handtasche verschwinden.

Zwei Wochen später hat Judy so gut wie alle unsere Freunde kennengelernt, aber sie ist sehr ungern bei anderen zu Hause. Sie sitzt auf der Kante ihres Stuhls und beobachtet alles misstrauisch. Nach einem sehr kurzen, äußerst widerwilligen Besuch steht sie wieder auf, drückt ihre Zeitschriften fest an ihre Brust und geht zur Tür. Sie lässt sich zwar von einem Stück Kuchen oder einem Keks verlocken, aber nicht lange. Genau genommen, mag sie es gar nicht, wenn ich Zeit mit anderen Leuten verbringe – unabhängig davon, wo oder wie. Sie verlangt meine ungeteilte Aufmerksamkeit. Das Problem ist, dass einfach alle sie kennenlernen wollen, und so gehen wir dazu über, ein paar Abendessen zu organisieren, zu denen jeder etwas mitbringt.

Wenn wir im Auto unterwegs sind, sitzt Judy grundsätzlich vorne, alle anderen müssen sich auf den Rücksitz quetschen. Schenke ich ihnen auch nur die geringste Aufmerksamkeit, ist sie darüber sehr verärgert. Weil sie weder hören noch sprechen kann, ist sie von allen Unterhaltungen ausgeschlossen. Ich denke darüber nach, wie es für sie wohl sein mag, als Fremde unter Hörenden mit einer gemeinsamen Sprache zu leben. Ich denke an das viele Personal und die vielen Betreuer, die in ihr Leben getreten und wieder daraus verschwunden sind. Für sie sind alle unsere Freunde vorläufig noch Fremde – auch wenn sie noch so entzückt sind, ihre Bekanntschaft zu machen. Die Ausnahme, abgesehen von unserer kleinen Familie, ist meine langjährige Freundin Bette. Dass Judy und Bette sich heiß und innig lieben, ist von Anfang an klar. Es gibt keinerlei Distanz zwischen ihnen.

Nachdem ich mich mit Judy durch den Verkehr auf der Bay Bridge und quer durch San Francisco gekämpft habe, zieht bei unserer Ankunft bei Nadia ein kalter Nebel vom Meer den Block herauf. Eng aneinandergeklammert, steigen wir die Treppe hinauf. Ich bin nervös und rücke ihren Hut zurecht, damit sie besonders hübsch aussieht. An diesem Tag werden sich Judy und Sasha, die inzwischen fünf Jahre alt ist, zum ersten Mal begegnen. Was wird diese Begegnung bringen? Beide sind mir so wichtig, dass ich die Ungewissheit kaum ertragen kann.

Die Tür geht auf, und sofort hüllt ein Schwall warmer Luft uns ein. Sasha quietscht vor Freude und robbt seitwärts über den Boden, um sich von Judy und mir umarmen zu lassen. Sie überschüttet uns mit Küssen und tätschelt uns mit ihrer verdrehten Hand die Wangen. Unterdessen flitzt Nadia immer wieder in die Küche, rührt in ihren russischen Köstlichkeiten und tischt Kohlrouladen, Piroschki und Borschtsch auf.

Im Laufe der Jahre ist Sasha stärker geworden. Da sie keine 24-Stunden-Intensivpflege mehr benötigt, habe ich inzwischen eher die Rolle einer Pflegerin und Gesellschafterin für dieses unglaubliche Kind. Sasha wird bald ein ebenso wichtiger Bestandteil in Judys Leben sein wie in meinem. Sie empfinden eine geradezu strahlende Liebe füreinander.

Warm eingepackt gegen den Wind, machen wir uns auf den Weg in den nahe gelegenen Zoo. Judy hilft, Sashas Buggy zu schieben. Von Zeit zu Zeit bleibt sie stehen, um zu ihr nach vorne zu laufen und sie in einen lebhaften Austausch mit übertriebenen Gesten und Lauten zu verwickeln, die nur die beiden verstehen. Das Gorillaweibchen ist ihr besonderer Favorit, und wir sehen ihr zu, wie sie im Käfig in ihrer großen sackartigen Tasche wühlt, etwas herausnimmt, ganz genau mustert und wieder hineinlegt, um es anschließend noch einmal herauszunehmen – ganz genau, wie auch wir es machen.

Zwischen unserem Haus in Berkeley und dem verfallenden Wohnblock nebenan befindet sich ein Parkplatz. Wir leben in einer etwas schwierigen und unruhigen Gegend, und gelegentlich mischen sich Schüsse unter das Geknatter von Autos ohne Auspuff. Aber es hat sich etwas verändert. Wir leben jetzt in unserem ganz privaten Paradies. Seit Judy da ist, fühlen wir uns Tag für Tag behütet und irgendwie geschützt. Eine Hecke aus Passionsblumen, die am Zaun entlang wachsen, umgibt uns mit einem Meer aus tropischer Vegetation, Blüten und Schmetterlingen. An sonnigen Nachmittagen sitzen Judy und ich auf der winzigen Veranda und beobachten, wie die Schmetterlinge zwischen den Blüten tanzen, und die Sonne scheint uns ins Gesicht.

Ich lerne schon bald, die Bananen in der Küche auf dem Kühlschrank zu verstecken. Sonst futtert Judy vier Stück auf einmal und lässt im Vorbeigehen noch eine fünfte mitgehen. Nach dem Leben im Heim sind manche Freiheiten einfach zu verlockend.

An den meisten Nachmittagen laufen wir die drei Blocks, um Ilana von der Schule abzuholen. Dustin sitzt erwartungsvoll hechelnd mit hängender Zunge da. Judy und ich warten am Tor, die Zunge im Mund. Wir wissen, dass Ilana bald herauskommen wird und wir dann alle zusammen nach Hause gehen. An anderen Tagen bringt Ilana eine Freundin mit, dann schleifen die beiden ihre Rucksäcke zur Haustür herein. Judy kommt schon viel früher aus dem Wohnzimmer, um ihren Platz an dem schmalen Küchentisch einzunehmen, wo sie – eingezwängt zwischen Spüle und Kühlschrank – Karten spielen. Judy wartet mit offenen Händen, während die Mädchen die Karten aus der zweiten Schublade holen und nacheinander auf den Tisch klatschen. Wer ist jetzt an der Reihe? Es gibt keine klaren Regeln, und sie schnappen sich gegenseitig mit großen Gesten und Täuschungsmanövern die Karten weg. Ihr fröhliches Gelächter durchzieht unser kleines dunkles Haus, das nun von Judys Licht erhellt wird, und hüllt uns ein.

Nach einer Weile verschwinden die Mädchen, aber mit Judy an meiner Seite habe ich immer jemanden, der mir beim Kochen hilft. Jeden Abend zupfen und schneiden wir. Ein schöner großer Salat? Kommt sofort! Bob Dylan singt im Hintergrund, und seine Stimme schwebt vom Wohnzimmer in die Küche. John sitzt still in seinem kleinen Büro im Keller und schreibt an einem Buch über Tiere und wie sie sich bewegen.

An meinen freien Tagen und am späten Nachmittag entwickeln Judy und ich eine gewisse Routine: Nach dem Frühstück bekommt sie im Auto eine Banane, nach der Schule sind wir mit den Mädchen in der Stadt unterwegs, bringen sie zu ihren Freundinnen oder außerschulischen Aktivitäten und gehen zusammen einkaufen. Beim Einkaufen versteckt Judy ihre gesammelten Schätze unter den anderen Sachen im Einkaufswagen, sobald ich ihr den Rücken zukehre. Einmal entdecke ich zu Hause ein halbes Dutzend Dosen mit eingemachtem Fleisch. Das habe ich nun davon, wenn ich mich mit der Person in der Schlange hinter uns unterhalte. Wohin wir auch gehen, keine Zeitschrift ist vor ihrem stets wachsamen Blick und ihren flinken Händen sicher.

Der Einkauf bei Costco zählt zu Judys und Ilanas Lieblingsbeschäftigungen. Hier sind die Möglichkeiten schier unbegrenzt. Zusammen schieben wir den Einkaufswagen, schlendern zwischen den Regalen auf und ab – und haben dabei zwar nicht immer ein Ziel, aber dafür enorm viel Freude. Von Zeit zu Zeit legt Judy eine Verschnaufpause ein. Auf der Rückfahrt von unserer Einkaufstour entdeckt sie eine Tüte mit Haferkeksen ganz oben in einer Einkaufstasche hinten im Wagen. An der Ampel höre ich es rascheln und knistern, während sie die Kekstüte heimlich auf ihren Schoß zu ziehen versucht. Sie wirft mir einen Blick zu und merkt, dass ich es mitbekommen habe. Ich kann zusehen, wie sie blitzschnell die Strategie ändert, um mich in ihr Vorhaben einzubinden. Sie grinst mich verschmitzt an, als würden wir Kekse aus der Einkaufstasche unserer Mutter stibitzen, die kurz ausgestiegen ist, um etwas zu erledigen. »Aha!«, sagt Judy erfreut und macht mich zu ihrer Mitverschwörerin. Wir haben es geschafft, wir haben die Sache durchgezogen. Sie nimmt ein paar Kekse aus der Tüte, gibt mir einen davon, nimmt sich selbst einen und legt die anderen vorsichtig auf ihren Zeitschriftenstapel. Wir fahren an der Ausfahrt Hilltop vorbei, aus dem Lautsprecher dröhnt die Cat-Stevens-Kassette mit »Peace Train«, und wir wiegen uns im Takt der Musik, ob wir sie hören können oder nicht. Mit vollem Mund neigen wir die Köpfe von der einen Seite zur anderen, dass die Krümel nur so fliegen, und trommeln mit den Händen auf Armaturenbrett und Wagendach.

10

Eine neue Sprache

Ich bin fest entschlossen, dass Judys Leben nach den vielen Jahren trostloser Isolation im Heim so voll und vielschichtig sein soll wie möglich. Allerdings weiß ich nicht genau, wie ein solches Leben aussehen könnte. Nachdem ich mich über Programme für Erwachsene mit Behinderung informiert habe, sehe ich mir ein paar deprimierende Angebote an. Am schlimmsten sind die, bei denen sie in kleinen Kabinen sitzen, durch Trennwände voneinander abgeschirmt, damit sie sich nicht gegenseitig ablenken, und stumpfsinnige Sortierarbeiten verrichten. Schon die Vorstellung, dass Judy – oder irgendjemand sonst – in einer solchen Einrichtung sein könnte, bringt mich aus der Fassung.

Meine Freundin Gail erzählt mir vom Creative Growth Art Center in Oakland. Sie sagt, dieses Studio gebe Künstlern mit Behinderung die Gelegenheit, sich über beliebige künstlerische Medien auszudrücken, und in der angeschlossenen Galerie nebenan würden ihre Arbeiten ausgestellt und präsentiert. Es sei keine Kunsttherapie, sondern ein Ort ungehinderter kreativer Tätigkeit, wo die Menschen mit ihrem einzigartigen Talent und ihrer Vision respektiert würden, wie sie sind.

Ich fahre hin, um es mir anzusehen, mache mir aber keine großen Hoffnungen. Soweit ich weiß, ist Judy keine Künstlerin. In ihrer Akte habe ich gelesen, dass ihr sogar die Chance auf Teilnahme an kleineren künstlerischen Aktivitäten verwehrt worden war. Einmal hatte sie mit einem Buntstift malen wollen, aber er war ihr weggenommen worden, und sie war in Tränen aufgelöst aus dem Zimmer gelaufen. Eine der wenigen persönlichen Notizen in ihren Akten ist eine Beschwerde über ihr Verhalten in diesem Zusammenhang.

Beim Betreten des großen Backsteinbaus mit den vielen Fenstern in einer kleinen Seitenstraße der Innenstadt von Oakland bin ich hingerissen. Ich werde von der Direktorin Irene Ward Brydon begrüßt. Gemeinsam stehen wir als Beobachterinnen am Rand eines Vulkans kreativer Aktivität. Wohin ich auch schaue, überall sind Künstler in ihre Arbeit vertieft – in Malerei, Bildhauerei, Töpferei, Bildwirkerei und Holzarbeiten. Ich bin sofort bekehrt und glaube fest an Creative Growth. Ich eile nach Hause, um John zu holen und ihm diesen außergewöhnlichen Ort zu zeigen. Auch er ist bezaubert.

Wir sind beide fest entschlossen, alles in unserer Macht Stehende zu tun, damit Judy eine Chance bekommt, die Tage dort zu verbringen. Ich wünsche es ihr so sehr. Ich merke, dass ich die Broschüre so fest umklammere, dass ich einen Krampf in der Hand bekomme. Aber meine Ängste sind unbegründet. Das Center verzichtet auf jede Vorabbeurteilung ihrer Talente und Fähigkeiten. Irene versichert mir, dass Judy praktisch sofort anfangen kann. Am Montagmorgen kann es losgehen.

Der Montagmorgen beginnt früher als gewöhnlich und regnerischer als der vorige und der vorvorige Tag. Dort, wo der rissige Asphalt auf unserem Grundstück auf den Gehsteig trifft, sammelt sich das Wasser. Beim Blick aus dem Fenster frage ich mich besorgt, wie ich Judy dazu bringen kann, über diese Riesenpfütze ins Auto zu steigen. Da wir um 8:30 Uhr bei Creative Growth sein sollen, müssen auch alle anderen Familienmitglieder früher dran sein als sonst. Das heißt, wir müssen die Mädchen früher an ihren Schulen absetzen, was wegen Lilias morgendlichem Teenagerblues an sich schon eine Herausforderung ist und den Start in den Tag schwierig macht.

Judy ist noch im Bett, hat ihre Zeitschriften ordentlich neben sich gestapelt und scheint mit dem Heft auf ihrem Schoß beschäftigt zu sein. Aber das könnte nur Tarnung sein, während sie die Lage peilt. Von ihrem Bett aus kann sie mich in der Küche hin und her huschen sehen. Die Zeichen sind unmissverständlich: Es herrscht ungewöhnliche Hektik, außerdem wurden neue Kleider aus ihrem Schub genommen und auf dem Stuhl neben dem Bett für sie bereitgelegt. Da ist etwas im Busch. Judy riecht nicht nur den Kaffee und Johns Frühstückvorbereitungen, sie ahnt auch, dass ein Arztbesuch oder Schlimmeres bevorsteht. Und was es auch ist, sie ist dagegen! Sie rutscht unter die Decke und wirft mir von der Seite einen verstohlenen Blick zu. Sie hustet heftig, und ich komme eilends mit besorgter Miene in ihr Zimmer gelaufen. Mit einer einstudierten, fiebrigen Geste hebt sie schwach die Hand an die Stirn, schließt die Augen und verzieht schmerzerfüllt das Gesicht.

Judy hat entschieden, dass der heutige Tag ganz genauso ablaufen wird wie alle anderen: Umarmungen für die Mädchen, ein gemütliches Frühstück und vielleicht eine Fahrt zum Supermarkt. Oft kauft sie mit John fürs Abendessen ein – die perfekte Gelegenheit, die eine oder andere gemopste Zeitschrift durch die Kasse zu schmuggeln. Wenn Ilana von der Schule nach Hause kommt, kommt Leben in ihren Tag. Mit Ilana und ihren Freundinnen spielt sie herrlich dramatische und lächerliche Kartenspiele, und anschließend bereiten wir gemeinsam das Abendessen zu. Judy besteht darauf, den Tisch mit einer Originalität zu decken, wie sie nicht im Knigge steht.

Aber jetzt lege ich erst einmal die Hand an Judys Stirn, als wollte ich ihre Temperatur prüfen, und lächle. Ich strecke fröhlich erst einen, dann beide Daumen nach oben. »Du bist in hervorragender Verfassung«, sage ich. »Es gibt heute nicht den geringsten Hinweis auf irgendeine Krankheit!« Sie schaut finster drein und zieht die Decke noch weiter nach oben. Meist gelingt es Judy mit links, ihren Willen durchzusetzen, aber dieser Tag ist zu wichtig, und ich bleibe hart. Obwohl sie keinen Erfolg gehabt hat, gibt Judy die Hoffnung nicht auf. Sie rollt die Augen in gespieltem Fieberwahn und schaut mich traurig an. Ich trete näher und schüttle den Kopf. Sie hält eine weitere Eskalation für angebracht, setzt sich mühsam auf und hustet tief und trocken, als hätte sie Tuberkulose. Aber es hilft alles nichts. Sie wird trotzdem aufstehen!

Als wir bei Creative Growth parken, sieht Judy mich misstrauisch an, aber ich bin vorbereitet. Ich habe eine neue Zeitschrift in der Hand, und als ich die Wagentür öffne, steigt sie recht bereitwillig aus, legt das Heft unter die anderen und drückt den ganzen Stapel behutsam an ihre Brust. Irene empfängt uns herzlich, und Judy und ich folgen ihr in das helle Studio, in dem große Betriebsamkeit herrscht. Einer der angestellten Künstler setzt Judy an einen Tisch zu anderen, die malen und zeichnen. Eine Fülle von Farben ergießt sich über ihre Blätter.

Judy entwickelt eine spontane Abneigung gegen die dünne Frau, die neben ihr sitzt, und setzt sich mit ihrem Stuhl ans andere Ende des langen Tisches. Sie nimmt ihre Zeitschriften, legt sie auf den leeren Stuhl neben sich, schiebt ihn unter den Tisch und zieht ihn nah an sich heran. Ein Mitarbeiter bringt Farben, große und kleine Pinsel, und nach einer kurzen Demonstration beginnt Judy zu malen. Dabei behält sie alle Ecken des Raumes wachsam im Blick, mustert die Gesichter und nimmt die gesamte Umgebung in sich auf. Ich bleibe eine Stunde bei ihr und gehe dann, während sie Mittagspause macht. Es gibt ein Thunfisch-Sandwich, einen kleinen Joghurt und eine Banane.

Nach einer Stunde komme ich wieder, und wir fahren nach

Hause. Judy hat ihr Blatt auf beiden Seiten mit einer fast geschlossenen Schicht brauner Farbe versehen. Sie ist erleichtert, als sie mich kommen sieht, lässt die Farben sofort stehen, stellt sie zurück ins Regal hinter sich und greift nach ihrer Handtasche. Sie drückt ihre Zeitschriften an sich und greift zu der Einkaufstüte mit den Spielkarten, Restaurantbroschüren, Mayonnaise-, Senf- und Ketchuptüten sowie ein paar durchgeweichten Kartoffelchips. Es geht nach Hause.

Die Freude darüber, dass ich Creative Growth gefunden habe, wird durch die Tatsache getrübt, dass Judy bald in eine Einrichtung für betreutes Wohnen ziehen muss. Als ich mich an Peggy Hill gewandt und sie wegen der gesetzlichen Vormundschaft für Judy um Hilfe gebeten hatte, wusste ich schon, dass es nicht möglich sein würde, sie dauerhaft bei uns aufzunehmen. Ich arbeite viel und unregelmäßig und kann Judy weder die Pflege noch die Beständigkeit geben, die sie in den kommenden Jahren benötigen wird. Obwohl ich das tief im Herzen gewusst hatte, hatte ich es verdrängt und auf ein Wunder gehofft. Aber jetzt ist Judy da und die schmerzliche Pflicht, eine angemessene Unterbringung für sie zu finden, zu einer unausweichlichen Realität geworden.

Sogar wenn sie schläft, liegt Judy wie ein Frosch im Bett – die Knie nach außen, den Po nach oben, das Gesicht zu mir gewandt. Ich stehe an ihrem Bett und klammere mich an diesen Augenblick. Ich sehe zu, wie sie atmet und ihre Decke sich ein wenig hebt und senkt. Da ist eine kleine Bewegung im Bereich ihrer Nase. Ich seufze. Wie kann ich ihr begreiflich machen, dass dies nicht für immer ihr Zuhause bleiben kann? Wie stelle ich das an? Sagen kann ich es ihr nicht, weil sie meine Worte nicht hören kann, aber vor allem, weil ich es nicht ertrage. Ich weiß, dieses Wiedersehen hat uns ein wenig Zeit gegeben, um gemeinsam Kraft zu schöpfen. Wenn ich ihr nur sagen könnte, dass sie immer in meiner Nähe sein wird, ganz gleich wo sie ist, dass wir uns immer wieder sehen werden. Wenn ich das, was ich zu sagen habe, nur in Worte fassen könnte, die sie versteht, oder es ihr ohne Worte begreiflich machen könnte, wäre diese Phase der Veränderung etwas weniger traurig und schmerzhaft. Ich muss daran denken, wie sie in meinen Armen lag, als wir klein waren und uns eng umschlungen hielten, und ich spürte, wie sie atmete. Ich muss daran denken, wie sie nachts aus dem Haus gebracht wurde, und dass sie auch jetzt wieder fort muss. Wie kann ich ihr das antun?

Ich muss eine schöne Einrichtung in der Nähe finden, wo wir sie jeden Tag besuchen können. Ich wünsche mir eine familiäre Atmosphäre, in der sie ihre Zeit mit Menschen verbringt, die sie lieben und schätzen; einen Ort, an dem wir als Angehörige willkommen sind. Da ich weiß, dass das staatlich finanzierte Regionalzentrum Hilfe bei der Unterbringung anbietet, erkundige ich mich dort nach Empfehlungen.

Später komme ich dahinter, dass in diesem Zentrum viele engagierte Berater arbeiten, wir aber leider der Ausnahme zugeteilt wurden. Der Mann ist schlampig, ungepflegt und übergewichtig und spricht mit langsamer, schläfriger und gelangweilter Stimme. Sein Interesse an Judy oder ihren Bedürfnissen ist offenkundig begrenzt. Er sagt, ich solle nicht zu viel erwarten, und schlägt ohne große Begeisterung ein paar Einrichtungen in der Nähe vor.

Ich beginne, mir einige Einrichtungen für betreutes Wohnen anzusehen, in denen kleine Gruppen von Menschen mit Behinderung in den Familien leben. So ist es zumindest gedacht. Viele Angebote fallen sofort weg, weil Judy keine Gebärdensprache beherrscht und für Einrichtungen für Gehörlose deshalb nicht infrage kommt. Andere lehnen sie ab, weil sie gehörlos ist; dort sind nur Menschen mit Entwicklungsstörungen, aber keine Gehörlosen erwünscht. Niemand scheint willens und in der Lage, es mit beidem aufzunehmen.

Bei einem unserer regelmäßigen Sonntagstelefonate mache ich den Fehler, Mama von meiner Suche zu erzählen. Ich hätte wissen müssen, was kommt.

»Ich weiß nicht, warum du das arme kleine Ding aus ihrer gewohnten Umgebung im Heim reißen musstest, wo sie bestens untergebracht war. Jetzt steckst du in der Klemme und weißt nicht, was du mit ihr machen sollst. Du hättest alles lassen sollen, wie es war. Natürlich hast du keine Zeit für sie. Ich habe versucht, dir klarzumachen, dass so etwas passieren würde, aber du hörst ja nicht auf mich.«

Ich unterbreche mich dabei, wie ich das Geschirr vom Vorabend in die Spüle stelle, und halte kurz inne, um die richtigen Worte und vor allem meine innere Stärke zu finden und nicht unter ihrer Entgegnung zusammenzubrechen, die sich wie ein weiterer Angriff anfühlt.

»Es wird sich sicher eine gute Lösung finden, Mama. Ich muss nur ein wenig suchen.«

Blitzschnell wechsle ich das Thema: »Und wie geht es deiner Freundin Shirley? Hat sie sich jetzt doch entschieden, den Arzt zu wechseln …?«

Auf Besichtigungstermine um 11 Uhr folgen Besichtigungstermine um 15 Uhr. Die Auswahl ist klein, und bis jetzt habe ich mir sechs Häuser angesehen. Ich finde eines schlimmer und enttäuschender als das andere. Übertrieben noble Wohnzimmer in fragwürdigen Gegenden an verkehrsreichen oder auch ruhigen Straßen, mit Gangmitgliedern, die an der Ecke herumlungern, Maschendrahtzäunen und Pitbull-Terriern. Drinnen anfangs eine gekünstelte Freundlichkeit; kleine überfüllte Zimmer, in denen die »Klienten« isoliert und sich selbst überlassen sind, während die Pflegekräfte unnahbar und unter sich bleiben, die Verantwortung für ihre Schützlinge nur ein Job, nicht mehr.

Wieder sehe ich nach Judy, während sie schläft, krieche dann unruhig und voller Sorge in mein Bett und werde die ganze Nacht von Zweifeln geplagt. Die Zweifel verwandeln sich in eine Nebeldecke, die sich in den frühen Morgenstunden um unser Haus legt und mich und alles um uns herum in eine graue und feuchte Ungewissheit hüllt. Der Nebel verändert sich, und mit ihm meine Fragen, aber die Ungewissheit in meinem Kopf bleibt: Wo wird Judy leben, wenn sie unser Haus verlässt? Wo ist die Freundlichkeit, die ich suche?

Judy braucht mich, damit ich diese Entscheidungen für sie treffe, und die Verantwortung lastet schwer auf mir. Am Morgen werden meine Zweifel noch stärker, als sie neben mir sitzt und die Enden der grünen Bohnen abbricht wie damals, als wir sieben Jahre alt waren und das schrille Zirpen der Heuschrecken durch die Fliegenschutztür drang. Jetzt heult neben unserem schmalen Küchenfenster der Motor eines Wagens auf. Ohio ist weit und unsere Kindheit noch weiter weg. Nicht die grünen Bohnen brechen mir das Herz, sondern der vertrauensvolle Blick und die Dinge, die ich draußen in der gleichgültigen Welt erlebe.

Heute habe ich einen Termin bei Mrs Robinson. Ihr Haus liegt in keiner besonders guten Gegend – aber wer bin ich schon, dass ich mich über die Wohngegend beschweren könnte? Außerdem ist es ganz in der Nähe, und wir können Judy jederzeit besuchen, wir müssen nur vorher anrufen. Mrs Robinson ist freundlich und vermittelt in ihrer weißen Schwesternuniform eine gewisse Professionalität. Sie ist eine große, stattliche Frau von charmanter Extravaganz. Ihr weißes Häubchen sitzt auf einer roten Lockenperücke, die Judy zweifellos liebend gerne in die Finger bekäme. Sie bittet mich in ihr nicht weniger dramatisch eingerichtetes Wohnzimmer. Danach schauen wir bei den Klienten vorbei, die schweigend in einem schmalen, fast völlig abgedunkelten Raum in der Nähe sitzen. Er wird von dem größten Fernseher dominiert, den ich je gesehen habe. Auf dem Bildschirm tauchen die glücklichen Gesichter einer McDonalds-Werbung auf, und das Flimmern fällt auf stumme Gesichter, die ganz offensichtlich nicht überzeugt sind.

Mrs Robinson ist von aufrichtiger Herzlichkeit, und ihr Haus ist zweifellos besser als alles andere, was ich bis jetzt gesehen habe. Aber es ist nicht das, was ich mir erhofft hatte. Ich rufe im Regionalzentrum an, um mich nach weiteren Alternativen zu erkundigen. Unser Berater rafft sich zumindest soweit auf, dass er abschätzig sagen kann: »Sie wissen ja nicht, wie viel Glück Sie haben, dass bei Mrs Robinson ein Platz frei ist. Etwas Besseres werden sie nicht finden.«

Das ist es also. Vielleicht haben wir tatsächlich Glück, und ich weiß es nur noch nicht. John und ich besprechen die Angelegenheit. »Vergiss nicht«, sagt er und schweigt kurz, um etwas Tamarindenmark in seine Currysauce zu geben, »dass Judy den ganzen Tag bei Creative Growth sein und es vermutlich zu schätzen wissen wird, wenn es abends etwas ruhiger zugeht – ob mit oder ohne Fernseher. Sie braucht nicht noch mehr Aktivität, sie braucht Entspannung. Außerdem wird sie viel Zeit bei uns verbringen, wenn sie bei Creative Growth fertig ist.«

Ich statte Mrs Robinson mit Judy einen Besuch ab. Als ich den Wagen abstelle, spürt sie natürlich, dass etwas nicht stimmt, und weigert sich auszusteigen. Der Himmel ist grau, es ist schon fast dunkel. In dieser seltsamen, unwirtlichen Gegend sind die Fenster aller Häuser vergittert. An der Ecke hängen drei junge Kerle herum. Ich versuche, Judy davon zu überzeugen, dass es zu ihrem Vorteil wäre auszusteigen, obwohl ich – genau wie sie – weiß, dass das eine riesengroße Lüge ist. Ich mache die Geste für Essen und ein leckeres Getränk. Mit Tränen in den Augen dreht Judy den Kopf von mir weg – dem einzigen Menschen, von dem sie fest geglaubt hatte, er würde sie nie im Stich lassen. Am Ende steigt sie widerwillig aus, klebt förmlich an mir und hebt den Blick die ganze Zeit nicht vom Boden. Mrs Robinsons Herzlichkeit kommt nicht bei ihr an.

Ein paar Tage später fällt die Entscheidung, und ich bringe Judy und ihre Sachen zu Mrs Robinson. Im Wagen klammert sie sich schluchzend an mich und fleht mit jeder Faser ihres Seins, sie nicht fortzuschicken. Mir ist schlecht, und ich würde am liebsten mein ganzes Leben umkrempeln, damit sie uns niemals verlassen muss.

Wir sind beide traumatisiert und todunglücklich. Ich komme jeden Nachmittag, gehe mit Judy einen Milchshake trinken oder nehme sie zum Kartenspielen mit nach Hause. Schon bald stellt mich Mrs Robinson deswegen zur Rede. Sie sagt, ich störe Judys Eingewöhnung und solle ihr etwas Zeit und etwas Raum geben, andernfalls würde sie niemals glücklich, wo sie ist. Ich versuche, mich zurückzuhalten, und besuche Judy stattdessen bei Creative Growth oder hole sie dort ab. Wir finden neue Möglichkeiten, um gemeinsam glücklich zu sein. Aber die Traurigkeit lässt nur langsam nach.

Ich befolge Mrs Robinsons Anweisungen und teile ihr wie gewünscht telefonisch mit, dass ich am Sonntag etwas mit Judy unternehmen werde. Sie findet das in Ordnung, erinnert mich aber daran, pünktlich zu sein. Jeden Sonntag holen John, Ilana – manchmal auch Lilia – und ich Judy ab, um einen besonderen Tag miteinander zu verbringen. Sie ist immer überglücklich und wartet schon auf uns. Niemand hat Judy beigebracht, wie die Tage der Woche heißen oder auch nur, wie viele es davon gibt, aber die Sonntage kennt sie bestens und ist immer bereit. Es wird unsere Tradition, ins International House of Pancakes zu fahren, nachdem sich Judy mit einer Umarmung von Mrs Robinson verabschiedet hat. Es tröstet mich ungeheuer, dass sie eine Zuneigung zueinander entwickelt haben.

Judy läuft zum Wagen, reißt die Beifahrertür auf, schiebt ihren kräftigen Hintern auf den Sitz und knallt die Tür in gespannter Erwartung wieder zu. Ilana ist bei ihrem Vater, und wir nehmen sie unterwegs mit. Als wir noch ungefähr zwei Blocks vom großen blauen Dach des IHOP entfernt sind, stößt Judy einen Jubelschrei aus und trommelt mit den Händen auf das Armaturenbrett. Wir wissen, dass viele Entscheidungen bevorstehen – denn es stehen mindestens sechs verschiedene Sorten Sirup zur Auswahl. Für Judy ist das kein Problem, sie probiert von jedem etwas.

Judys Liebe zum Essen gibt ein wenig Anlass zur Besorgnis, und ich mache mir im Geiste die Notiz, ein Sportprogramm mit ihr zu beginnen. Nun ja, machen wir uns nichts vor, wir haben es beide nötig. Meine Gedanken verselbstständigen sich, und ich male mir aus, wie sie für die Special Olympics trainiert und in ihrer Kategorie gewinnt – welche das auch sein mag. Vielleicht gibt es ja eine Kategorie für gehörlose Künstlerinnen über vierzig mit Down-Syndrom?

Wegen Judys Zeitschriften ist es nicht ganz einfach, in der klebrigen Sitzecke aus Vinyl Platz zu nehmen. Wir essen Pfannkuchen und Waffeln mit Schlagsahne und Erdbeeren und kämpfen uns dann wieder heraus, um nach Hause zu fahren und Karten zu spielen.

Bei der Rückkehr zu Mrs Robinson klingeln wir an der Tür, damit sie aufmacht, und gehen durch das stählerne Sicherheitstor. In ihr privates Wohnzimmer werden wir inzwischen nicht mehr gebeten. Es wird selten benutzt; der wuchtige Kronleuchter aus falschem Gold und Edelsteinen, das Sofa und die Sessel mit den Plastiküberzügen sind zu gut für ihre Schützlinge und deren Familien.

Im Zimmer nebenan sitzen Mrs Robinsons Klienten noch immer zusammengesackt auf ihren Plätzen entlang den Wänden. Seit wir gegangen sind, hat sich niemand bewegt. Es sind hauptsächlich Frauen, dick und weich, die fügsam und teilnahmslos im Halbdunkel sitzen. Der riesige Fernseher ist kaputt und wird erst Monate später repariert werden. Viele wurden schon vor langer Zeit von ihren Familien aufgegeben; alle wurden gewogen und für zu leicht befunden, werden von der Gesellschaft ausgegrenzt.

Judy geht widerstrebend hinein. Sie setzt sich ans Ende eines der alten Sofas gleich neben die Armlehne und so weit wie möglich von ihrer Nachbarin entfernt. Wenn überhaupt, erwidern die Anwesenden meinen Gruß mit einem Nicken. Ich erkenne Regina von Creative Growth und klopfe ihr aufs Knie. Sie hebt den Kopf und lächelt, als sich unsere Blicke begegnen. Wir kennen uns.

John und ich heiraten, und Taylor kommt nach Kalifornien, um mit uns zu feiern und Lilia und ihre Tante Judy kennenzulernen. Drei wunderhübsche Töchter sitzen neben uns, als wir das Ehegelübde ablegen. Die Zeremonie findet auf den weitläufigen Terrassen eines Hauses in den Hügeln statt, das Freunden gehört – die zauberhafte Bucht von San Francisco liegt zu unseren Füßen. Taylor sieht Lilia so ähnlich, dass einige Freunde sie mit ihr verwechseln und mit Verwirrung reagieren. Ich finde es herrlich.

Ich bedauere kurz, dass Judy nicht hier ist, um mit uns zu feiern. Aber ich weiß, wie sehr sie Menschenansammlungen verabscheut, und noch mehr hasst sie es, nicht meine volle Aufmerksamkeit zu genießen. Sie wäre nur unglücklich. Als das Fest vorbei ist, bringen wir ihr ein Stück vom Hochzeitskuchen vorbei. Sie segnet unsere Ehe mit zwei dicken Küssen und ein paar begeisterten »Ho, ho, bahs!«

Da Taylors Bedenken aufgrund der militärischen Ausrichtung des Luft- und Raumfahrtprogramms in Buffalo immer größer geworden waren, hatte sie auf Umweltingenieurwissenschaften umgesattelt und war nach Florida gegangen, um ihr Studium abzuschließen. Wir telefonieren regelmäßig. Schon bald zieht es sie an die Westküste, wo der kalifornische Wind verheißungsvoll weht, wie das vor knapp zwanzig Jahren auch bei mir der Fall gewesen war. Die Aussicht, sie bald in unserer Nähe zu haben, macht mich überglücklich. Als wir uns darüber unterhalten, sagt John: »Warum bieten wir ihr nicht die Souterrainwohnung an? Wir nutzen sie ja kaum.« Ein paar Wochen später hat Taylor gekündigt, ihre Habseligkeiten in einen Umzugswagen gepackt und ist damit einmal quer durchs ganze Land gefahren.

Bald nach ihrem Einzug entsteht eine liebevolle Beziehung zwischen Taylor und Judy. Taylor holt sie oft ab, wenn ich arbeite, unternimmt Einkaufsbummel und kurze Spaziergänge mit ihr. Eines ihrer Gemeinschaftsprojekte ist der Besuch des Waschsalons, wo Judy mit großer Begeisterung das Falten der Kleidungsstücke übernimmt.

Als ich bei Creative Growth eintreffe, werde ich von Gemälden, leuchtenden Farbwirbeln und einem langen Wandbild mit unzählig vielen gesichtslosen Menschen begrüßt. Papierblumen stehen in Vasen aus nackten Kabeln. Alles strahlt eine ganz eigene Schönheit und Lebendigkeit aus, die nicht nach Anerkennung verlangt und nur sich selbst feiert.

Ich bin begeistert von dieser überschäumenden Kreativität, die sich in allen zeigt – nur nicht in Judy. Sie hat so gut wie kein Interesse an ihren Zeichnungen, die hauptsächlich aus den immer gleichen einfachen Kritzeleien, meist scheinbar zufälligen Schleifen und Kreisen bestehen.

Ab jetzt bringe ich manchmal auch Ilana und Lilia mit. Sie verlieben sich fast ebenso in Creative Growth wie ich, nur bei Judy bin ich mir immer noch nicht sicher. Oft sehe ich sie abseits von allen anderen sitzen, wie sie Seite um Seite mit Farbe füllt, ohne darauf achten, was sie gerade tut. Stattdessen lässt sie den Blick durch den Raum schweifen, um alles und jeden im Auge zu behalten. Währenddessen sehe ich, wie um sie herum andere Künstler wundervolle Formen und Bilder erschaffen. Ich mache mir Sorgen um sie. Für Judy scheint der beste Teil des Tages das Mittagessen und die Chance auf eine Pepsi Light zu sein.

Ich sehe zu, wie sie ein Blatt Papier mit einer dicken, deckenden Schicht grüner Farbe bemalt. Dann dreht sie es um und wiederholt den Vorgang auf der anderen Seite mit einem ähnlichen Farbton. Manchmal ist die Farbe so dick, dass das Papier eine Struktur bekommt. Es steht sogar von allein. Mit der Zeit beginnt Judy, die Farben kraftvoller einzusetzen. Ich sage mir, dass es egal ist, dass sie ja noch nicht so lange hier ist. Nach den langen, öden Jahren im Heim braucht sie Zeit, um sich einzugewöhnen. Judy muss nach ihrem eigenen Zeitplan leben. Ich bin nach wie vor begeistert davon, sie in einem verständnisvollen und fürsorglichen Umfeld zu sehen, wo sie Zugang zu Materialien für Künstler hat. Ich habe keine Erwartungen, ich empfinde nur Dankbarkeit.

Durch die Besuche bei Judy lerne ich nach und nach auch einige andere Künstler kennen, die in ihrer Nähe sitzen und arbeiten. Ihre Bescheidenheit und ihr kreatives Talent überraschen mich immer wieder. Regina wohnt ebenfalls bei Mrs Robinson und malt weiter, während wir uns leise unterhalten. Ihr Blatt scheint sich mit herabgefallenen Rosenblättern zu füllen. Ich frage mich, welche Bedeutung sie wohl für sie haben. Sie sitzt eine Weile schweigend da, und ihre dunklen, verbrauchten Hände liegen ruhig auf ihren Oberschenkeln, die von billigen Nudelgerichten zum Abendessen und zu viel Frühstücksbrötchen schwer geworden sind. Sie starrt aus dem

Fenster auf die Autos, die auf der 24th Street vorbeifahren. Vielleicht denkt sie an den weißen Bus, der sie bald abholen und nach Hause in ihr Zimmer mit den knallroten Kissen und der rosafarbenen Tagesdecke bringen wird.

Ich frage sie nach den Rosen. Ihr Zimmer, flüstert sie, erinnere sie daran. Als sie klein gewesen sei, hätte der alte Herr von nebenan einen großen Garten gehabt und ihr erlaubt, Rosen für ihre Mutter zu pflücken. Ihre Mutter sei immer überrascht, immer glücklich gewesen. Das war, bevor sie Stimmen hörte und Regina den Teufel nannte. Die Rosen, das waren die guten Zeiten.

Seit ihre Mutter fort ist – das ist schon lange her – und seit sie bei Mrs Robinson wohnt, hört sie nur deren Worte, hört sie nur Worte, bei denen es ums Hinsetzen und Aufräumen geht. Regina sagt, sie könne sich an sanfte Worte erinnern, habe noch vage ein Lied im Ohr, das ihr die Großmutter beim Zubettgehen vorgesungen habe, das von Babys und einem Apfelbaum handelte.

Sie macht sich wieder an die Arbeit, nimmt den Pinsel zur Hand und malt sieben Äpfel, alle grün, alle in einer Reihe. Sie kommen aus dem Kopf einer alten Frau mit schwarzen Augen. Weit weg davon, am Bildrand, malt Regina noch mehr Rosen, deren Blätter auf schlafende Babys, auf dunkle wie helle Babys fallen. Ich drücke Reginas Schulter und gehe weiter, bemerke andere Künstler und ihre Energie, die in Formen, Farben und einem zufriedenen Lächeln zum Ausdruck kommt.

Die Mitarbeiter lassen mich wissen, dass Judy offenbar nicht mit dem Herzen bei der Sache sei. Sie sagen, sie hätten ihr Gelegenheit gegeben, mit den verschiedensten Materialien zu arbeiten – mit Farbe, Ton, Holz und mehr –, aber offenbar könne nichts davon sie reizen. Sie könnten nichts finden, was ihr Interesse weckt. Ich ahne, dass sie Judy bald bitten könnten zu gehen, und kann den Gedanken nicht ertragen.

Doch eines Tages beobachtet Judy den Unterricht der Textilkünstlerin Sylvia Seventy, die bei Creative Growth zu Gast ist. Sylvia ermuntert sie mitzumachen, aber Judy zieht es vor, allein am Ende des Tisches sitzen zu bleiben und zuzusehen. Bald beteiligt sie sich, aber sie tut es zu ihren eigenen Bedingungen. Der Kunsthistoriker John MacGregor wird später schreiben: »Niemand hätte vorhersagen können, auf welche Weise oder wie stark sie auf die neuen Materialien reagieren würde. Da sie eindeutig nicht in der Lage war, Erwartungen zu erfüllen oder Anweisungen zu befolgen oder die Arbeiten der anderen Schüler nachzuahmen, erfand sie einfach etwas völlig Neues.«

Nach fast zwei Jahren der Teilnahmslosigkeit und der Untätigkeit fängt Judy plötzlich an, achtlos weggeworfene Gegenstände jeder Art zu Gebilden zu verschnüren, die später überall für ihre erlesene Schönheit und Komplexität gefeiert werden. Tom di Maria, der neue Direktor des Creative Growth Art Center, merkte an, dass Judys Kunst ihre Sprache wird, über die sie mit der Welt in Verbindung tritt. Kinder brauchen ein bis zwei Jahre, um die Elemente der Sprache zu meistern, und Judys Experimente mit der Kunst als ihrer neuen Sprache dauern ähnlich lange, bis sie ihre Stimme gefunden hat.

Judy beginnt oft mit der Auswahl von Fäden, Garnen und Schnüren in gedeckten Farben und zarten Texturen. Sie webt sie Schicht für Schicht in immer neuen Mustern um einen Kern aus allen möglichen Gegenständen, die sie finden oder ergattern kann, aber stets in einzigartige und unwahrscheinliche Strukturen verwandelt.

Die erste Arbeit, die ich von Judy sehe, ist ein mit liebevoller Sorgfalt gebundenes zwillingsartiges Objekt. Ich verstehe sofort, dass sie weiß, dass wir Zwillinge, dass wir zusammengehören, dass wir zwei Körper sind, die ein Ganzes ergeben. Und ich weine.

Von da an ändert sich Judys Situation bei Creative Growth

dramatisch. Die Mitarbeiter lassen ihr bald freie Hand, damit sie auf der Suche nach Garn und anderen Materialien die Lagerräume durchforsten kann, und sie erlauben ihr, im Studio weitgehend ungestört nach Gegenständen zum Einbau in ihre Skulpturen zu stöbern. Nur »geliehene« Schlüssel und Geldbeutel werden heimlich zurückgeholt. Einmal ist sogar ein Scheck von meinem Ex-Mann Richard dabei. Alles andere wird von Judy eingewickelt und verschwindet, unter anderem ein Besen des Reinigungspersonals, ein kaputter Stuhl und ein alter, am Eingang abgestellter Einkaufwagen – und wird nie mehr gesehen.

An diesem und an den meisten anderen Tagen läuft Judy stark nach vorne gebeugt und vorsichtig zu dem kleinen weißen Bus, der sie und ihre Freunde zu Creative Growth bringt. Mit den Jahren wirkt Judy älter, als sie tatsächlich ist. Aber ob gebückt oder nicht, bei ihrer Ankunft schlängelt sie sich geschickt an den anderen vorbei, die am Eingang warten, um sich anzumelden und ihr künstlerisches Tageswerk zu beginnen. Sie duldet keinen Aufschub und ist unwiderstehlich von dem gerade im Entstehen begriffenen Werk angezogen. Es ist, als würde es nach ihr rufen. Auf dem Weg an ihren Platz im hinteren Teil des großen Studios, den sie selbst gewählt hat und der nun im hellen Morgenlicht liegt, bleibt ihr stets suchender Blick an einer Taschentuchschachtel hängen, die auf dem Tisch steht und mit einer schnellen Handbewegung in ihrer geräumigen schwarzen Tasche verschwindet. Hätten eine Sonnenbrille, ein Adressbuch oder eine Butterbrotdose herumgelegen, hätte sie das gleiche Schicksal ereilt. Irgendwann vor dem Mittagessen finden die Taschentücher Eingang in das entstehende Werk. Die Gegenstände, die sie tief in ihren Schöpfungen verbirgt, scheinen oft Erfahrungen ihres Lebens zu spiegeln, und möglicherweise machen sie die im Heim erlittenen Verluste auf irgendeine Weise wieder wett. Ich betrachte

Judy und frage mich, wie es ihr gelingt, diese verlorenen Jahre so anschaulich in den lebendigen Kern ihrer Arbeit zu überführen. Judy »stiehlt« zurück und verwandelt, was ihr mit sieben Jahren genommen wurde. Der Sufi-Dichter Rumi aus dem 13. Jahrhundert schrieb, das Verlorene kehre im Schauen völlig verändert zurück. Ich halte dies für eine perfekte Beschreibung von Judys Skulpturen.

Judy nimmt das aktuelle Objekt aus dem Regal hinter sich, wo sie es am Tag zuvor behutsam abgestellt hat, und betrachtet es prüfend. Sie gibt ihm einen liebevollen Klaps. Dann holt sie eine große Schachtel mit Garn aus ihrem Versteck unter der Bank. Den Inhalt hat sie vor einigen Tagen ausgewählt, dieses Mal in gedeckten Erdtönen. Sie legt die Schere auf den Tisch, zieht den Stuhl nebenan heraus und legt ihr Lunchpaket, ihre schwarze Tasche und ihre Zeitschriften darauf. Sie prüft mit einem schnellen Blick in die Runde, ob jemand zusieht, dann schiebt sie den Stuhl mit seiner kostbaren Last blitzschnell unter den Arbeitstisch und außer Sichtweite und zieht ihn noch etwas näher zu sich heran. Die Jahre im Heim haben ihre Spuren hinterlassen, und sie geht immer wachsam und vorsichtig mit ihren Dingen um.

Jetzt ist es Zeit, mit der Arbeit zu beginnen. Während andere Künstler noch an der Anmeldung Schlange stehen, die einen geduldig, die anderen unruhig, konzentriert sich Judy bereits auf ihr jüngstes Werk. Sie dreht und wendet es, wählt eine Stelle aus und beginnt, einen orangefarbenen Faden unter den bereits vorhandenen hindurch, um sie herum und zwischen ihnen hindurchzuschieben. Sie arbeitet den ganzen Morgen ohne Pause und hält nur gelegentlich inne, um sich im Studio umzusehen. Sie ignoriert alle Anwesenden bis auf ein paar Mitarbeiter, die sie begrüßen und ihr neuestes Werk betrachten. Als Tom di Maria vorbeikommt, klatschen sie zur Begrüßung ab, und Judy wirft einen vielsagenden Blick Richtung Getränkeautomat.

Das ist das Signal, ihr die obligatorische Pepsi Light zu kaufen, wie es die Tradition inzwischen verlangt.

Bei ihrem aktuellen Werk können wie bei früheren Stücken mehrere Monate intensiver Arbeit vergehen, bis Judy es als fertig erachtet. Das kann nur sie allein entscheiden. Viele der angestellten Künstler sind erstaunt von dem, was sie in den verschiedenen Stadien der Entstehung sehen. Aber sie verstehen, dass es unmöglich ist, Judy zum Aufhören zu bewegen. Aus Respekt vor dem kreativen Prozess versuchen sie es gar nicht erst. Judy umwickelt ein Stück ein Dutzend Mal oder öfter, bis sie zufrieden ist. Unzählige Meisterwerke, die auf diese Weise für kurze Zeit zu sehen waren, sind für immer verschwunden – dem Vergessen anheimgegeben von Judys klarer, unerschütterlicher Vision. Sie sind für sie nur ein Schritt in ihrem kreativen Prozess.

Erst, wenn sie und nur sie allein zufrieden ist, bedeutet sie dem angestellten Künstler Stan Peterson mit ausdrucksvoller dramatischer Geste, dass er das Objekt nach oben bringen und der wachsenden Sammlung ihrer archivierten Werke hinzufügen kann.

Mittags räumt Judy ihre Sachen weg. Schnell isst sie ihre Banane und ihr Sandwich, und arbeitet dann bis um drei Uhr weiter.

Judys Arbeitstage bestehen aus einer Routine von ununterbrochener Arbeit und Hingabe, bis im Jahr 1989 ein starkes Erdbeben die Bay Area erschüttert und anschließend eine umfangreiche Nachrüstung des Gebäudes stattfindet, die es vorübergehend zur Baustelle macht. Nach Umbaubeginn dürfen die Künstler nicht mehr dort arbeiten. Drei Monate lang gehen die Mitarbeiter jeden Tag mit ihnen zum Lake Merritt, um zu zeichnen, zu Mittag zu essen und vielleicht ein wenig Frisbee zu spielen, ehe sie sie rechtzeitig für die Busfahrt nach Hause zurückbringen. Jeden Tag wird auf der Baustelle mit Baggern der Betonboden des Studios herausgerissen, bauen Schweißer Querstreben für die Ecken und Armierungen für die Ziegelmauern. Alle Arbeiter tragen Gehörschutz und Schutzbrillen. Es ist laut, chaotisch, und die Funken fliegen. Im hinteren Teil des Studios liegt eine zerschlissene blaue Abdeckplane über ein paar Tischen und Aktenschränken. In ihrem Schutz setzt Judy allein und unbeirrt an ihrem Tisch das Ritual ihres künstlerischen Tageswerks fort. Die Gehörlosigkeit isoliert sie und schützt sie vor dem Chaos in ihrer unmittelbaren Nähe. Aber irgendwann sind die Kisten mit ihren Vorräten leer und kein weiteres Material ist mehr verfügbar. Stan Peterson schrieb später: »Als echte Sammlerin begab sie sich daraufhin selbst auf die Suche. Nach dem Händewaschen fiel ihr auf, dass sie die Papierhandtuchrollen in den Spendern abwickeln konnte, indem sie immer weiter an der Kurbel drehte. Sie trug Armvoll um Armvoll von diesem Material in ihre dunkle Höhle und begann, die Bahnen rauen Papiers zu verknoten und zu einer Art Klumpen zu verbinden. Tag für Tag wurde er größer und gewann an Präsenz.«

Der Arbeitstag endet, wenn sich die kleinen weißen Busse vor dem Haus aufreihen, um die Künstler nach Hause zu bringen. Wieder schiebt Judy die Kiste mit dem Garn unter den Tisch und stellt die stetig wachsende Skulptur ins Regal. Sie verabschiedet sich mit einem Klaps, nimmt ihre Tasche und geht zur Tür. Nach einer weiteren kurzen Busfahrt durch die Straßen von Oakland ist sie wieder bei Mrs Robinson und geht in ihr Zimmer, um die Arbeitskleidung auszuziehen, ordentlich zusammenzulegen und sorgfältig an ihrem Platz zu verstauen. Wie immer ist der Inhalt ihrer Schubladen akribisch aufgeräumt. Judy versteht Ordnung und Routine. Sie besteht sogar darauf. Es ist so gut wie unmöglich, Judy dazu zu bringen, ihren Tagesablauf zu ändern; es ist, als wolle man den Lauf eines mächtigen Flusses verändern.

11

Ihr eigenes Zimmer

Das Haus in der Roosevelt Street hat uns trotz seiner Macken gute Dienste geleistet, aber nun wünschen wir uns etwas mehr Platz. Als wir im Jahr 1989 von einem befreundeten Immobilienmakler erfahren, dass ein großes, mit braunen Holzschindeln verkleidetes Haus unweit des Campus der University of California in Berkeley zu verkaufen ist, zögern wir nicht lange.

Wir wohnen gerade eine Woche dort, als eine alte Freundin und neue Nachbarin eine Einrichtung für betreutes Wohnen erwähnt, die keine zwei Blocks entfernt sei. Ich bin begeistert, dass es in unserer unmittelbaren Nähe eine Unterkunft für Judy geben könnte. Ich rufe an, um mehr darüber in Erfahrung zu bringen und einen Termin für den nächsten Tag zu vereinbaren.

Noch bevor ich die oberste Stufe erreicht habe, öffnet sich die Tür, und Connie – in Jogginghose und T-Shirt – empfängt mich mit großer Wärme und Herzlichkeit. Sie stammt von den Philippinen und betreibt Windsor House mit ihren Verwandten. Im Haus angekommen, schaue ich mich um und sehe, dass es vom Flur aus nach links in ein großes, helles und sonnendurchflutetes Wohnzimmer geht. Der Fernseher ist aus, und ein paar ganz in ihrer eigenen Welt versunkene Bewohner malen, spielen Karten, lauschen mit Kopfhörern oder machen Puzzles. Zwischen ihnen und der stummen Reihe dahindämmernder Klienten bei Mrs Robinson liegen Welten.

Auf meine Bemerkung, dass mir das Wohnzimmer ziemlich leer vorkäme, erwidert Connie, die meisten ihrer Klienten würden jeden Morgen in einen der Busse des Regionalzentrums steigen, um den Tag in einer Tagesstätte zu verbringen. Etliche seien bei Creative Growth. Normalerweise blieben nur zwei oder drei an Alzheimer erkrankte ältere Damen zu Hause.

Zu Beginn des Rundgangs erwähnt Connie, dass sie tatsächlich gerade einen Platz frei hätte. Ich bin offenbar gerade zur rechten Zeit gekommen. Ich lerne Lily kennen, die Köchin des Hauses. Sie hat ein kleines Mädchen mit Down-Syndrom namens Aurelle, das zufrieden auf dem Küchentisch spielt. Sofort sehe ich vor mir, wie dieses Kind auf Judys Schoß sitzt, und ich denke, wie schön es für sie wäre, ein kleines Mädchen zum Liebhaben zu haben. Anschließend gehen wir nach oben, wo Connie mir die Schlaf- und Badezimmer zeigt. Sie erklärt, dass Angehörige zu jeder Tages- und Nachtzeit und ohne vorherige Anmeldung willkommen seien. »Sie können einfach reinkommen. Sie können Judy besuchen, wann Sie wollen und unabhängig davon, wo sie gerade ist«, sagt sie. Ich kann es kaum glauben. Dies ist ein himmelweiter Unterschied zu den eingeschränkten Besuchsmöglichkeiten in Judys aktueller Unterkunft.

Connie sagt entschuldigend, das Zimmer, das sie für Judy hätte, sei klein und liege in der Mitte eines langen Flurs. Sie fügt hinzu, bald werde am Ende des Flurs ein großes helles Zimmer mit zwei Fenstern frei, durch die man die Bäume und Gärten der Nachbarschaft sehen könne, und ich stelle mir Judy darin vor. Ich sehe bunt gestrichene Wände, ein paar Pflanzen, eine Menge Kissen und viele Familienfotos. Bis dahin ist das kleine Zimmer vollkommen in Ordnung. Ich spüre eine liebevolle, mitfühlende Energie, die das ganze Haus durchströmt – und das ist alles, was zählt.

Wenige Tage später stößt Judy freudig zur Großfamilie in

Windsor House. Sie spürt sofort, dass dieser Ort ihr Zuhause sein wird. Irgendwie weiß sie, was zu tun ist, ohne die Worte für irgendwelche Erwartungen, ohne irgendwelche Regeln zu kennen. In ihrem Zimmer geht sie gleich zur Kommode, packt sorgfältig ihre Garderobe aus und legt sie hinein. Die gefaltete Unterwäsche verstaut sie links oben. Kissen und Kuscheltiere kommen aufs Bett, Zeitschriften und Handtasche unters Kopfkissen. Sie räumt noch ein paar Sachen in den Schrank, und schon ist sie fertig! Ohne Aufhebens zu machen und ohne zu zögern. Ich darf ihr nicht helfen, sondern nur zuschauen, während sie erst mich anlächelt, dann in sich hineinlächelt und beim Bau ihres Nests leise gackernde Laute von sich gibt wie eine Glucke.

Am nächsten Morgen besuche ich sie vor dem Frühstück in ihrem Zimmer. Ich bringe ihr einen neuen Schal aus der Sammlung mit, die sich neben meiner Haustür befindet – oft zusammen mit einer Banane. Judy teilt ihre Bananen nicht gerne mit anderen und beobachtet mich wachsam, während sie systematisch einen Bissen nach dem anderen abbricht und vor dem Schlucken mit dem Zahnfleisch zerdrückt.

Dann zieht sie sich sorgfältig an. Sie schichtet zwei Oberteile und noch einen Pullover übereinander, obwohl es eigentlich nicht kalt ist. Danach kommt ein Tuch auf den Kopf, ein Hut darauf und ein weiterer Schal darüber, den sie einmal herumwickelt und mit großer Geste feststeckt. Sie streicht mit der Hand über den Schal und spürt den weichen Stoff um ihren Kopf. Sie wird allmählich selbst zu einem Kunstwerk, zu einer lebenden Skulptur. Nach einem letzten Blick in den Spiegel und einem zufriedenen Lächeln ist sie für den Tag gerüstet.

Am Ende der Woche scheint sich Judy eingelebt und damit begonnen zu haben, heimlich, still und leise die Macht in dem ganzen Haus mit seinen elf weiteren Bewohnern und mehreren Mitarbeitern zu übernehmen. Während sie den langen Flur im Obergeschoss entlang geht, betätigt sie alle WC-Spülungen und klappt alle Toilettendeckel herunter. Abends löscht sie mit der gleichen Sorgfalt die Lichter im Flur, um allen mitzuteilen, dass nun Schlafenszeit ist. Sie wirft einen Blick in Ruths Zimmer, die noch in ihrem Clubsessel sitzt, hebt mahnend den Finger, legt die Hand auf den Lichtschalter und macht einfach aus.

Judy lernt schnell, dass morgens Paul unten auf sie wartet, einer der Künstler von Creative Growth. Seit dem ersten Tag dort fühlt sie sich zu ihm hingezogen. Mit allen anderen kann sie wenig anfangen, und die Entdeckung, dass er im gleichen Haus wohnt wie sie, muss wie ein Lottogewinn für sie sein.

Jeden Tag, wenn ich komme, sitzt Paul da und lächelt schüchtern, auf dem Kopf die Kopfhörer und die blaue Baseballmütze, auf der in großen Lettern der Name P-A-U-L prangt. Auf dem Weg zum Frühstückstisch bleibt Judy kurz bei ihm stehen, um ihm einen Kuss auf die Wange zu drücken und die Arme um seine Schultern zu schlingen. Bobby, die fürsorgliche und etwas herrschsüchtige Möchtegern-Mutter der Nation, ist dick und langsam und quillt beinahe aus ihrem Polstersessel. Sie will sich vergewissern, dass Judy ihre Schuhe ordentlich zugebunden hat. Natürlich sind Judys Schuhe ordentlich zugebunden. Sie liebt es, sie immer und immer wieder zu binden. Es gehört gewissermaßen zu ihren Freizeitbeschäftigungen, aber Bobby versucht trotzdem, sie herumzukommandieren. Judy macht eine wegwerfende Handbewegung in ihre Richtung. Sie will nichts davon wissen. Für einen kurzen Augenblick blitzt das Bild unserer Mutter vor meinem geistigen Auge auf. Judy hat ihr leidenschaftliches Temperament und ihre Unabhängigkeit geerbt, aber die große Liebenswürdigkeit und das Mitgefühl sind ausschließlich für meine Zwillingsschwester charakteristisch. Sie stellt ihr Frühstückstablett auf den Tisch und legt ihre Zeitschriften auf den Stuhl neben sich. Mit ihrem Frühstück macht sie kurzen Prozess und kehrt dann in die Küche zurück, um die Tabletts für Jenny und Mary zu bringen, die in einer Welt des Vergessens versunken sind und ihre Plätze niemals verlassen. Sie hilft, sie zu füttern – ein Löffel für dich, ein Löffel für mich. Nach dem Frühstück nimmt Judy ihre Zeitschriften und ihre Brotzeit aus Sandwich und Banane und setzt sich zu Paul aufs Sofa, sodass ihre Schultern sich berühren. Sie legt den einen Fuß aufs andere Knie, damit sie gut an ihre Schnürsenkel kommt, und wartet auf den Bus, der sie und ihre Kameraden von Creative Growth ins Studio bringt.

An diesem Morgen will Judy offensichtlich über meine Zeit verfügen und bedeutet mir unmissverständlich, dass ich gehen kann. Da sie keine Kontrolle darüber hat, wann ich komme, bestimmt sie darüber, wann ich gehe. Aber ich bin immer noch da. Ohne zu zögern zeigt sie auf die Tür und winkt mir zwei Mal demonstrativ zum Abschied zu. Es führt kein Weg daran vorbei: Ich bin entlassen.

Als Judy am Abend wieder in Windsor House ist, sitzen wir gemeinsam auf ihrem Bett. Sie lehnt sich in das Löwenkopfkissen und hat ihre Handtasche neben sich liegen. Bedächtig reicht sie mir vier von ihren acht Zeitschriften. Sie drückt mich an sich, küsst mich auf beide Wangen, und da wir uns Auge in Auge gegenübersitzen, sieht es wegen der großen Nähe aus, als würde sie schielen. Vier von ihren acht Zeitschriften! Womit habe ich diese außerordentliche Großzügigkeit verdient? Ich halte ein *National-Geographic*-Heft von 1984, ein Exemplar der Zeitschrift *Good Housekeeping* und die ARTnews von vor drei Jahren in den Händen. Wir reichen das *National-Geographic*-Heft mit den Bildern von Bergsteigern und Gorillas hin und her, küssen die gut aussehenden Kerle und die ausnehmend niedlichen Gorillas. Mit einem Mal steht sie auf und zieht das Nachthemd an. Sie steigt ins Bett, die vier kostbaren Zeitschriften und die Handtasche sicher unter dem Kopfkissen verwahrt, zieht die Bettdecke hoch, winkt freundlich zum Abschied und wirft mir noch einen schnellen Kuss zu. Es ist zweifellos Zeit zu gehen.

Als sie die Hand ausstreckt, um das Licht auszuschalten, werfe ich noch einen Blick auf ihre dunklen Augenringe und ihre Blässe, die fast schon ins Bläuliche geht. Ich winke mit einer kleinen, traurigen Handbewegung zurück und schließe leise die Tür, was sie niemals hören wird. Im Gang ist es dunkel. Bestimmt hat Judy auf dem Weg in ihr Zimmer alle Lampen im Flur ausgemacht.

Die große Freiheit in Windsor House macht es uns allen leicht, Judy zu besuchen und etwas mit ihr zu unternehmen. Oft nehme ich sie zum Einkaufen mit. Sobald ich mich in einem Laden umdrehe und die Regale absuche, steckt Judy heimlich alles in ihre Tasche, was ihr gefällt. Zum Glück sind es fast immer Zeitschriften. Und sobald sie sich umdreht, ersetze ich ihre Auswahl durch *Real Estate Today* und *Car World* aus den Zeitschriftenständern gleich neben der Ladentür. Dieses Mal habe ich Glück. Sie scheint den Tausch nicht bemerkt zu haben.

Eines Tages komme ich nach Windsor House und sehe, wie Connie mit Judy Yogaübungen macht. Die beiden sitzen auf dem Boden, haben die Fußsohlen aneinandergestellt und ziehen sich gegenseitig vor und zurück. Es ist ein ganz besonders guter Morgen, weil Connie ihr ein Pflaster – Modeaccessoire, keine medizinische Notwendigkeit – gegeben und auf den Finger ihrer Wahl geklebt hat. Sie zeigt es mir stolz. Judy hält Connie den sorgfältig verpackten Finger hin, Connie küsst ihn und beide lachen.

Ich weiß, dass Connie vorhat zu heiraten. Trotzdem bin ich am Boden zerstört, als ich nach zwei glücklichen Jahren eines Morgens von einem Besuch bei Johns Familie in England nach Windsor House zurückkehre und Connie fort ist. An ihrer

Stelle lerne ich Lucy und Joe kennen, die zu der gleichen weitläufigen Familie gehören und erst vor Kurzem von den Philippinen gekommen sind. Ich kann mir kaum vorstellen, wie Judy sich nach dem Verlust von Connie fühlen muss, die sie so lieb gewonnen hat. Wie viele Pflegekräfte sind im Laufe ihrer fünfunddreißig Jahre im Heim weitergezogen und haben sie verlassen? Sie hatte in ihrem Leben so viele schwere emotionale Verluste zu verkraften und hat doch nie die Fähigkeit verloren zu lieben. Anfangs ist Judy zurückhaltend und vorsichtig, aber schon nach wenigen Wochen schließt sie Lucy und Joe in ihr Herz. Es ist eine neue Liebe, die immer weiterwachsen wird.

12
Die Vernissage

»Bitte, lass heute Abend alles gut gehen. Lass alles gut gehen, bitte.« Ich wiederhole die Worte, als wäre ich wieder in Ohio und würde mit fest zusammengekniffenen Augen beten, dass Judy wieder nach Hause kommt. »Bitte mach, dass alles gut geht.« Innerlich fühle ich mich wie eine Achtjährige, die sich nach ihrer verschwundenen Schwester, ihrer besten Freundin, ihrem Zwilling sehnt.

An der Ampel biege ich noch schnell bei Gelb von der Telegraph Avenue ab, in der Hoffnung, eine oder zwei wertvolle Minuten zu gewinnen. Doch dann überquert eine Obdachlose mit Einkaufswagen und lose angeleintem Hund langsam vor mir die Fahrbahn. Ich halte an, atme tief und langsam durch und bemühe mich nach Kräften, mich an meine Meditationsausbildung zu erinnern. »Einatmend entspanne ich meinen Körper. Ausatmend lächle ich.« Aber heute Abend haben diese Worte keine Kraft. Während ich warte, umklammere ich fest das Lenkrad und spiele dann mit der Gangschaltung. Mein armer, besorgter Kopf wiederholt immer wieder die dringende Bitte, Judy möge an diesem Abend, an diesem wichtigsten aller Abende, guter Laune sein. Es ist ein altbekanntes Gefühl – diese Verzweiflung, die vertraute Sorge, ständig auf Judy aufpassen zu müssen. Andernfalls könnte etwas Schlimmes geschehen, könnte alles verloren sein in einer Sekunde der

Unachtsamkeit, in der auf einmal alles anders ist und nie mehr in Ordnung kommt.

Ich betrachte es als gutes Omen, dass ich unmittelbar vor Windsor House einen Parkplatz bekomme. Ich nehme Judys langes blaues Kleid, ihr cremefarbenes Schultertuch, das geliehene Make-up-Täschchen und ein paar Zeitschriften zur Bestechung vom Rücksitz, schließe die Wagentür mit der Hüfte, eile mit vollen Händen die drei Betontreppen hinauf und klopfe.

Lucy öffnet die Tür und verdreht in gespielter Verzweiflung die Augen. »Sie ist oben. Sie ist schon im Schlafanzug und bereit zum Schlafengehen«, warnt sie und bedeutet mir mit einer Kopfbewegung durchzugehen. Ich will, dass Lucy mitkommt, weil ich weiß, dass Judy sie liebt und respektiert und vor allem auf sie hört. Aber mir wird klar, dass ich heute Abend auf mich allein gestellt bin bei dem Versuch, Judy zu einem Bruch ihrer Routine zu bewegen. Mit jedem Schritt versuche ich, meine Gesichtszüge noch mehr zu entspannen, damit sie meine Sorge und das Gefühl von Dringlichkeit nicht bemerkt.

Judy kann mich zwar nicht hören, aber ich klopfe wie immer an und öffne langsam die Tür. Für Überraschungen hatte sie noch nie etwas übrig, sie hat zu viele unschöne erlebt. Es ist Abend, und das ist die Zeit, wenn sie mit ihren Zeitschriften und dem Fernseher im Bett entspannt. Sie sieht meine vollen Arme, sieht die Sorge hinter meiner Maske und weiß, dass ich etwas im Schilde führe. Sie runzelt die Stirn. »Warum du? Warum ich? Warum jetzt?« Schon als wir noch Kinder waren, kannte sie meine Gefühle besser als ich selbst.

Lucy hat recht. Judy ist schon im blauen Blümchenpyjama, die pinkfarbenen Hausschuhe stehen ordentlich unter dem Bett. Auf dem Kopf trägt sie nur einen einzigen Schal – ein untrügliches Zeichen dafür, dass sie sich darauf eingestellt hat, früh zu Bett zu gehen und sich zu entspannen. Judy hat keine

Ahnung, dass dies *ihr* Abend werden soll. Vielleicht hätte ich früher kommen sollen. In Vorbereitung auf die bevorstehende Herausforderung schenke ich ihr mein schönstes Lächeln. Sie schenkt mir ihren besten »Das-kannst-du-glatt-vergessen«-Blick.

Ich nehme die Abendgarderobe aus der Kleiderhülle und zeige Judy das blaue Kleid. Ich halte es vor meinen Körper und drehe und wende mich, um ihr zu zeigen, wie hübsch es aussehen wird. Dann halte ich es ihr hin. Sie schiebt meine Hand und das Kleid weg und verzieht angewidert das Gesicht. Dann schaut sie demonstrativ an mir vorbei in den Fernseher. Ich drehe mich um und schalte ihn aus. Sie steht auf, geht an mir vorbei, schaltet ihn wieder ein und steigt wieder ins Bett. Ich sage mir, dass es nichts bringt, wenn ich mich aufrege.

Ich setze mich neben sie, deute auf uns beide und tue, als würde ich mit ihr Auto fahren, den Arm um sie gelegt. Sie schüttelt den Kopf. Ihre Lippen sind fest aufeinandergepresst und verschwinden in ihrem Mund, wo früher ihre Zähne waren. Ich stelle mich vor sie und tue so, als würde ich etwas essen, das – nach meinem offensichtlichen Genuss zu urteilen – einfach köstlich sein muss. Anschließend deute ich auf die geschlossene Tür, um ihr zu zeigen, dass wir gehen müssen. Sie schüttelt erneut den Kopf und wendet sich mit einer theatralischen Kopfbewegung ab.

Es funktioniert nicht. In Ordnung. Ich überlege schnell. Aufgeben kommt nicht infrage. Der heutige Abend ist ein Fest im doppelten Sinne: Es ist die erste öffentliche Ausstellung von Judys Skulpturen und die Veröffentlichung von *Metamorphosis: The Fiber Art of Judith Scott*, einem fantastischen neuen Buch über ihr Werk von John MacGregor. Dieser Abend ist Judys Abend. Ich kann unmöglich zulassen, dass sie ihn verpasst.

Ich nehme das Make-up und einen Spiegel heraus und beginne, mir die Lippen anzumalen. Ich lächle mir im Spiegel zu, dann fasse ich Judy am Kinn und gebe auch etwas Rot auf ihre beinahe unsichtbaren Lippen. Sie schaut in den Spiegel und lächelt. Als Nächstes kommt etwas Rouge zuerst auf meine, dann auf ihre Wangen. Anschließend betrachten wir uns gemeinsam im Spiegel und lächeln breit. Es scheint ziemlich gut zu laufen. Das flaue Gefühl in meinem Magen lässt allmählich nach. Ich tanze durchs Zimmer, um ihr zu zeigen, dass wir uns amüsieren werden. Sie lächelt noch breiter. Wir klatschen ab. Jetzt läuft es richtig gut. Ich fasse sie an den Händen, ziehe sie hoch und wir tanzen gemeinsam durchs Zimmer und stoßen uns dabei mit den Hüften an. Während sie steht, lasse ich das Kleid noch einmal blitzen, öffne dann die Knöpfe ihres Pyjamaoberteils und helfe ihr aus dem Ärmel. Sie ist einverstanden und zieht Oberteil und Hose des Schlafanzugs aus. Ich streife das Kleid über ihren Kopf und wir haben es fast geschafft. Noch ein kleiner Unterrock, kein Problem. Von den Strümpfen und Schuhen ist sie nicht begeistert, aber sie kooperiert. Ich reiche ihr das Schultertuch, helfe ihr beim Umlegen und wir sind fertig. Ich bin hocherfreut. Ich lächle. Ich bin erleichtert. Und sehe, dass ihr das Lächeln fast vergangen ist.

Sie sieht nicht sonderlich erfreut aus, aber vielleicht mache ich mir auch einfach nur Sorgen. Vielleicht ist alles in Ordnung. Vielleicht geht es ihr gut. Ich stecke das Make-up in die Tasche und sammle unsere Sachen ein. Es ist Zeit zu gehen. Sie nimmt die große schwarze Tasche mit ihren Zeitschriften und ihren anderen Wertsachen und macht sich auf den Weg ins Bad. Natürlich. Der letzte Stopp bevor wir aus dem Haus gehen. Ich warte, laufe unruhig im Zimmer auf und ab und auf den Treppenabsatz hinaus, um von Zeit zu Zeit ungeduldig über das Geländer hinunter in den Flur zu spähen.

Paul – klein, stämmig und zuverlässig – sitzt geduldig wie immer an seinem Stammplatz im Wohnzimmer. Er ist vollkommen regungslos bis auf ein inneres Lächeln, das gelegentlich über sein Gesicht huscht. Neben ihm sind Kathy, unsere älteste Freundin aus Kindertagen, und ihr Mann Jim. Sie sind etwas früher am Nachmittag aus Cincinnati eingeflogen. Paul sieht heute Abend anders aus, denn auch er trägt dem Anlass entsprechend seine beste Hose und sein bestes Hemd. Kathy hat ihm dabei geholfen, die wunderschöne grüne Krawatte mit den fliegenden Enten zu binden. Paul wird Judy an diesem besonderen Abend begleiten.

Paul behält seine Gedanken über den heutigen Abend für sich. Genau genommen, behält er seine Gedanken grundsätzlich für sich. Während der ersten fünf Jahre in Windsor House wusste niemand, dass er überhaupt sprechen kann. Er hatte nie ein Wort gesagt und sein selbst auferlegtes Schweigen gewahrt, bis er eines Abends mit leiser Stimme, fast schon im Flüsterton fragte: »Könnte ich bitte noch etwas Kartoffelbrei bekommen?« Er bekam seinen Kartoffelbrei – sehr viel davon.

Judy sieht eindeutig mehr in Paul, als seine ruhige Art erahnen ließe. Wenn sie kommt oder geht, lässt sie sich niemals die Gelegenheit entgehen, ihm einen dicken Kuss auf die Wange zu drücken. Ihre Freundschaft wurde besiegelt, als Judy vor vielen Jahren zum ersten Mal vor Windsor House zu ihm in den Bus stieg. Sie zog sich die Stufen hinauf und quetschte ihren ausladenden Hintern auf den Sitz neben ihm, obwohl sie von einem Meer leerer Plätze umgeben waren.

Endlich öffnet sich die Badezimmertür auf der gegenüberliegenden Seite des Flurs und Judy taucht auf. Sie ist wieder in Schlafanzug und Bademantel, die sie in der Tasche versteckt haben muss, und gleitet auf ihren knallig pinkfarbenen Hausschuhen ins Zimmer. Als sie am Fernseher vorbeikommt, schaltet sie ihn ein, dann setzt sie sich behutsam, aber bestimmt zu mir aufs Bett. Sie lächelt gnädig und gibt mir einen tröstenden kleinen Klaps. Die Quizsendung *Jeopardy!* hat gerade angefangen.

Unten warten Leute, genau wie bei Creative Growth. Alle warten. Sie werden doch bestimmt nicht ohne sie anfangen? Judy lächelt in sich hinein, während sie ihre Zeitschriften hervorholt und sich gemütlich im Bett zurücklehnt. Ich bin verzweifelt. Ich eile durch den Flur und die Treppe hinunter, wo Lucy im Wohnzimmer Saft ausschenkt. »Lucy, ach, Lucy!«, rufe ich. »Sie hat den Schlafanzug wieder angezogen!« In meiner Stimme liegt unverhohlene Panik. Lucy stellt ruhig und geduldig wie immer das Tablett beiseite und geht anmutig die Treppe hinauf. Ich laufe keuchend neben ihr her.

Ich habe keine Ahnung, was sie macht oder wie sie es macht, aber es funktioniert. Judy versteht, dass Lucy es ernst meint. Sie weiß sehr gut, dass ich nur ihre Schwester, ihre andere Hälfte bin. Lucy zeigt auf das zusammengerollte Kleid, das längst wieder in einer Schublade verstaut ist, nimmt es heraus und fängt noch einmal von vorne an. Judy ignoriert mich, aber sie kooperiert ohne zu zögern mit Lucy. Wahrscheinlich geht es hier wieder darum, dass wir Zwillinge sind und wer bei uns das Sagen hat – aber egal, wir sind wieder auf Kurs. Wir sind nur ein wenig später dran als erhofft.

Judy weigert sich, die Hausschuhe auszuziehen. Sie nimmt Lucy die schwarzen Pumps aus der Hand, stellt sie in den Schrank und schließt fest die Tür. Es gibt Eleganz, und es gibt Komfort. Sie weiß um die Bedeutung von beidem und hat schon vor langer Zeit entschieden, wo ihre Prioritäten liegen.

Bei den Kopftüchern darf ich ihr helfen. Gemeinsam kombinieren wir zwei Designs, die leuchtenden Farben verbunden, ineinander verwoben und etwas weniger komplex verschlungen als ihre Kunst, aber irgendwie ähnlich. Mit dem Interesse an Judy und ihrer Kunst wachsen auch die Größe ihrer Skulpturen und vor allem die ausgelassene Extravaganz ihrer Schals und ihres Kopfschmucks.

Judy, Paul, Kathy, Jim und ich quetschen uns zusammen in

meinen Subaru-Kombi. Judy macht es sich auf dem Beifahrersitz bequem. Die anderen drücken sich auf der Rückbank zusammen. Ich gebe Judy ihre Banane. Wir haben dieses Ritual im Laufe der Jahre als kleines Dankeschön dafür entwickelt, dass sie die von mir verursachten Unannehmlichkeiten erduldet. Sie schält sie vorsichtig und mit Bedacht, dann schlägt sie zu und verschlingt sie in drei Bissen. Sie reicht Kathy die leere Bananenschale und kichert. Das ist einer unserer kleinen Späße, an dem jetzt auch Kathy teilhat.

Ich achte darauf, mich in Unterhaltungen immer zuerst an Judy zu wenden, die ebenfalls daran teilhaben und nicht ausgeschlossen sein möchte. Judy beobachtet, wie sich unsere Münder bewegen. Sie nickt zustimmend, ruft gelegentlich überrascht »Aha« und schaut mal abschätzig, mal erfreut oder besorgt. Judys Geplapper mangelt es vielleicht an Worten, aber nicht an Gefühl, und hinter allen ihren Äußerungen steht eine klare Absicht.

Weil Kathy und Jim nicht genau wissen, was Judys Einwürfe zu bedeuten haben, richten sie ihre Antworten vom Rücksitz aus direkt an mich. Judys Miene verfinstert sich, sie verschränkt die Arme vor der Brust und starrt stur geradeaus. »Kathy, Kathy«, unterbreche ich meine Freundin. »Du musst dich immer zuerst an Judy wenden. Sie will in das ganze Gespräch einbezogen werden.«

»O weh, das tut mir leid. Entschuldigung. Natürlich. Es tut mir leid, Judy«, sagt Kathy und tippt Judy auf die Schulter, um die verloren gegangene Aufmerksamkeit wiederzugewinnen. Erneut durchlaufen alle unsere Gespräche die »Aha«-Schleife, und Judy beschließt, es doch gut zu finden, dass die beiden dabei sind. Auf der Fahrt durch den frühen Abendverkehr werden ihre begeisterten »Aha«- und »Ho, ho, bah«-Kommentare immer lebhafter.

Irgendwann wendet sich Kathy, die zwar etwas verwirrt ist,

aber ihr Bestes gibt, an Judy und fragt: »Wie lange dauert die Fahrt zu Creative Growth?« Judys Antwort sind ein dramatisches »Aha!« und ein Schlag an die Wagendecke. Ich übersetze für Judy. »Ach, maximal eine Viertelstunde«, sage ich in Judys Richtung und gebe Gas, um noch bei Grün über die Ampel zu kommen. Judy klopft mir zustimmend aufs Bein.

Paul schweigt. Er kauert in seiner Ecke des Rücksitzes und starrt leise lächelnd aus dem Fenster. Die Atmosphäre im Wagen hat etwas vom Fünf-Uhr-Tee mit dem Hutmacher bei Alice im Wunderland.

Auf dem Weg durch die Straßen von Oakland zeigt Judy von ihrer Position auf dem Beifahrersitz auf Sehenswürdigkeiten und Orte, die sie wiedererkennt. Sie sieht das Burger-King-Restaurant auf der Telegraph Avenue und merkt, dass wir auf dem Weg zu Creative Growth sind. Ihre Stimmung hebt sich merklich. Als wir uns dem Studio nähern, zeigt sie jede Wegbiegung genauestens an, damit wir nur ja keinen Fehler machen.

Seit zwölf Jahren kommt Judy jeden Tag zu Creative Growth, wo die Mitarbeiter ihr völlige Freiheit lassen, dem ihr innewohnenden schöpferischen Geist Ausdruck zu verleihen. Aber jenseits dieser Mauern sind ihre Objekte so gut wie unbekannt. Ihre Arbeit und ihre außergewöhnliche Lebensgeschichte bleiben unbeachtet. Bei dieser triumphalen Vernissage wird eine breitere Öffentlichkeit Judys außerordentliche Skulpturen kennenlernen.

Es ist noch schwieriger als sonst, einen Parkplatz am Studio zu bekommen. Ich bitte Jim, sich um den Wagen zu kümmern, damit Kathy und ich mit Judy und Paul hineingehen können. Judy ist froh darüber, nicht beim Arzt, und besonders glücklich darüber, bei Creative Growth zu sein. Sie nimmt ihre schwarze Tasche und ihren Zeitschriftenstapel, holt sich von Kathy die Bananenschale zurück und geht glücklich ins Haus.

Tom di Maria sieht uns kommen und ist zur Stelle, um mit Judy und Paul zur Begrüßung abzuklatschen. Judy sieht ihn erwartungsvoll an, und er macht sich sofort artig auf den Weg, um ihr eine Pepsi Light zu holen. Das tägliche Ritual muss eingehalten werden, auch wenn es am Morgen schon einmal vollzogen wurde. Viele Mitarbeiter kommen zu Judy und Paul, um Judy zu gratulieren und beide wissen zu lassen, dass sie todschick aussehen. Paul strahlt auf seine bescheidene Art. Judys Gesicht legt sich vor Freude in Falten. Das Lob für ihre Turbane freut sie besonders. Ich strahle ebenfalls. Wir alle strahlen. Obwohl die Würdigung an diesem Abend nicht mir gilt, fühlt es sich für mich trotzdem so an.

Tief im Inneren leben Judy und ich in einer Welt, in der es keinen Unterschied zwischen uns gibt; an einem Ort, an dem wir eins sind und den kein anderer je betritt. Dort ist unsere Verbindung wie zu Beginn unseres Lebens so eng, dass ihre Bewegungen mit meinen verknüpft sind. Als wir noch im Mutterleib waren, wer hätte sagen können, wer von uns beiden sich bewegt hat? Weder Judy noch ich, noch nicht einmal unsere Mutter, die uns immer für ein einziges Kind gehalten hatte. Die Grenzen zwischen uns bleiben fließend und unklar.

Hinter uns im Studio arrangieren Helfer – allesamt Künstler bei Creative Growth – Plastikbecher und Weinflaschen, Cracker und Käse auf einem großen, in ein weißes Tischtuch gehüllten Tisch. Judy interessiert sich sofort für die Cracker und den Käse und macht sich sogleich auf den Weg, um sich und Paul etwas davon zu holen. Paul, der auf einem Stuhl in der Nähe sitzt und nervös vor und zurück schaukelt, akzeptiert die kleinen Snacks. Der hintere Teil des Studios ist teilweise verhängt, und ich denke mir, wie seltsam es für Paul und Judy sein muss, hier zu sein und keinen Zugang zu ihrer Arbeit, zu ihrer Kunst zu haben.

Bald darauf nimmt Tom mich beiseite. Er will mir erzählen,

was sich etwas früher am Tag bei Creative Growth abgespielt hat. »Wir wollten Judy die Ausstellung vor der Eröffnung heute Abend zeigen«, sagt er. »Natürlich waren wir neugierig, wie sie auf das Wiedersehen mit ihren Werken reagieren würde. Die meisten waren seit ihrer Vollendung einige Jahre eingelagert gewesen. Ich war mir ziemlich sicher, dass sie sie wiedererkennen würde, aber nicht alle waren meiner Meinung.

In der Galerie selbst war es dunkel, nur die Skulpturen waren beleuchtet«, fährt er fort. »Es ist schade, dass wir das für heute Abend nicht so lassen konnten, denn die Objekte schienen auf Lichtstrahlen einzeln im Raum zu schweben. Aber das wäre bei den vielen Menschen zu gefährlich gewesen. Die Mitarbeiter haben alle zusammen auf dieser Seite im Dunkel gewartet. Als Judy die andere Tür öffnete, konnten wir sehen, dass sie anfangs ein wenig zögerte und kurz stehen blieb.

Aber als sich ihre Augen an das Dunkel gewöhnt hatten, kam sie herein. Wir konnten das breite Lächeln gerade so sehen, als sie ihre Skulpturen eindeutig wiedererkannte. Sie ging nacheinander zu allen Objekten hin und begrüßte sie: eine Umarmung hier, ein Kuss da, eine zärtliche Liebkosung. Manche Stücke schien sie nur pro forma mit einer schlichten Handbewegung zu würdigen. Das Ganze erinnerte mich an die Begegnung einer Mutter mit ihren verloren geglaubten Kindern.

Aber als sie fertig war, kam sie zu uns herüber. Sie war sehr ausdrucksvoll, wollte sich eindeutig bei uns bedanken – das ist eine der Gebärden, die sie beherrscht –, und ihr Gesichtsausdruck sagte noch mehr. Wir zweifelten nicht im Geringsten daran, dass sie wusste, dass wir ihre ›Kinder‹ versammelt hatten, und uns dafür danken wollte. Da blieb kein Auge trocken.« Ich sauge Toms Bericht geradezu in mich auf und danke ihm dafür, als ich meine Sprache wiederfinde.

Jetzt ist Creative Growth hell und festlich erleuchtet. Auf

der Straße vor dem Haus hat sich eine Schlange von Bewunderern der Outsider Art oder Art brut gebildet. Sie tragen Mäntel und Pullover, um sich vor der kalten Nachtluft zu schützen, und plaudern miteinander, während sie geduldig darauf warten, dass sich die Türen öffnen. Es ist eine bunte Mischung von Kunstsammlern aus der Bay Area, Professoren, alternden Hippies, wohlhabenden älteren Damen aus Piedmont, weiblichen Goths und jungen Kerlen mit Pferdeschwanz. Die Mitglieder des Verwaltungsrats von Creative Growth und ein paar wichtige Kunstmäzene waren vom Türsteher der Galerie bereits vorgelassen worden. Alle wollen Judy kennenlernen. Meist handelt es sich um elegant gekleidete Akademiker mittleren Alters. Sie strahlen Selbstsicherheit und Begeisterung aus und scheinen zufrieden damit, wie sich die Veranstaltung entwickelt. Parfumdüfte vermischen sich, und leuchtend bunte Schals springen Judy ins Auge.

Judys Reaktionen bei der Begrüßung dieser erwartungsvollen Fremden sind sehr unterschiedlich: Während sie manche ignoriert und beinahe schon mit Verachtung straft, umarmt sie andere mit Tränen in den Augen. Ich frage mich, ob die so von ihr Umarmten sie an Menschen erinnern, die sie geliebt hat, oder ob sie etwas in ihnen wahrnimmt, das eine tief empfundene Verbundenheit erzeugt. Ich kann es nicht sagen. Sie kann es nicht sagen. Viele reichen ihr die Hand, andere machen Gesten des Wohlwollens und der Bewunderung. Der Mann im braunen Rollkragenpullover applaudiert still, sein Partner zeigt seine Freude mit einem entschiedenen Daumen nach oben.

Auch ich werde herzlich begrüßt. Nina, eine angestellte Künstlerin, bewundert meine geliehene thailändische Seidenjacke. Sie drückt meine Hand und lächelt. Fremde stellen sich vor und sagen, wie begeistert sie von diesem Abend und vor allem von Judys Arbeit sind. Etliche Journalisten und Fotografen stellen mir viele Fragen: »Wie war es, mit einer Zwillingsschwester mit Down-Syndrom aufzuwachsen?« »Sind Sie eineiig?« »Ist Judy schon immer gehörlos?« »Wussten Sie schon vor der Anmeldung bei Creative Growth, dass sie eine Künstlerin ist?«

Ich blicke hinüber zu Judy, zu dieser kleinen Person, die – wie immer extravagant geschmückt – selbstbeherrscht in dem Getümmel aus Menschen sitzt, deren Sprache sie nicht versteht, und völlig unerschütterlich in sich ruht. Judy kennt ihren Wert. Sie hat nie zugelassen, dass sie sich von der Welt oder von irgendjemandem abgeschrieben fühlte. Wie durch ein Wunder ist ihr Licht in den Jahren im Heim nicht erloschen und strahlt nun hell und leuchtend auf. Es blendet uns. Sie kann die Anerkennung, die sie in diesem Augenblick erfährt, nicht benennen. In ihrer Welt ohne Worte, ohne Klang muss ihr diese Nacht zu ihren Ehren wie … ja, wie muss sie ihr wohl vorkommen? Das bewundernde Lächeln, die liebevollen Blicke müssen sie umfangen wie die Umarmung einer warmen Nacht im Mittleren Westen. Judy ist harten und sanften Blicken begegnet und kennt den Unterschied.

Ich wandere durch die Menschenmenge und bin hocherfreut, John MacGregor zu sehen. Er ist nicht nur zur Feier der Vernissage von Judys erster Ausstellung, sondern auch anlässlich der Veröffentlichung seines wunderschönen Buches *Metamorphosis: The Fiber Art of Judith Scott* gekommen. Die große Sorgfalt, mit der er unsere Geschichte erzählt, hat mich zu Tränen gerührt. Hier war ein Mensch, der sich für unser Leben interessierte, der Anteil an Judy und den Dingen nahm, die sie erleiden musste, der ihre Begabung erkannte und würdigte. In gewisser Hinsicht hatte ich das Gefühl, als nähme mit ihm zum ersten Mal jemand Notiz von uns. Erst als Judy Beachtung erfuhr, erfuhr auch ich Beachtung. Erst als Judy kein Geheimnis mehr war, war auch ich kein Geheimnis mehr.

Bei Creative Growth gibt es eine Wand mit Fotos von den

Künstlern. Zwei Aufnahmen ehren zwei kürzlich verstorbene Künstler, eine davon eine junge Frau mit Down-Syndrom, die unerwartet an einem Herzinfarkt gestorben ist. Ihr Anblick erinnert mich an Judys Herzleiden, aber ich verdränge meine Angst ebenso schnell, wie sie gekommen ist.

Die Familie wartet schon, um uns in Empfang zu nehmen. Judys Familie, unsere Familie. Meine Töchter, Judys Nichten, strahlen vor Stolz. Wir haben einen langen und verschlungenen Weg zurückgelegt seit unseren Anfangstagen, als wir alle in einer Zwei-Zimmer-Wohnung zusammengepfercht gewesen waren – Judy, meine beiden Jüngsten, John und ich. Heute Abend ist zum ersten Mal auch Forest dabei, Taylors kleiner Sohn und mein Enkel. Ihn tätschelt Judy am liebsten. Sie alle stehen um sie herum, und es scheint fast, als könnten sie sich nicht von ihr loseisen, um sich die Ausstellung anzusehen.

Auch unsere Freunde sind da: Alle haben sich fein gemacht, sind glücklich und stolz, Judy und ihre Kunst feiern zu können. Menschen, die Judy nicht zu würdigen wissen, habe ich schon vor langer Zeit in die äußeren Bereiche meines Freundeskreises gerückt, und sie sind auch nicht hier. Wie in unserer Kindheit gibt es Judy und mich nur noch im Doppelpack; es gibt die eine nicht ohne die andere.

Ich beobachte die Gäste beim Betreten des Ausstellungsraums. In ihren Augen spiegeln sich der gleiche Schock und das gleiche sprachlose Erstaunen, die auch ich in Gegenwart dieser Objekte empfinde. Ich sehe ihre Ehrfurcht, wenn sie hereinkommen; sehe, wie sie spüren, dass das Unausgesprochene zum Leben erwacht, eine Form erhält. Gefühle und Erfahrungen in reiner Form, die nicht durch Worte oder das ständige Wiederholen der Geschichten verwässert wurden. Sie begegnen der geballten Wucht eines mit dichten, satten Farben zu rätselhaften Formen konzentrierten Lebens. Es kommen Gefühle zum Ausdruck, die tiefer gehen als Worte, und bislang unerzählte oder ungehörte Geschichten, bei denen uns einfach der Atem stockt. Hier spüren wir auf zutiefst bewegende, aber unergründliche Weise die Erfahrung des Verrats, das Gefühl von Verlust und Sehnsucht; da das Gefühl von Nähe, Einssein, Liebe. Hier werden heimliche, verborgene Gefühle auf engstem Raum zusammengedrängt und geschützt; da werden sie in einer wilden Explosion fröhlicher Farben freigelegt.

Die Orange- und Rottöne erinnern vielleicht an die kräftige Sommersonne in Ohio, das Grün an unsere Bäume und Gräser, die weichen Erhebungen an die Kaninchen, die wir so liebten. Hier, bei diesem Objekt, scheint sie etwas vergessen zu wollen. Ich kann es unter den zahllosen Schichten spüren, die es verbergen.

Meine Lieblingsstücke bleiben nach wie vor die beiden ersten Skulpturen, die ich von ihr gesehen habe. Sie sehen aus wie die Puppen amerikanischer Ureinwohner, wie einander zugewandte Zwillinge. Damals habe ich geweint, weil ich verstand, dass sie Symbole unserer Wiedervereinigung sind. Es gibt zwei weitere Gestalten, die so zart zusammen eingehüllt, so sanft ineinander verschlungen und miteinander verbunden sind, dass es wir beide sein könnten – sowohl eins als auch zwei. In einem anderen Objekt erkenne ich eine in einer Zwangsjacke gefangene und auf den Rücken geworfene Person. Sie ist nicht tot, sondern lebt und wartet darauf, ihre Fesseln zu sprengen. Dann sehe ich Judy als Schmetterling, wie sie nun frei und groß die Flügel ausbreitet. Ich spüre, wie etwas in mir weich wird. Geschlossene Türen gehen langsam auf. Wie Judys Skulpturen, werden Schätze, die jahrzehntelang verborgen waren, jetzt zurückerobert. Die kleinen Mädchen, die weggesperrt wurden, wenn Besuch kam, die vor der Außenwelt geheim gehalten wurden, die die Schande ihrer Mutter waren, gehören in eine längst vergangene Zeit. Das war einmal. Jetzt treten Judy und Joyce langsam durch die bislang geschlossenen Türen, erheben ihre Stimme, sind frei.

Die Dinge, die mir als Worte im Gedächtnis geblieben sind, sind bei ihr im sensorischen Gedächtnis gespeichert und kommen durch Berührung und die Bewegung ihrer Hände zum Ausdruck. Die Geschichten, die ich mit Worten erzähle, erzählt sie mit Farben und Strukturen, mit Formen und Berührungen. Eines ist mir so klar wie nie: So, wie sie aus ihren Erinnerungen diese Formen webt, werde ich niemals aufhören zu schreiben und ihre Geschichte, unsere Geschichte in Worte zu fassen.

Während John MacGregor die Bücher über Judys Kunst signiert, unterhält er sich mit einem hiesigen Kunstkritiker über eines der Objekte in der Nähe. Die beiden machen sich auf den Weg durch die Galerie, um sich das fragliche Werk anzusehen. Judy vergeudet keine Sekunde und ergreift sofort die Initiative. Sie kommt nach vorne, rutscht auf den von John freigegebenen Stuhl und übernimmt das Signieren der Bücher zum Entzücken der wachsenden Schar von Bewunderern, die sich um sie drängen und nach ihrer Unterschrift verlangen.

Liebenswürdig wie immer akzeptiert John MacGregor mit einem zerknirschten Schmunzeln, dass er ausgebootet wurde. Innerhalb weniger Augenblicke bildet sich eine Menschentraube um den Tisch. Alle wollen ein von der Künstlerin selbst signiertes Buchexemplar. Bei Judy gibt es keine schlichten Widmungen, keine zierlichen Unterschriften. Sie ist oft erst fertig, wenn auf dem Titelblatt kein Platz mehr ist. Judy macht keine halben Sachen.

Ich beobachte sie aus der Ferne in ihrem fließenden blauen Kleid und den pinkfarbenen Hausschuhen. Judy macht eine Pause, um sich mit noch mehr Saft, Crackern und Käse zu stärken, die einer ihrer Bewunderer gebracht hat. Die Galerie ist schon seit Stunden rappelvoll mit Besuchern, und allmählich wird Judy müde. Ich sehe, wie sie die schmalen Schultern hängen lässt. Ihre Augenringe sind jetzt dunkler; sie wirkt blasser, zerbrechlicher. Noch immer wartet eine lange Schlange von Menschen hoffnungsvoll darauf, dass sie ihr Buch signiert. Sie kann zwar nicht sagen: »Ich möchte nach Hause«, aber ihr Entschluss ist klar. Sie wendet sich von den Wartenden ab und nimmt ihren Zeitschriftenstapel – mit ein paar Ergänzungen – in die Hand. Wie ich sehe, hat sie irgendwo ein Exemplar des *Moosewood Cookbook* aufgetrieben. Sie kehrt dem nächsten Kandidaten in der Schlange den Rücken zu, hebt ihre schwarze Tasche auf, wirft mir einen schnellen, vielsagenden Blick zu und macht sich auf den Weg zur Tür.

Die Menge teilt sich, um dieser kleinen, mit eisernem Willen ausgestatteten Person Platz zu machen. Ich eile hinterher und verspreche dem Rest der Familie, bald wiederzukommen. Kathy holt Paul, der ebenfalls froh ist, nach Hause zu kommen. Der Turban ist Judy ins Gesicht gerutscht, und ich schiebe ihn vorsichtig wieder nach oben. Ich küsse sie auf beide Wangen, während ich ihr die Wagentür aufhalte. Mein frohes Lächeln schließt uns beide ein, und ich bin mir sicher, dass sie unabhängig von ihrem Verständnis und ihrer Einschätzung dieses Abends die Aufmerksamkeit und das Essen genossen hat.

Einige ihrer Bewunderer folgen ihr zum Wagen. Sie hoffen noch immer auf eine Widmung, auf ihr persönliches signiertes Exemplar des Buches. Da Judy und Paul im Wagen sitzen und die Türen geschlossen sind, stecken die Menschen in ihrer Verzweiflung die Bücher durchs offene Fenster herein. Judy, königlich bis zum Schluss, verabschiedet sich mit einer letzten theatralischen Geste, ehe sie mir bedeutet loszufahren.

Jetzt – auf dem Heimweg – schweigen wir, ist auf den Straßen weniger los, hüllt die Dunkelheit uns ein. Von Zeit zu Zeit berühre ich Judy am Bein. Sie sieht mich sanft an, dann lehnt sie sich zurück. Endlich kann sie sich ausruhen. Ich frage Paul, ob es ihm gut geht. Er nickt. Ich spüre, wie Zufriedenheit und stilles Glück das warme Schweigen erfüllen.

Zurück in ihrem bunt dekorierten Zimmer in Windsor

House räumt Judy ihre Sachen mit der gleichen Sorgfalt auf wie immer – unabhängig davon, wie müde sie ist. Sie streift erneut den blauen Blümchenpyjama über und legt ihre Zeitschriften samt ihrer neuesten Errungenschaft, dem *Moosewood Cookbook*, unters Kopfkissen. Ich bedeute ihr, ein wenig Platz zu machen, damit wir uns kurz zusammen hinlegen können. Sie knipst die Lampe aus, und nur das Licht auf der Veranda des Nachbarhauses erhellt die Dunkelheit. Ich habe den Arm um Judys Schulter gelegt, und sie legt im Dämmerlicht die Hand an meine Wange.

Wie wir so nebeneinander liegen, denke ich zurück an die Traumzeit unserer längst vergangenen Kindheit und die parallelen Wege, über die uns das Schicksal geführt hat – die traurigen, verworrenen Wege, die wir allein beschritten haben, bis wir wieder zueinander fanden. Allmählich wird mir klar, dass die inbrünstigen Gebete meiner Kindheit tatsächlich erhört wurden. Judy und ich leben in einer nebulösen Galaxie der Wunder, weit größer als alles, was ich mir je hätte träumen lassen oder mir je hätte vorstellen können.

13

Ein flüchtiges Lächeln

Ein paar Monate später mache ich mich auf den Weg nach Chicago in die Ausstellungsräume von Intuit: The Center for Intuitive and Outsider Art, wo eine Sonderausstellung von Judys Skulpturen stattfindet. Auf der Veranstaltung bin ich von Besuchern umringt, die gespannt darauf warten, alles über Judy, ihr Leben und ihre Kunst zu erfahren. Die Anwesenheit meines Neffen Glenn und seiner Frau Jennifer, die den weiten Weg von Cincinnati mit dem Auto gekommen sind, macht mir Mut. Dass sie sich die Mühe gemacht haben, nach Chicago zu kommen, ist für mich die Bestätigung dafür, dass die Familie Judys Talent allmählich zur Kenntnis nimmt.

Von Chicago geht es weiter nach Cincinnati, wo ich Mama besuche, die bald ihren neuzigsten Geburtstag feiert. Makuladegeneration hat ihre Sehkraft geschwächt, und sie ist inzwischen in ein Seniorenheim gezogen. Es entschädigt sie sehr für den Umzug, dass einige ihrer Bridge-Partnerinnen bereits dort leben und sie jeden Tag miteinander spielen.

Mamas neues Apartment ist kleiner als die Eigentumswohnung, aber sie hat es geschmackvoll mit ihren Antiquitäten eingerichtet und hält es mit Stolz ordentlich und sauber. Wenn wir zusammen sind, sitzen wir meist auf dem Eichenbett, zu dem es auch eine riesengroße passende Kommode und einen Spiegel gibt. Oder wir quetschen uns in der Küche auf die kleinen Bistrostühle, die schon seit Ewigkeiten im Familienbesitz sind.

Wir essen Doppeldeckerkekse mit Erdnussbutter, genau wie zu den Drei-Uhr-Mahlzeiten, als Judy und ich klein waren. Nachmittags sitzen wir ein wenig im Wohnzimmer, ziehen die Jalousien nach oben und lassen das Licht herein. Ich sitze neben ihr auf der rosafarbenen Satincouch, neben der Tante Helens wunderschöne Petroleumlampe mit dem handbemalten Lampenschirm steht. Ich lege meine Hand auf ihre blasse Hand mit den blauen Adern und blauen Flecken. In dreißig Jahren wird sie wahrscheinlich ganz ähnlich aussehen.

Wir haben den Couchtisch ausgezogen und spielen Scrabble. Sie gewinnt, wie immer. Ich betrachte ihre Perlen und denke, wie elegant sie sich doch jeden Morgen kleidet. Aber wegen der nachlassenden Sehkraft fallen ihr gelegentliche Flecken und Spritzer nach dem Essen nicht mehr auf. Die Gucci-Tasche ist elegant, aber schon etwas abgestoßen. Sie hat keine Ahnung von diesen Dingen, und ich werde ihr auch nichts davon sagen. Sie hat nur noch ihren Stolz. Die Frau, die vor so vielen Jahren reglos, hilflos und erstarrt am Küchenherd gesessen hatte, hat eine Würde und Stärke entwickelt, die ihr Kraft, aber auch eine unnachgiebige Strenge verliehen haben, die schwierig sein kann.

Nachmittags schaue ich bei meinem Bruder Jimmy in seiner VW-Werkstatt vorbei. Sie platzt vor gebrauchten, ungebrauchten und vielleicht eines Tages einmal benötigten Autoteilen aus allen Nähten. Ich bin schockiert, als ich auf seinem Schreibtisch im hinteren Teil der Werkstatt eine von Judys Skulpturen entdecke, die Papierkram, Projekte und Notizzettel überragt. Es ist das Objekt, das ich Mama vor zwei Jahren geschenkt habe. Jimmy folgt meinem fragenden Blick zu dem staubigen, aber immer noch farbenfrohen Stück.

»Ich schätze, das muss ich dir erklären.« Er nimmt die Mütze ab, scheucht die Katze aus dem Sessel und setzt sich. »Du kannst dich da drüben hinsetzen. Die Kataloge kannst du einfach auf den Tisch legen. Nur zu, leg sie einfach auf den Stapel dort.«

Ich werfe noch einen Blick auf Judys Kunstwerk, dann wende ich mich Jimmy zu. Er hat schwarze Schmiere im Gesicht.

»Wie um alles in der Welt kommt Judys Skulptur hierher?« Da ich mit einer Antwort rechne, die ich nicht hören will, sinke ich noch tiefer in meinen Sessel.

»Na ja … ich habe Mama beim Umzug geholfen. Da habe ich sie im Müll gefunden und beschlossen, sie zu behalten. Ich schätze, sie kann Judys Kunst einfach noch nicht so richtig schätzen.«

»Sie hat sie einfach weggeworfen?«

»Ach …«, beginnt er zögernd. »Du kennst sie doch. Sie wird allmählich alt, und da ist nicht viel Platz für neue Vorstellungen. Erst recht nicht für neue Vorstellungen von Kunst.«

Ich spiele mit den Seiten der Zeitschriften vor mir. »Stimmt. Aber hier geht es um Judy«, setze ich an. Ich kann nicht weitersprechen und beuge mich hinunter, um die Katze zu streicheln.

Mama hatte John schon im Jahr 1986 kennengelernt und ihn sympathisch gefunden. Noch wichtiger aber war, dass sie mit ihm – im Gegensatz zu den meisten anderen Entscheidungen in meinem Leben – einverstanden war. Seit der Eheschließung mit John taute meine Beziehung zu ihr allmählich auf. Das wurde noch dadurch verstärkt, dass ich ihr gegenüber milder wurde, und die Schuldzuweisungen und den Groll loslassen konnte, die ich all die Jahre seit Judys Verschwinden gehegt habe.

Es färbt allmählich ab, dass ich mein Leben mit Judy teile, die niemandem grollt und keine Sekunde darauf verschwendet, an einer schmerzlichen Vergangenheit festzuhalten. Außerdem scheint endlich auch die Vergebungsmeditation, die ich seit Jahren im Stillen praktizierte, mein Herz zu öffnen. Unsere Telefonate sind jetzt vertrauter, ehrlicher. Heute will Mama über Onkel Clarence sprechen.

»Toadys Geburt war schrecklich für mich. Ich war schon zehn, und von da an war Oma nur noch für ihn da. Ich hatte das Gefühl, sie verloren zu haben. Weil er so kränklich war, machte sie sich ständig Sorgen und einen Riesenwirbel um ihn. Sie wickelte ihn in eine zusätzliche Decke und blieb abends lange auf, um bei ihm zu wachen. Außerdem sah er komisch aus! Er sah tatsächlich beinahe so aus wie eine kleine Kröte. Wahrscheinlich ist es schrecklich, dass ich ihn Toady genannt habe, oder? Aber so sah er nun mal aus.

Als ich dann auf die Highschool kam und beliebt sein und von den Jungs gemocht werden wollte, hing ständig mein komischer kleiner Bruder herum. Ich weiß noch, als Harold Norton mich besuchte, bohrte Toady in der Nase und benahm sich ganz merkwürdig. Es war entsetzlich. Ich habe mich so geschämt.«

Ich finde das so traurig – nicht nur für ihn, sondern auch für sie. Und noch trauriger ist, dass sie ihn bis heute nicht ausstehen kann. Wie es für Mama wohl war, dies ein zweites Mal zu erleben? Judys Behinderung muss die verängstigte Zehnjährige wieder heraufbeschworen haben, die ihre Mutter an die Pflege ihres eigenartigen, hilfsbedürftigen Bruders verloren hatte. Vielleicht wurde sie jedes Mal, wenn sie Judy ansah, von den alten Gefühlen überrollt, und war deshalb außerstande, Mitgefühl zu empfinden. Vielleicht wirkt sie nach außen hin kühl und erwachsen, aber in ihrem Inneren ist das kleine Mädchen mit der unausgesprochenen Traurigkeit nach wie vor lebendig und trauert. Sie tut mir leid.

Da ich unbedingt will, dass Mama versteht, wie gut es Judy geht, versuche ich sie zu einem Besuch in Kalifornien zu überreden. »Du musst dich um nichts kümmern. Wir übernehmen alle Kosten«, sage ich. Schließlich willigt sie ein. Es ist ihr erster Besuch bei uns. Ich bin besonders erpicht darauf, ihr Creative Growth zu zeigen und wie glücklich Judy ist, damit sie mit eigenen Augen sehen kann, wie kreativ sie ist. Ich hoffe, dass sie nun endlich Notiz von Judys Kreativität nehmen, dass sie Judy anerkennen, ihre Schönheit sehen und anfangen wird, ihr Leben zu würdigen.

Bei ihrer Ankunft verkündet Mama umgehend, sie sei jetzt müde und könne nicht zu Judy gehen. Sie sagt, sie bräuchte erst ein paar Tage. Ich spüre den gleichen Widerstand, hinter dem sie ihre Trauer und ihre Angst verbirgt und der sie in der Vergangenheit so oft davon abgehalten hat, mit mir zu Judy zu fahren. Wir gehen am Yachthafen spazieren und am Kai von Sausalito essen, überqueren mit der Fähre die Bucht und fahren in San Francisco mit der Kabelbahn. Nach und nach wird klar, dass Mama Judy niemals in Windsor House, aber irgendwann bei Creative Growth besuchen wird.

Tage später sind wir endlich auf dem Weg zu Judy. Als wir an einer Ampel halten, nestelt Mama in ihrer Handtasche herum. Sie nimmt einen zusätzlichen Schal heraus und fragt: »Glaubst du, er würde Judy gefallen?«

»Ganz bestimmt, Mama. Sie wird begeistert sein.«

Sie nickt und macht die Handtasche wieder zu; der sorgfältig zusammengelegte Schal liegt obenauf. Als wir den Wagen abstellen, richtet sie die Frisur und streicht beim Aussteigen über den Rock. Auf dem Weg in die Galerie kann ich sehen, wie sie vor meinen Augen altert, wie sie etwas gebückter geht, etwas unsicherer auf den Beinen steht. Ich nehme ihren Arm. Sie würde niemals irgendwelche Zweifel oder Ängste eingestehen, aber ich kann schweigend ihren Arm nehmen. Zumindest das gestattet sie mir.

Tom di Maria kommt, um sie zu begrüßen, und auch einige Mitarbeiter stellen sich vor. Judy sitzt wie immer in ihrer Ecke und hat den ganzen Tisch für sich allein. Vor ihr steht eine riesengroße Skulptur, die sie noch kleiner aussehen lässt als sonst. Mama begrüßt niemanden mit besonderer Herzlichkeit, aber sie schüttelt ein paar Hände. Als sie Judy entdeckt, tritt sie ein paar Schritte zurück und sucht sich einen Stuhl, der nicht allzu nah bei ihr steht. Sie betrachtet sie ein wenig, will sich ihr aber nicht weiter nähern. Judy merkt, dass sie beobachtet wird, und wendet sich ab. Ihre Beziehung scheint unter noch viel mehr Schichten verborgen zu sein als das Innerste von Judys Skulpturen.

Wir bleiben nur kurz. Schon bald deutet Mama mit dem Kopf auf die Tür. Ich gebe Judy den Geschenkschal und binde ihn ihr sorgfältig um den Kopf. Ein Lächeln huscht über ihr Gesicht, aber das Lächeln auf Mamas Gesicht kann ich nur erahnen – ein flüchtiges Lächeln in diesem flüchtigen Augenblick. Ich frage mich, ob Judy auch nur ein paar Sekunden lang bewusst war, dass sie Mama kennt. Haben die Zeit und die Entfernung jede bewusste Erinnerung an sie ausgelöscht? Was empfindet unsere Mutter, wenn sie ihre Tochter betrachtet, die so konzentriert an ihrer Kunst arbeitet? Sie wendet sich ab und geht zur Tür, ohne sich noch einmal umzudrehen. Wir fahren zum Lake Merritt und einer sehr viel herzlicheren Begegnung mit den Enten. Es ist das letzte Zusammentreffen der beiden.

Zwei Tage nach Mamas Abreise läuft mir ein Hund ins Fahrrad und ich fliege kopfüber über den Lenker. Ich trage keinen Helm. Als ich Stunden später im Highland Hospital das Bewusstsein wiedererlange, ist die Erinnerung an ihren Besuch ausgelöscht. Die Vergangenheit existiert nur noch in Form winziger Lichtpunkte in einem abgesehen davon vollkommen dunklen Raum. Von Mamas Besuch bleibt mir nur das, was ich in dieser Zeit ins Tagebuch geschrieben habe. Später erzählt mir John, was passiert ist: dass der Rettungswagen kam, dass sich der hintere Teil meines Kopfes wie Pudding in meinem Schädel anfühlte und dass ich wie ein Kind beim Aufwachen weinerlich fragte: »Wo ist meine Mama?« Ich dämmere auf der Intensivstation dahin. Die Frage, welchen Monat wir haben, beantworte ich so oft falsch, dass sie mich in Ruhe lassen und ich weiterdämmern darf.

Die nächsten Tage zu Hause sind verschwommen. Ich habe einen dicken Verband um den Kopf. In meinem Schädel schmerzt es höllisch. Sobald es mir möglich ist, marschiere ich langsam zu Judy hinüber und setze mich zu ihr aufs Bett. Als sie meinen dick bandagierten Kopf sieht, nimmt sie zwei von ihren eigenen Tüchern ab und schlingt sie um meinen hässlichen weißen Verband. Anschließend reicht sie mir eine ihrer Zeitschriften – Seelennahrung, die man nicht essen muss und die nie verdirbt.

Bei plötzlichen Geräuschen oder Bewegungen fahre ich zusammen. Von Licht bekomme ich Migräne, und Unklarheiten jeder Art vervielfältigen sich in meinem Kopf und hallen darin wider. Ich kann mir schlecht etwas merken. John steht fest zu mir, aber er ist ratlos. Lilia ist glücklicherweise auf dem College, aber Ilana tut sich furchtbar schwer mit mir und meinen Überempfindlichkeiten. Es fühlt sich an, als hätte jemand mein Gehirn genommen, es fest in sich verdreht und mit einer Wäscheklammer fixiert. Ruhe und Frieden finde ich nur bei Judy. Wenn ich bei ihr im Zimmer sitze, ist es wie damals, als wir klein waren. Wir sitzen nebeneinander auf dem Bett und berühren uns an Schultern und Händen, während wir einander behutsam die Karten in den Schoß legen. Nachdem wir die Grundform des Spiels, bei dem jeder wahllos Karten vom Stapel des anderen nimmt und durch andere ersetzt, ein Dutzend Mal variiert haben, stecken wir die Karten in Judys Handtasche, die sie unters Kopfkissen legt, und nehmen die Zeitschriften in Angriff. Wie immer gibt mir Judy irgendwann zu verstehen, dass es für mich Zeit wird zu gehen, indem sie kurz zum Abschied winkt und mit dem Kopf zur Tür zeigt.

14
Herzleiden

Als es dunkel wird, neige ich die Lampe, sodass sie ihr Licht über uns beide breitet. Judys Augen lächeln, sie nickt entschieden mit dem Kopf, nimmt ihre Karten und beginnt. Sie hat gerne Karten in ihren Händen und lässt sie auf die Tischplatte klatschen, obwohl sie das Geräusch nicht hören kann, während sie überall auf dem ganzen Tisch Karte auf Karte stapelt. Auf einmal rafft Judy alle Karten mit einer weit ausholenden Geste an ihrem Platz zusammen, und ihr innerer Schelm bricht in dämonisches Gelächter aus. Wir haben Regeln, die wir selbst nicht kennen. Sie ändern sich im Spielverlauf ohnehin immer wieder. Hinzu kommt, dass wir sie beide gern brechen. Ich beobachte, wie Judy immer und immer wieder zu ihren Stapeln zurückkehrt, wie sie eine Karte auf die andere legt, wie sie sorgfältig noch eine Karte und noch eine Karte und noch eine Karte darüberlegt. Wir wechseln uns ab, oder ich versuche, bei jeder Gelegenheit eine meiner Karten dazwischenzuschieben. Wann genau unser Spiel beginnt und wann es endet ist schwer zu sagen.

Als John und ich das weitläufige Haus mit den braunen Holzschindeln südlich des Universitätsgeländes an der Benvenue Avenue kauften, hatten wir vor, es mit internationalen Studenten zu teilen, aber die Sache entwickelte sich anders als geplant. Wir hatten an anregende Abendessen und endlose

Gespräche über ein breites Spektrum von Themen wie Kunst, Politik, Lyrik und Geschichte gedacht. Dabei hatten wir nicht bedacht, dass die meisten Studenten hierher kommen würden, um Englisch zu lernen, es aber noch nicht beherrschten. Aus diesem Grund beschränken sich unsere Gespräche weitgehend auf: »Wie geht es dir?«, und: »Heute sieht's nach Regen aus.« Hinzu kommt, dass unsere Interessen sich nur selten überschneiden. Die jungen Leute finden mehr Gefallen daran, Freundschaft mit Gleichaltrigen zu schließen, als an den gequälten Versuchen, gepflegte Dinnerkonversation mit älteren Semestern zu machen. Aber das Haus ist von der jugendlichen Energie unserer Gäste erfüllt, und es herrscht eine freundliche, lebendige Atmosphäre. An diesem Abend sind unsere jungen Japanerinnen Judy gegenüber etwas schüchtern. Höflich wie immer verneigen sie sich lächelnd vor ihr, verbergen ihr Lächeln aber schüchtern hinter ihren Händen. Judy nickt ihnen ebenso höflich zu und wendet sich dann wieder ihren Karten zu.

Seit meinem Fahrradunfall im letzten Frühjahr sehne ich mich nach einem ruhigen Rückzugsort, um dem Trubel dann und wann entfliehen zu können. Nach einer Weile entdecken wir das perfekte Fleckchen in der Sierra Nevada, ein Refugium in den Bergen nicht weit von dem alten Goldgräberdorf Dutch Flat. Die Hütte steht in einem Eichenhain auf einem gut drei Hektar großen, abgeschiedenen Stück Land, das an den Tahoe National Forest grenzt. Wir haben nur Eichhörnchen, Vögel und ein paar Bären als Nachbarn.

Als wir Judy zum ersten Mal mitnehmen, habe ich Bedenken, dass es ihr nicht gefallen könnte. Ich will, dass sie hier glücklich ist. Ich male mir nämlich bereits aus, wie Judy, John und ich in Dutch Flat leben, wenn wir alt und im Ruhestand sind. Auf der Fahrt sitzen wir nebeneinander und spielen mit unseren Sonnenblenden. Judy beobachtet mich, macht es mir nach, klappt ihre Blende zur Seite und nach vorn, genau wie ich – unabhängig davon, wo die Sonne gerade steht. Aber schon bald spürt sie meine Besorgnis. Sie lässt sich davon anstecken, und nun sind wir beide angespannt. Judy blättert lustlos in ihren Zeitschriften, schaut kurz zu mir, dann in ihr Heft, dann wieder zu mir und wieder in ihr Heft.

Die zweieinhalbstündige Fahrt auf der Interstate 80 nach Nordosten kommt mir bedeutend länger vor. Ich greife unter meinen Sitz, um zu sehen, ob dort noch eine Zeitschrift versteckt ist – irgendetwas, das Judys Interesse wecken, das ihr gefallen könnte. Aber ich habe kein Glück. Immer wieder mahlt sie schnell die zahnlosen Kiefer aufeinander. Es geht mir auf die Nerven, obwohl ich weiß, dass sie wegen der verdammten Medikamente, die sie bekommen hat, nicht anders kann. Ich fürchte, sie könnte denken, ich plane einen weiteren unwillkommenen Umzug für sie. Ich kann nur mein Bestes tun, indem ich ihr auf den Schenkel klopfe, kurz den Nacken reibe, ihr zunicke … und von Zeit zu Zeit den Daumen nach oben strecke. Ich mache mit der Hand einen Kreis um mein Herz, um zu zeigen, dass ich glücklich bin, und sie macht es mir nach, schaut mich dabei aber die ganze Zeit zweifelnd an.

Wir verlassen den Highway, fahren über den holprigen Feldweg durch den Wald und schließlich unsere steile, kurvenreiche Auffahrt hinauf. Beim Haus angekommen, kann ich Judys Zögern an dem leichten, unterschwelligen Widerstand ihres Körpers spüren. Ich lege den Arm um sie, und wir gehen zuerst den Weg entlang und steigen dann langsam die Treppe zur Veranda hinauf. Sie hat alle Hände voll und keucht. John eilt uns von oben entgegen, um zu helfen. Er öffnet die Tür und nimmt unsere Taschen – alles, außer Judys Zeitschriften, von denen sie sich niemals freiwillig trennt.

Schon die wenigen Schritte im Freien scheinen Judy große Mühe zu kosten und aus der Puste zu bringen, aber im Haus erholt sie sich wieder. Sie steuert sofort auf die einzige wirklich bequeme Sitzgelegenheit zu, einen beinahe neuen Lehnstuhl, lässt sich hineinplumpsen und bleibt kurz sitzen. Dann lehnt sie sich zurück, ordnet ihre Zeitschriften und stößt einen tiefen Seufzer der Erleichterung aus.

Bald kommt Judy in die Küche, um mir beim Auspacken der Lebensmittel zu helfen. Aber als sie den Kühlschrank öffnet, entdeckt sie einen Becher Joghurt. Sie starrt ihn kurz an, nimmt ihn heraus, hebt ihn zu einem kurzen Gruß und stellt ihn zur sicheren Aufbewahrung ganz oben auf ihren Zeitschriftenstapel.

Jetzt kann es losgehen. Wir sitzen uns auf Barhockern zu beiden Seiten der Küchentheke gegenüber. Judy stützt sich auf den linken Arm, nimmt einen Kopf Brokkoli aus der Tüte und reicht ihn mir. Damit ist klar, was ich zu tun habe. Sie selbst macht sich an den Romanasalat: Schnipp, schnipp, schnipp. Stück für Stück landet er in der Schüssel, genau wie der Löwenzahn und die Maulbeeren vor langer Zeit. Wir sitzen da, Judy reicht mit den Füßen gerade so an die Querstrebe des Barhockers, und wie immer läuft meine 60er-Jahre-Musik im Hintergrund.

Das Wochenende erfüllt alle meine Hoffnungen – auf gemeinsame Zeit, auf Ruhe und Frieden, ohne Unterbrechungen. Wir sitzen nebeneinander vor dem lodernden Holzfeuer im Kamin, Judy blättert zufrieden in ihren Zeitschriften, ich lese und schreibe. Ich bringe ihr Tee, den ich etwas abkühlen habe lassen. Durch das große Panoramafenster beobachten wir, wie die Flughörnchen aus den Futterschalen fressen, die wir an die nächststehenden Bäume genagelt haben. Von oben, wo John an seinem Schreibtisch sitzt und arbeitet, schwebt Musik von Bach herunter. Am späten Sonntagnachmittag will keiner von uns nach Berkeley zurück.

Bald nach unserer Rückkehr treffe ich früh am Morgen in

Windsor House ein, um mit Judy zum Arzt zu gehen. Sie hat eine Erkältung, und ich will sie untersuchen lassen. Ich merke gleich, dass das nicht leicht wird. Als ich durch die Tür trete, ist Judy auf dem Weg ins Wohnzimmer. Sie sieht mich misstrauisch an, ahnt, wohin es gehen könnte – und will nichts davon wissen. Nach einer Umarmung, auf die sie etwas zurückhaltend reagiert, zeige ich zur Tür und tue so, als würde ich Auto fahren. Ich nehme ihren Arm, aber sie stemmt die Füße fest, sehr fest in den Boden. Irgendwie schafft sie es, ihr Gewicht zu verdoppeln, bei all ihrer Weichheit hart und unbeweglich zu werden.

In diesem Augenblick kommt Paul mit seinem tragbaren CD-Spieler mit Kopfhörer herein. Er flüstert mir etwas zu. Für einen Mann weniger Worte drückt er sich sehr deutlich aus: »Kann ich ein paar Batterien haben?« Ich habe mir angewöhnt, für genau diesen Fall immer Ersatz im Auto zu haben, und eile in die frische Morgenluft hinaus, um sie zu holen. Als ich die Tür öffne, flitzt auch Judy los: Sie huscht zum Sofa und sinkt schwer wie ein Sack Zement in ihre Ecke.

Nachdem ich mit Paul die Batterien gewechselt habe, schiebe ich seinen Kopfhörer ein Stück zur Seite, hebe seine Baseballmütze ein wenig an und frage in sein Ohr: »Ich brauche deine Hilfe, Paul, um Judy zu ihrer Untersuchung beim Arzt zu bringen. Würdest du mitkommen?« Er nickt. Mit einer gespielten Sicherheit, deren ich mir alles andere als sicher bin, hake ich Paul unter, locke Judy mit einem neuen Schal, deute auf die Tür und mache die Geste für Trinken. Die Kombination aus allen diesen Dingen funktioniert – vor allem, weil Paul dabei ist. Judy verlagert das Gewicht auf dem Sofa, sammelt die Zeitschriften ein, wirft noch einen sorgfältig prüfenden Blick um sich, nimmt ihre Tasche und erhebt sich wie eine Königin.

Der Arzt untersucht Judy nur oberflächlich, sein Stethoskop berührt sie kaum. Ich komme nicht umhin, mich zu fragen, wo er mit seinem Kopf und seinem Herzen gerade ist. Ich bin nicht sicher, ob es ihn kümmert. Es treibt mich um, dass er sich offenbar nicht von einem Termin bis zum nächsten an Judy erinnern kann. Wer um alles in der Welt könnte sie vergessen? Er gibt mir ein Rezept für ein abschwellendes Mittel für ihre laufende Nase, und wir verlassen die Praxis. Judy ist jetzt ein wenig schwerer wegen der zusätzlichen Zeitschriften, die sie im Wartezimmer in ihre Tasche geschmuggelt hat.

Wir sind auf dem Weg nach Dutch Flat in ein weiteres Wochenende, und Judy bindet ihre Schuhe … sie bindet sie wieder und wieder, vielleicht ein Dutzend Mal. Sie hat den einen Fuß bequem aufs andere Knie gelegt – hebt ihn höher und scheinbar müheloser als jeder Yogi. Sie wiegt den Kopf im Rhythmus einer Musik, die nur sie allein hören kann. Nach einer Weile klopft sie sich mit der Hand auf den Mund und sieht mich erwartungsvoll an. Ich nicke. In Davis gibt es einen McDonald's, und das weiß sie.

Wir stellen den Wagen ab, halten Ausschau nach einem guten Platz und entscheiden uns für einen freien Tisch am Fenster, weit weg von der lärmenden Kindergruppe, bei der jeden Augenblick die Pommes fliegen werden. Ich bestelle Cheeseburger und Milchshakes, und Judy zahlt mit einer Zehn-Dollar-Note. Sie streckt die Hand aus, um das Wechselgeld in Empfang zu nehmen, und steckt es in ihre Handtasche. Dann lacht sie und reicht sie mir mit einem verschwörerischen Glucksen. Sie trägt unser Tablett, auf das sie massenweise Ketchuptüten und etwas Mayonnaise türmt, die wir nicht essen werden, stellt es vorsichtig auf den Tisch und rutscht auf den Sitz.

Beim Essen schaut sie die beiden stillen kleinen Mädchen an, die uns gegenüber sitzen, und winkt ihnen zu. Da sie ihrer

Mutter einen besorgten Blick zuwerfen, lächle ich und sage: »Sie mag euch. Findet ihr den lila Hut nicht toll?« Sie nicken und lächeln schweigend, ihre Mutter schaut demonstrativ in die andere Richtung.

Als wir wieder im Wagen sitzen und weiterfahren, beginnen wir mit den Feierlichkeiten. Judy trommelt mit den Händen ans Wagendach und aufs Armaturenbrett und ruft: »Ho, ho, bah!« Genau wie ich. Dass ich nach meiner Kopfverletzung vergesslich geworden bin, mich leicht verfahre und nicht mehr buchstabieren kann, tut in Judys Augen der Freude keinerlei Abbruch, die wir in Gesellschaft der jeweils anderen empfinden.

Wir fahren unmittelbar auf den Vollmond zu, und ich glaube, wir sind beide davon verzaubert – vom Mond und dem rosa und violetten Leuchten am blaugrauen Himmel. Judy zeigt durchs Fenster auf den Mond, und wir nicken. Sie gibt einen dezenten, zufriedenen Rülpser von sich und fängt wieder an, ihre Schuhe zu binden.

An diesem Wochenende hat die Fahrt nach Dutch Flat einen besonderen Grund. Seit über zwei Jahren begleitet die unabhängige Filmemacherin Betsy Bayha, die bald mit George Lucas arbeiten wird, Judy sowohl bei Creative Growth als auch in Windsor House, um die Geschichte ihres Lebens bis ins kleinste Detail nachzuerzählen. Dieses Mal kommt Betsy mit ihrem Team in die Sierra Nevada, um sie zu Hause in Dutch Flat zu filmen. Es wird der erste von mehreren Filmen über Judy sein, während ihre Bekanntheit wächst und sie von der internationale Kunstwelt begeistert angenommen wird. Sie drehen stundenlang, während wir zusammen kochen, Karten spielen, in Zeitschriften blättern und Kiefernzapfen sammeln: Judy ist Judy mit all ihren Eigenheiten – witzig, liebevoll, stur und dann wieder voller Kontaktbereitschaft.

Am Nachmittag werden Judy und ich gefilmt, wie wir –

unbewusst im Gleichschritt miteinander – die Auffahrt hinuntergehen. Alles ist gut, bis wir umkehren und den Hang zum Haus wieder hinauflaufen. Für Judy wird diese Aufgabe mit einem Schlag unüberwindbar. Sie wirkt völlig verängstigt, klammert sich an mich, ringt nach Atem und bekommt nicht genügend Luft. Dies ist mehr als die übliche Kurzatmigkeit, die mir schon seit Jahren auffällt. Hier ist irgendetwas ganz und gar nicht in Ordnung. Ich habe Angst, dass es mit ihrem Herzen zu tun haben und ihr angeborener Herzfehler sich verschlimmert haben könnte. Wir beide sind mit einem Herzfehler zur Welt gekommen, und ich hatte immer angenommen, da wir Zwillinge sind, würde es sich um das gleiche Problem handeln und bei ihr genau wie bei mir verhältnismäßig unbedeutend sein. Mir wird klar, dass ich sie so bald wie möglich nach Berkeley und zu einem Spezialisten bringen muss.

Als die Filmleute ihre Sachen packen, werfe ich Judys Medikamente und den getragenen Schlafanzug, den sie unters Kopfkissen geschoben hatte, in ihre Reisetasche. Sie huscht herbei, um ein paar Zeitschriften zu retten, die sie versteckt hat. Ich nehme ein Muffin für unterwegs mit, küsse John zum Abschied, dann brechen wir auf. Betsy und das Filmteam sind immer noch am Packen, als wir ihnen zum Abschied zuwinken und über den Feldweg zum Highway holpern.

In Berkeley rufe ich sofort meinen Ex-Mann Richard an, der am Children's Hospital Oakland Oberarzt ist. Es gelingt ihm, umgehend einen Termin bei dem Kardiologen Dr. Saba zu arrangieren, der einwilligt, sich Judy gleich am nächsten Tag anzusehen. Nach der Untersuchung nimmt er mich beiseite und sagt, in Judys Herz klaffe ein großes Loch, das die Blutzufuhr zur Lunge verringere. Dieser ernste Zustand führe zu Herzversagen. Ich bin völlig überwältigt und kann es nicht ertragen, Judy aus den Augen zu lassen. In der darauffolgenden Woche wird sie im Alta Bates Summit Medical Center in der

Klinik für angeborene Herzfehler untersucht. Ich wünschte so sehr, ich hätte sie schon vor Jahren dorthin gebracht!

Wir warten. Ich zwinge mich zum Optimismus, die Alternative ist undenkbar. Ich habe vor, Judy von Mittwoch bis Freitag täglich zu besuchen und die Abende mit ihr zu verbringen, und am Wochenende mit ihr nach Dutch Flat zu fahren. Dr. Saba hat ihr ein neues Medikament verordnet, und es scheint ihr ein wenig besser zu gehen, die Augenringe sind etwas weniger ausgeprägt. Sie ist glücklich und voller Umarmungen, aber das ist typisch für Judy. Nach wie vor ist alles, was sie tut, sehr anstrengend für sie. Sogar die wenigen Treppen bei uns zu Hause bereiten ihr Schwierigkeiten.

In der Klinik treffen wir Dr. Saba wieder. Er erklärt, das Loch in Judys Herz sei ein persistierender Ductus arteriosus (PDA), ein Durchlass zwischen Aorta und Lungenarterie, der sich nach der Geburt hätte schließen müssen. Dies sei bei Säuglingen mit Down-Syndrom nicht ungewöhnlich und könne inzwischen früh behandelt werden, aber als Judy zur Welt gekommen war, sei die Operation noch unbekannt gewesen. Als einer der führenden Experten für diesen Eingriff sagt er, dass er normalerweise bei Säuglingen mit sehr kleinen Herzen vorgenommen würde. Bei Erwachsenen sei der Ausgang erheblich ungewisser, vor allem in Anbetracht von Judys Alter. Außerdem sei es praktisch unmöglich, das Loch so vollständig zu verschließen, dass das gesamte Blut künftig durch die Lunge fließt.

Die Aussichten scheinen noch düsterer, als ich in Windsor House mit Lucy über die Operation und ihre Risiken spreche. Sie hat einen medizinischen Hintergrund, kennt Judy gut und liebt sie. Sie ist der Ansicht, wir sollten Judy die ihr von Gott beschiedene Zeit leben lassen, statt das Risiko der Operation einzugehen. Ich hatte gehofft, dass Lucy mir Mut machen und mich unterstützen würde, und ich kann ihre Ansicht nicht akzeptieren. Ich habe längst entschieden, wenn Judy die Chance auf ein längeres und gesünderes Leben hat, dann möchte ich, dass wir sie ergreifen.

Bei Creative Growth ist Judy immer noch ganz von ihrer Arbeit absorbiert. Dennoch hat man auch dort bemerkt, dass ihre Energie nachlässt. Ihre Leidenschaft ist so stark wie eh und je, aber es ist unübersehbar, dass ihr alles schwerer fällt. Sie lässt jetzt bei der Arbeit den Kopf hängen. Sie legt kurze Pausen ein, in denen sie den Kopf in die Hand stützt und die Augen schließt.

Wir pendeln ständig zwischen Benvenue Avenue und Windsor House, als das Telefon klingelt und Dr. Saba am Apparat ist. »Ich habe wirklich gute Neuigkeiten«, sagt er. »Die FDA hat soeben eine neue Vorrichtung – eine Metallspirale – zugelassen, mit der sich das Loch in Judys Herzen möglicherweise ganz verschließen lässt. Ich würde gerne so bald wie möglich operieren.« Eine Woche später kommen zwei Ärzte von der Ostküste, darunter der Erfinder des neuen Verfahrens, um gemeinsam mit Dr. Saba Judy zu operieren.

Ich weiß, in ihrem Alter ist die Operation riskant, und kann nächtelang nicht schlafen. Eine Garantie gibt es nicht. Die Ärzte haben gesagt, sie gingen davon aus, ohne den Eingriff werde Judy nicht mehr lange leben. Im Grunde habe ich kaum eine Wahl. Ich wünschte, sie könnte mir sagen, was sie will. Ich wünschte, ich wüsste es. Menschen mit Down-Syndrom altern schneller. Es könnte sein, dass die Operation zu viel für ihren Körper ist. Sie ist jetzt schon fast fünfzig Jahre älter als prognostiziert. Ist es richtig, das Schicksal auf diese Weise herauszufordern? Vielleicht hat Lucy recht. Aber wie kann ich ohne Judy leben? Und wie kann ich damit leben, wenn etwas schiefgeht?

Am Tag der Operation ist jeder Schritt eine Qual: Judy zuerst aus dem Haus und in den Wagen und anschließend durch die Schiebetüren und den Gang ins Krankenhaus zu bringen. In der Umkleide weigert sie sich, die Kleider aus- und das OP-Hemd anzuziehen. Ich nehme sie ganz leicht am Arm, aber sie macht sich los und setzt sich mit fest verschränkten Armen auf die kleine Bank. Ich hebe das OP-Hemd hoch und schwenke es durch die Luft, als wäre es ein wunderschöner Schal. Nichts zu machen. Ich ziehe es über einen Arm – schau, das ist gar nicht schlimm –, aber sie will nichts davon wissen. »Das ist ein sehr hübsches Hemd«, sage ich, mein Gesicht ganz dicht an ihrem. Ich mache den Mund groß, übertreibe mit der Aussprache der Worte, die sie nicht versteht. All dies in der Hoffnung, sie irgendwie zu überzeugen. Sie weigert sich weiterhin. Dann fällt mir wieder ein, wie wir es machen, wenn sie zur Mammographie muss. Nur, wenn auch ich mich ausziehe, das Hemd überstreife und meine Brust auf die große, kalte Platte lege, nur dann ist auch Judy dazu bereit. Ich schnappe mir ein OP-Hemd und mache es genauso: Klamotten aus, Hemd an, und auf einmal kooperiert sie. Auf ewig Zwillinge – und heute haben wir eben beide unsere OP-Hemden an.

Als Nächstes weigert sich Judy, sich auf die Transportliege vor der Tür zu legen. Stattdessen setzt sie sich in höchster Rebellion auf den Boden. Ich frage mich, welche Erinnerungen sie an die Operationen im Heim hat – als man ihr alle Zähne zog. Und an die erfolglosen Eingriffe an den Ohren.

Ich überlege noch, was ich jetzt machen soll, als die Schwester wiederkommt. Sie holt ein paar Sticker aus der Tasche, setzt sich zu Judy auf den Boden und fängt an, mit ihr zu spielen: einen Sticker auf Judys Wange, einen auf den Arm der Schwester; einen Sticker auf Judys Knie, einen auf die Nase der Schwester. Bald lachen wir, und Judy klettert fröhlich auf die Liege, noch mehr Sticker in der Hand.

Nachdem Judy sich hingelegt hat, gibt ihr die Schwester ein Beruhigungsmittel, und trotz ihrer unglaublichen Widerstandskraft kapituliert sie und dämmert weg. Die Sticker fallen ihr locker aus der Hand. Ich betrachte ihr Gesicht, das jetzt so friedlich ist. Während sie auf der Liege liegt, strecke ich die Hand nach ihr aus und streiche über ihr schütteres Haar. Dann ist sie fort und wird den Flur entlang in den Operationssaal gerollt.

Da John in England ist, begleitet mich Richard ins Krankenhaus, dem Judy ebenfalls sehr am Herzen liegt. Obwohl es immer noch Spannungen zwischen uns gibt, sind wir beide hundertprozentig für die Mädchen und für Judy da. Ich warte in der kleinen Nische am Ende des Flurs, laufe auf und ab wie ein Tiger im Käfig, und je länger es dauert, desto größer wird meine Angst. Ich kann mich nicht beruhigen. Schritte nähern sich, und ich halte den Atem an. Es ist eine Schwester, die uns freundlich anbietet, bei der Operation zuzusehen.

Durch ein großes Fenster sehen wir Judys Körper unter einem Laken liegen, umringt von Ärzten, Licht und Maschinen. Wir sehen auch einen Bildschirm, der weit oben an der Wand neben uns hängt, und uns wird klar, dass wir die Operation darauf in allen Einzelheiten verfolgen können. Ich sehe sogar, wie sich die Drähte durch ihre Arterien schieben. Ich sehe zu und bete. Ich bete, wie ich als Kind gebetet habe: »Lass Judy wieder nach Hause kommen. Bitte, bitte, lass Judy leben.«

Als die Operation vorüber ist, die mir endlos erscheint, wird Judy aus dem Operationssaal geschoben. Ich darf jetzt zu ihr in den Aufwachraum. Ich fange an, alles einzusammeln, was ich mitgebracht habe, ein paar Zeitschriften für Judy und ein paar Zettel – Notizen für unsere Memoiren, aber ich bin zu nervös, um mich damit zu beschäftigen. Auf dem Weg durch den Flur höre ich sie verängstigt schreien, verzweifelt heulen. Ich lasse Zettel und Zeitschriften fallen und eile zu ihr. Sie bäumt sich heftig auf, heult und wirft sich hin und her, sie ist an Armen und Beinen fixiert.

Sie ist allein und in Panik. Es ist einfach furchtbar. Sie ist untröstlich, und keines der Beruhigungsmittel schlägt an. Sie ist außer sich vor Angst, und ich bin außer mir, weil sie leidet. Ich lege meine Hände an ihr Gesicht, um sie zu beruhigen und sie dazu zu bringen, mir in die Augen zu sehen, aber sie wendet sich ab, stöhnt, jammert und windet sich noch mehr. In ihren Augen liegt der hysterische Ausdruck eines gefangenen Tieres, das weiß, dass ihm der Tod bevorsteht.

Irgendwann tritt einer der Ärzte von der Ostküste mit seinem Klemmbrett zu mir: »Es tut mir leid, Ihnen das sagen zu müssen, Ms. Scott, aber es sieht leider danach aus, als hätte Ihre Schwester einen Herzinfarkt gehabt.« Ich höre meine arme Judy heulen und würde am liebsten mit einstimmen, um mich schlagen und mich gegen Wände werfen, nur ohne wie sie gefesselt und fixiert zu sein. Ich kann den Mann kaum ansehen. Ich hasse ihn. Ich hasse seine Brille, sein schmales Gesicht und seinen Kopf mit dem schütter werdenden Haar. Ich entschuldige mich und rufe eilends Dr. Saba, der sofort in den Aufwachraum kommt. Er kümmert sich um Judy, untersucht sie gründlich und prüft genauestens Aufzeichnungen und Elektrokardiogramme (EKG). Er versichert mir, dass dies kein Infarkt, sondern schlicht die Bemühungen des Herzens seien, das Blut nach fast sechzig Jahren zum ersten Mal auf dem korrekten Weg weiterzuschleusen.

Judy hört nicht auf zu jammern und sich herumzuwerfen. In meiner Verzweiflung rufe ich in Windsor House an und bitte Lucy, zu kommen und mit mir nach einer Möglichkeit zu suchen, sie zu beruhigen. Wir sind jetzt zu zweit an ihrer Seite, aber sie hört nicht auf zu schreien und sich aufzubäumen, und wir fühlen uns vollkommen ohnmächtig. Ich wende mich mit der Bitte an Dr. Saba, Judy so bald wie möglich zu entlassen und sie nicht über Nacht im Krankenhaus zu behalten, sofern ihr Zustand nicht lebensbedrohlich ist. Ich fürchte inzwischen, der Stress und die Angst könnten sie umbringen. Um neun Uhr abends lassen die Ärzte sie schließlich nach Hause.

Man schiebt Judy in die kalte Nachtluft hinaus, und sie steigt mit vorsichtigen, bedachten Bewegungen in den Wagen. Sie schenkt mir die Andeutung eines schwachen, aber dankbaren Lächelns. In Windsor House helfen Lucy und ich ihr langsam die Treppe zu ihrem Zimmer hinauf. Ich schlafe neben ihrem Bett auf dem Boden. Am nächsten Morgen bringe ich ihr etwas Weiches zum Essen aus der Küche. Sie sieht mich mit sanften blauen Augen an und lässt sich von mir füttern wie ein kleines Vögelchen. Sie genießt das Rührei und den matschigen Toast. Am Vormittag gehe ich ins Caffe Strada, um mir einen Milchkaffee zu holen, und bringe ihr ein Muffin mit. Wieder spielen wir Vögelchen.

Sobald ich zu Hause bin, um mich umzuziehen, rufe ich Mama an: »Ich bin's, Mama. Es ist alles in Ordnung. Es geht ihr gut.«

»Was? Wem? Ilana? War sie krank?«

»Nein, Mama. Judy. Du weißt doch, sie hatte gestern eine Herzoperation.«

»Ach ja, stimmt. Nun, das ist schön. Dabei fällt mir wieder ein, was ich dir sagen wollte. Dr. Benton sagt, ich bräuchte schon wieder neue Blutdruckmedikamente. Ich kann es kaum glauben.«

»Ach, wirklich? Das ist sehr schade. Hör zu, ich sollte jetzt besser wieder zu Judy gehen. Wir sprechen uns am Sonntag, in Ordnung?«

Ich lege auf und packe langsam und bedächtig ein paar Zeitschriften ein, um sie Judy nach Windsor House zu bringen. Eine tiefe Traurigkeit lastet auf mir. Mama will Judy vergessen, und ich will, dass sie sich erinnert. Das ist wohl immer schon so gewesen – oder zumindest so lange ich denken kann. Mama denkt kaum noch an uns, Judy ist beinahe vollständig aus ihrem Gedächtnis gelöscht. Und ich versuche schon mein Leben lang, ihr alles recht zu machen, in der Hoffnung, sie würde uns beide in ihr Herz schließen.

Ich atme in meine verspannten Schultern hinein und sehe Judy und mich vor meinem geistigen Auge, nur uns beide, wie es immer war. Zwei Tage und zwei Nächte später kehrt Judys Lächeln langsam zurück. Sie streckt die Arme nach mir aus und hält mich lange Zeit in liebevoller Umarmung. Wir können uns wieder umarmen. Ich lege mich zu ihr aufs Bett.

Mit der Zeit können Lucy und ich sie dazu bewegen, wieder mit den anderen zu essen, und bald folgt sie ihrem gewohnten Tagesablauf in Windsor House: Sie kümmert sich wieder um das Licht und die Toiletten, genießt ihre Mahlzeiten, hilft beim Füttern der anderen Mitbewohner (und beim Essen), sitzt neben Paul und blättert in ihren Zeitschriften, zieht sich früh in ihr Zimmer zurück und lässt im Hintergrund den Fernseher laufen – den Ton braucht sie nicht. Der kleine weiße Bus kommt und fährt wieder. Judy winkt zum Abschied aus dem Wohnzimmer, sie winkt sogar Paul zum Abschied zu, aber sie hat nicht das geringste Interesse daran, das Haus zu verlassen oder ihren Platz auf dem Sofa zu räumen. Es scheint, als hätte sie ihr Leben bei Creative Growth vollständig aufgegeben.

Es gefällt ihr, dass Paul neben ihr sitzt, wenn er zu Hause ist, und sie hat wieder angefangen, die Tabletts beim Essen auf- und abzutragen. Sie kümmert sich regelmäßig um Jenny, die in ihrem Sessel und in ihrer Demenz verloren ist und nicht mehr selbstständig essen kann. Sie legt Bilderbücher für Aurelle bereit, wenn diese am späten Vormittag aus dem Kindergarten kommt. Dann klettert die Kleine auf ihren Schoß, und gemeinsam schauen sie Dutzende von Bilderbüchern an. Aurelle hilft beim Umblättern, bis sie von Judys Schoß rutscht und zu ihrer

Mama in die Küche läuft. Nach zwei Wochen dieser häuslichen Idylle und einigen Gesprächen mit Dr. Saba halte ich die Zeit für gekommen, dass Judy zu Creative Growth und dem Leben zurückkehrt, das sie liebt.

Leider teilt Judy diese Ansicht nicht. Stattdessen macht sie ihre Absichten dadurch deutlich, dass sie sich gar nicht mehr richtig anzieht. Ihr Leben in Windsor House findet jetzt in Bademantel und Hausschuhen statt. All die Gesten vom Autofahren und die Gebärden für Essen und Trinken, mit denen ich einen Ausflug vorschlage, fallen auf ohnehin schon taube Ohren. Sogar das Bild des IHOP-Restaurants, das ich mitbringe, verfehlt seine Wirkung.

Am Ende bitte ich Lucys Mann Joe, mir zu helfen und Judy mit dem Gamstragegriff zum Wagen zu bringen, damit ich sie zu Creative Growth fahren kann. Nachdem wir sie gegen ihren Willen in unseren alten Subaru gesteckt haben, sinkt sie auf dem Sitz zusammen und schaut so lange finster drein, bis sie den roten Backsteinbau und die kleinen weißen Busse sieht. Dann klatscht sie euphorisch in die Hände, geht glücklich mit mir ins Haus, reckt zustimmend beide Daumen nach oben und eilt nach hinten zu der unvollendeten Skulptur, die hinter ihrem Arbeitstisch auf sie wartet. Sie winkt mir begeistert zu und ist zurück bei der Arbeit an ihrer Skulptur und in ihrem Leben.

15

Ein Fisch in der Flasche

Aus meiner Handtasche dringt das gedämpfte Klingeln meines Handys. Ich wühle mich durch Schichten von Listen und Zetteln, auf denen ich meine Gedanken festhalte und zu Stein werden lasse. Gedanken, die wie Sedimente auf dem uralten Grund eines Sees liegen. Seit dem Fahrradunfall gleiche ich mein schlechtes Gedächtnis dadurch aus, dass ich Listen schreibe – und Listen von den Listen erstelle. Alles muss geplant, noch einmal durchgesehen und durchdacht werden. Ich bekomme das Telefon beim letzten Klingeln zu fassen und presse es verkehrt herum ans Ohr. Es ist Tom di Maria.

Er sagt, dass wieder einmal ein Filmteam käme, um bei Creative Growth zu drehen. Dieses Mal seien es renommierte, preisgekrönte spanische Filmemacher. Ich denke bei mir, dass es interessant wäre, diese Leute kennenzulernen, befürchte aber auch, dass ich mich unbehaglich und unzulänglich fühlen würde. Renommiert? Wahrscheinlich handelt es sich um elegante europäische Intellektuelle, unnahbar und herablassend. Ich kenne den Typ. Außerdem habe ich gar keine Zeit, wegen Judy und der Mädchen, wegen der Arbeit und meiner Autorengruppe.

Aber innerhalb einer Woche ruft Tom erneut an. Er sagt, die Filmemacher hätten stundenlang bei Creative Growth und dann in Windsor House gedreht, und sich dabei Hals über Kopf in Judy verliebt. Sie hätten das Gefühl, dass es ihnen allmählich gelänge, ihren Charakter auf Film zu bannen – die drollige Art, wie sie sich darüber lustig macht, wie wir vorgeben, jemand zu sein, der wir nicht sind; dass sie sich so auffallend kleidet und jeden Augenblick genießt. Sie würden sie jetzt noch gerne zu Hause mit der Familie filmen. Tom fragt, ob das Team übers Wochenende zu uns nach Dutch Flat kommen könne.

Es freut mich so sehr für Judy, dass ich sofort meine Zustimmung gebe. Aber nachdem ich aufgelegt habe, schießt eine Flut von Bedenken durch meinen Kopf. Wird der Platz ausreichen? Eigentlich ist unser Haus ja nur eine Hütte im Wald. Was soll ich kochen? Ich nehme unverzüglich ein Blatt Papier aus der Handtasche und lege ein paar neue Listen an.

Als ich Judy am Freitagabend in Windsor House abhole, spürt sie wohl irgendwie, dass etwas besonders Interessantes passieren wird. Sie hat nicht nur fertig gepackt und ist aufbruchsbereit, sie ist auch noch dramatischer und ausgefallener gekleidet als sonst. Sie trägt ihren kräftig lilafarbenen Hut, den sie dieses Mal noch mit Federn und zwei Schals geschmückt hat, die mehrmals um ihn herumgewickelt und miteinander verschlungen sind. Ihr Anblick erinnert mich an eine alternde Königin, die allein und trotzdem gebieterisch in ihrem stillen Palast herrscht. Sie gibt Paul noch schnell einen Kuss, umarmt Lucy, und dann brechen wir auf.

Auf der ganzen zweieinhalbstündigen Fahrt auf dem Highway nach Dutch Flat tätschle ich immer wieder beruhigend Judys Knie und drücke ihre Schulter, obwohl sie sich nicht die geringsten Sorgen macht. Die Einzige, die sich Sorgen macht, bin ich. Nachdem wir angekommen sind, Judy sorgfältig ausgepackt hat und mit ihren Zeitschriften im Bett steckt, bemüht sich John nach Kräften, mir meine Bedenken bei einem Glas Wein zu nehmen.

Das spanische Filmteam trifft genau in dem Augenblick an

der Hütte ein, als die frühe Morgensonne durch die Bäume bricht. Sie streben zu viert ins Haus hinein und meine Sorgen im gleichen Moment hinaus. Sie sind jung, herzlich, begeistert, und es besteht kein Zweifel daran, dass sie Judy wirklich mögen und gern hier bei uns im Wald sind. John, der sich im Filmbusiness auskennt, beobachtet mit professioneller Neugier, wie sie ihre Ausrüstung aufbauen.

Judy sitzt behaglich in ihrem Lehnstuhl, auf ihrem Thron, und sieht überrascht, wie die Filmleute hereinkommen. Sie steht auf, um sie zu begrüßen. Sie ist entzückt, sie wiederzusehen, und überschwänglich werden Umarmungen ausgetauscht. Nur Gemma spricht Englisch, aber alle sprechen eine Sprache, die Judy versteht – eine Sprache der Liebe. Judy ist es egal, ob sie Englisch, Spanisch oder Katalanisch sprechen. Ihre Sprache, die in ihrer Kunst und in verschwenderischen Gesten zum Ausdruck kommt, braucht keine Worte. Die Filmemacher sind bestens damit vertraut, und schon bald fließt das Haus über vor unbändiger, ansteckender Freude.

Sie filmen, wie Judy beim Kochen hilft, Karten spielt, noch mehr Schals umlegt. Dazwischen machen sie auch Aufnahmen und Interviews mit mir. Nach vielen Stunden intensiver Arbeit erklärt mir Gemma bei einer Tasse Kaffee, im Originaldrehbuch hätten vier verschiedene Kunstprogramme für Menschen mit Behinderung im Mittelpunkt gestanden und es seien Aufnahmen in vier verschiedenen Ländern vorgesehen gewesen. Creative Growth sei nur eines davon gewesen.

Sie sagt: »In der letzten Woche sind wir zu dem Schluss gekommen, dass Judy eine so starke Persönlichkeit ist, dass wir den ursprünglichen Plan für den Film ändern und uns gerne ausschließlich auf Judy und Creative Growth konzentrieren würden, wenn es Ihnen recht ist?« Ich nicke stumm, starre in meine Tasse und kann ein Lächeln nicht unterdrücken. Am liebsten würde ich die Arme um Gemma schlingen. Stattdessen schiebe ich ihr den Teller mit warmem Bananenbrot hinüber.

Abends, nach Abschluss der Dreharbeiten feiern wir Geburtstag. Eigentlich hat Judy an einem anderen Tag Geburtstag, aber niemand feiert lieber als sie. Und niemand hat es mehr verdient. Nachdem fast ihr ganzes Leben lang niemand Notiz von ihr genommen hat, sind wir an diesem Abend alle hier, um ihr Aufmerksamkeit zu schenken und sie zu feiern. Judy dirigiert, während wir singen und die Arme schwenken. Dann bläst sie die Kerzen auf ihrem Kuchen aus. Wir zünden sie noch einmal an, sie bläst sie wieder aus, und noch einmal – noch ein paar Mal – von vorn. Jedes Mal ist sie vor Freude ganz aus dem Häuschen. Sie ist die Dirigentin und dirigiert uns, während wir immer wieder »Happy Birthday« singen und sie entzückt in die Hände klatscht. Am Ende fallen wir nach einer wilden Kissenschlacht alle zusammen schallend lachend mit ihr aufs Bett.

Taylor ist zum zweiten Mal schwanger und mit ihrer Familie an den Fuß der Sierra Nevada gezogen. Der Ort ist über kurvenreiche Bergstraßen in nur einer Stunde von Dutch Flat zu erreichen. Die Schwangerschaft ist schwierig, und in den letzten vier Monaten verordnen ihr die Ärzte Bettruhe. Wenn ihr Mann Mark beruflich unterwegs ist, fahre ich mindestens einmal die Woche abends zu ihr, koche, leiste ihr Gesellschaft und kümmere mich um den inzwischen vierjährigen Forest.

Als nur vier Wochen zu früh die echten Wehen einsetzen, eile ich sofort zu Taylor und Mark ins Krankenhaus nach Auburn. Wieder fühle ich mich geehrt und gesegnet, dass ich bei der Geburt dabei sein darf. Sie ist – selbst für kalifornische New-Age-Verhältnisse – außergewöhnlich. In der Ecke spielt ein Freund auf seinem australischen Didgeridoo, dem Instrument der Aborigines, und erfüllt den Raum mit einem tiefen, fremdartigen Brummen.

Wir helfen Taylor mit Massagen durch die Wehen, bis sie aufsteht und zu tanzen beginnt. Endlich, nach dieser langen Zeit darf sie sich bewegen, und sie entscheidet sich zu tanzen. Das Didgeridoo spielt weiter, während sie ihre Wehenkreise zieht. Mark und ich umschlingen die Tanzende und bewegen uns mit ihr. Wir können spüren, wie dieses neue Leben zu uns auf die Welt drängt, und wir beginnen, in unserem Kreis zu schluchzen – es ist ein Kreis der Schluchzer, Umarmungen und des Sich-gesegnet-Fühlens. Hinterher ist für mich und meine einstmals verlorene Tochter nichts mehr, wie es einmal war. Die Wände, die uns trennten, ein stummes Vermächtnis unserer schmerzhaften Vergangenheit mit den vielen Jahren der Trennung und des Verlusts, sind verschwunden. Der kleine Sky kommt zur Welt, und wir heißen ihn in der Familie willkommen.

Auf der Rückfahrt nach Dutch Flat ertappe ich mich bei dem Gedanken an Judys und meine Geburt und an Mama und die vielen Schwierigkeiten, mit denen sie damals konfrontiert war. Judy war über ein Pfund schwerer gewesen als ich und zusammen mit Mama aus dem Krankenhaus entlassen worden. Ich musste noch zwei Wochen im Brutkasten bleiben. Mama hatte nichts über das Down-Syndrom oder die Muskelschwäche dieser Babys gewusst und ohne jede Unterstützung erfolglos versucht, Judy zu stillen. Als ich dann nach Hause kam, war ihr Milchfluss bereits versiegt, und plötzlich hatte sie zusätzlich noch mich zu versorgen – einen Säugling, den sie kaum kannte. Allmählich wird mir klarer, warum es ihr zu diesem Zeitpunkt schwer gefallen sein könnte, eine Verbindung zu mir aufzubauen.

Ich rufe sie an, um ihr von Skys Geburt zu erzählen und diese Überlegungen weiterzuführen. Sie freut sich über die

Geburt und das Baby. Dann fahre ich fort: »Ich habe darüber nachgedacht, wie schwer es für dich gewesen sein muss, mich im Krankenhaus zu lassen, Mama. Und als ich dann über zwei Wochen später plötzlich nach Hause kam, hattest du dich schon ganz gut an Judy gewöhnt, aber mich kanntest du noch gar nicht.«

»Weißt du, da hast du recht«, erwidert sie. »Ich habe ewig nicht mehr daran gedacht, aber du warst einfach ein zusätzliches Baby, das bei uns zu Hause auftauchte. Ich dachte nur daran, dass ich die doppelte Arbeit haben würde. Judy und ich hatten bereits unsere Routine, und ich weiß noch, dass ich mich fragte, ob du überhaupt unser Kind bist. Ich kannte dich einfach nicht. Aber du warst ein hübsches kleines Ding, das muss ich sagen. Dem Himmel sei Dank, dass Oma und Papa mitgeholfen haben, aber ich weiß wirklich nicht, wie wir das geschafft haben. Ich erinnere mich daran, dass Papa dir abends die Flasche gab und ich Judy die Flasche gab, und das ist so ziemlich alles, was ich noch weiß. Ich war so müde, so erschöpft.«

Der Genfer See glitzert in der hellen Frühlingssonne, als ich mit John und unserer Freundin Maureen, einer britischen Ärztin, in Lausanne eintreffe. Die Stadt in der Schweiz beherbergt die führende Sammlung der Art brut, und die Collection de l'Art Brut veranstaltet eine große Ausstellung zu Judys Werk. Auf der gemeinsamen Zugfahrt von Paris nach Lausanne unterhalten wir uns über Judys Kreativität und ihren Platz in der Welt der Kunst.

Ich beuge mich nach vorn und setze zum x-ten Male an, um Maureen die Art brut zu erklären. »Ihre Bedeutung«, wiederhole ich lauter als beabsichtigt, »liegt darin, dass sie ihrem Wesen nach unverdorben ist. Sie ist künstlerischer Ausdruck –

frei vom Wunsch nach Anerkennung, Erfolg oder Gewinnstreben, frei von dem Wunsch, etwas beweisen oder jemandem gefallen zu wollen, weder der eigenen Mutter noch dem Geliebten – niemandem, frei von all diesen Motiven. Diese Kunst«, fahre ich fort, »wird von Menschen am Rand der Gesellschaft gemacht und ist die Reaktion auf einen unbändigen, überwältigen Schöpferdrang. Sie entsteht nicht, um irgendjemanden zu beeindrucken oder irgendetwas zu beweisen. Sie ist reiner kreativer Ausdruck.«

Maureen nickt zustimmend, wie all die anderen Male, als ich es ihr erklärte. Ich schlüpfe aus den Schuhen, strecke die Beine aus und lege die Füße zu ihr auf die Bank. Dann setzen wir unsere Unterhaltung fort. Ist die Kreativität eine angeborene menschliche Eigenschaft, die uns in frühen Jahren in der Schule ausgetrieben wird? Maureen und ich sind dieser Ansicht. John legt seine Computerzeitschrift kurz weg, um unsere Argumente infrage zu stellen und leisen Widerspruch anzumelden: »Wenn die Kreativität tatsächlich eine angeborene Gnade wäre, ließe sie sich gewiss bestenfalls vorübergehend verleugnen und nicht gänzlich auslöschen.« Wir bringen seine Zweifel schnell zum Verstummen, während der Zug in den Bahnhof von Lausanne einfährt.

Bei unserer Ankunft werden wir von Museumsleiterin Lucienne Peiry herzlich begrüßt. Als Lucienne ihre maßgebliche Monographie über die Art brut verfasste, war Judys Werk noch unbekannt. Seither ist sie zu einer glühenden Verehrerin geworden und hat etliche von Judys Arbeiten für die Sammlung des Museums erworben.

Die Galerien sind wegen der Vorbereitungen auf die Eröffnungsfeierlichkeiten am Abend geschlossen. Lucienne bittet uns dennoch zu einer privaten Besichtigung der Ausstellung. Ein großer Teil des Gebäudes liegt im Dunkeln, und unsere Schritte hallen gespenstisch von den Wänden wider, während wir bedächtig von Raum zu Raum wandern. John und Maureen marschieren vorneweg, setzen ihre Unterhaltung fort, deuten mit dem Finger auf Objekte, stoßen Ausrufe aus und stupsen sich gegenseitig an, um die Aufmerksamkeit des jeweils anderen zu erlangen. Ich bleibe zurück. Ich werde von zwei Figuren angezogen, die von hauchzarten Fäden umhüllt und verbunden sind, beinahe wie Zwillinge. Ich will mit dieser Stille, mit der Ruhe und dem Zauber dieser Objekte allein sein, deren Schönheit und Schweigen zu mir spricht. Ich erkenne einige von Judys Skulpturen, Leihgaben von Creative Growth. Bei einigen Objekten aus der Sammlung des Museums kann ich mich allerdings nicht erinnern, sie schon einmal gesehen zu haben. Viele schweben an unsichtbaren Fäden im Raum und werden raffiniert von unsichtbaren Strahlern angeleuchtet, sodass die Besucher dazwischen hindurch und um sie herum gehen und jedes Objekt von allen Seiten betrachten können.

Die Größe und Qualität der Ausstellung sind überwältigend, und es raubt mir den Atem zu sehen, wie diese außerordentlichen Formen und Farben vor einer solchen Kulisse um Aufmerksamkeit wetteifern. Neben einigen von Judys Skulpturen wirkt sogar der hochgewachsene John ganz klein. Versunken in die stille Schönheit der Ausstellung und überwältigt von der großen Anerkennung für Judys Fantasie vergessen wir die Zeit, und mit einem Mal werden die Türen weit aufgestoßen und die offizielle Vernissage mit den Eröffnungsfeierlichkeiten beginnt.

Mit den Vertretern der Presse, den Fernsehteams und den anwesenden Besuchern ist das Museum bald zum Bersten gefüllt. Tom di Maria vertritt Creative Growth. John MacGregor ist einer der Redner und richtet in fließendem Französisch das Wort an die Anwesenden. Betsy Bayha ist mit ihrem Filmteam hier, um die Veranstaltung für ihr fortlaufendes Projekt *Outsider* aufzuzeichnen, das Judy als Künstlerin der Art brut begleitet. Es scheint, als sei alles, was in der Welt der Art brut Rang und Namen hat, zu dieser Eröffnung erschienen.

Wir sind neugierig, halten uns unauffällig im Hintergrund und beobachten mit wachsender Faszination die Freude, das Erstaunen und die Bewunderung der Besucher, die meist zum ersten Mal mit Judys Kunst in Berührung kommen. Besonders großes Entzücken bereitet uns der Ausdruck von Überraschung und Erstaunen auf den Gesichtern der Kinder, die durch diesen surrealen Dschungel aus überschwänglichen Formen und Farben wandern. Wir spitzen die Ohren, um den leisen, aber eindringlichen Kommentaren in über einem halben Dutzend Sprachen zu lauschen. Wie es scheint, lässt diese Ausstellung niemanden unberührt.

Als sich die Menge gegen Ende des Abends allmählich lichtet, hallt der Applaus weiter still in meinem Kopf wider. Nach dieser Veranstaltung kann wohl niemand mehr leugnen, dass Judy eine wichtige Person in der Kunstwelt ist. Nun, bei meiner Mutter bin ich mir da nicht so sicher. In gewisser Weise wünschte ich, Judy wäre selbst hier, und bin gleichzeitig froh, dass es ihr erspart geblieben ist. Sie hätte die Reise, die Menschenmengen und die Unterbrechung ihrer Arbeit gehasst. Die Aufregung und das Durcheinander wären für sie eine Qual gewesen. Dass sich die Menschen zu ihrer Arbeit hingezogen fühlen, ist für sie uninteressant.

Am nächsten Morgen rufe ich Mama von einer Telefonzelle vor dem Bahnhof in Cincinnati an. Ich kann es kaum erwarten, ihr alles über die neueste große Ausstellung und das wachsende Ansehen Judys zu erzählen. »Das ist schön, sehr schön«, sagt sie. »Ich hoffe nur, ihr habt schönes Wetter. Hier wird es allmählich richtig kalt. Ich habe tatsächlich schon den Kamelhaarmantel rausgeholt!«

Mir wird schwer ums Herz, und ich denke: Das war's. Ich gebe auf. Ich werde ihr nie wieder irgendetwas davon erzählen – und weiß doch ganz genau, dass ich es immer wieder versuchen werde.

Ein paar Monate später, als wir längst wieder in der Bay Area sind, treffe ich Tom di Maria zum Mittagessen. Wie immer, wenn ich bei Creative Growth vorbeischaue, gehe ich zuerst zu Judy und begrüße sie mit einer Umarmung. Wie üblich taucht dann Tom mit einer Pepsi Light für sie auf. Judy nimmt das erwartete Geschenk entgegen, nickt und scheucht uns mit einer Handbewegung davon. Sie hat zu arbeiten, und wir brechen auf.

Wir entscheiden uns für das vietnamesische Restaurant an der nächsten Ecke, wo die Fische ihre letzten Stunden damit verbringen, Bahnen durch das Aquarium im Fenster zu ziehen. Nachdem wir Platz genommen haben, beugt sich Tom aufgeregt nach vorne. Er kann einfach nicht mehr an sich halten. Mit breitem Lächeln beginnt er zu berichten: »Ich muss dir unbedingt erzählen, was letzten Freitag in New York passiert ist, Joyce. Ich habe in Harlem einen Vortrag über die Begabungen von Künstlern mit Behinderung gehalten und kann es kaum erwarten, dir zu sagen, was ein kleiner Junge gesagt hat. Es war ziemlich unglaublich, es war sogar absolut wundervoll.« Tom trinkt kurz einen Schluck Wasser und schildert dann seine Unterhaltung mit einer Gruppe von Kindern in der großen Aula einer Schule.

»Ich sprach gerade von Judy und ihren unglaublichen Skulpturen. Ich hatte ein paar von ihren Objekten und einige dieser großen Fotografien dabei, die Leon Borensztein für John MacGregors Buch gemacht hat. Ich habe ihnen auch noch ein wenig von ihrem Leben im Heim und den fünfunddreißig Jahren erzählt, bevor sie zu Creative Growth kam. Und dass sie, als sie diese Chance bekam, zu einer so dramatischen Künstlerin mit einem so enormen Schöpfungsdrang wurde.«

Er schwieg, trank noch einen Schluck Wasser und lachte übers ganze Gesicht. »Dann habe ich meine Zuhörer gefragt, was sie davon hielten. Ein kleiner Junge, der nicht weit rechts von mir saß, streckte ungeduldig die Hand nach oben, und ich rief ihn auf.

»Ein Fisch in der Flasche!«, brüllte er laut und deutlich.

Ich wusste nicht, was ich darauf sagen sollte. Ich hatte keine Ahnung, wovon er redete. Also fragte ich: ›Ich weiß nicht genau, was du damit meinst. Kannst du mir das ein wenig näher erklären?‹

›Na ja‹, sagte er, ›sie war ein Fisch, der in einer Flasche gefangen war, und jetzt kann sie frei herumschwimmen.‹ Tom hält einen Augenblick inne. »Bei seinen Worten schossen mir die Tränen in die Augen. Ich konnte kaum sprechen. Aber das ist es. Das ist die perfekte Metapher für Judys Leben, nicht wahr? Jetzt kann sie frei herumschwimmen.«

Ich nicke stumm, denn auch ich habe Tränen in den Augen.

Tom bestellt einen weiteren Eiskaffee, ich nippe an meinem fast noch vollen Glas und lasse mit kleinen Bewegungen die Eiswürfel im Glas kreisen, während wir uns über die Neuigkeiten rund um Judys Skulpturen unterhalten. Endlich nimmt er einen Bissen von seinen Nudeln, die inzwischen kalt geworden sind, dann gibt er mir eine Zusammenfassung des weltweit wachsenden Interesses an Judys Kunst. Er sagt, in den nächsten zwei Monaten fänden sowohl in Japan als auch in Frankreich Einzelausstellungen statt, gefolgt von einer Ausstellung in New York und einer weiteren im American Visionary Art Museum in Baltimore im nächsten Frühjahr. »Wir bekommen jede Woche mehrere Anrufe von Zeitungen und Zeitschriften aus aller Welt«, sagt Tom, und fügt hinzu: »Ich weiß, dass du mit den Leuten von *Reader's Digest* wegen ihres Artikels über Judy in Kontakt stehst, aber jetzt macht auch die *New York Times* noch eine Doppelseite über sie. Außerdem, und das ist schrecklich aufregend, wollen Peter Jennings und ABC sie nächsten Monat als ›Person of the Week‹ (dt. ›Mensch der Woche‹) vorstellen. Ist das nicht unglaublich? Unsere Judy!«

Ich betrachte sein Gesicht, nur ein schneller Blick, dann sehe ich wieder nach unten. Ich nehme die Essstäbchen vom Teller, arrangiere sie zu einem »V«, lege sie daneben, drehe sie um und frage mich, ob es wirklich wahr sein kann.

Wie wunderbar, dass Judy all das gar nicht mitbekommt und es ihr auch nichts bedeutet. Ihr liegt viel mehr daran, eine neue Zeitschrift zu finden, als berühmt zu sein. Wie schön, dass der Mensch, der sie besucht und dem sie die Hand zu reichen beschließt, der Autor der *New York Times* oder die Putzfrau im Hinterzimmer sein kann – oder gar Peter Jennings selbst. Judy interessiert nur das Herz des Betreffenden – nicht mehr und nicht weniger. Alles andere ist ihr egal.

16

Eine lautlose Symphonie

Judy sitzt in Windsor House in ihrem Bett. Im Zimmer ist es fast dunkel. Die Bettdecke liegt ordentlich über ihren Knien und zurückgeschlagen über ihrem Schoß, wo eine aufgeblätterte Zeitschrift liegt. Ein ordentlicher Stapel weiterer Zeitschriften lehnt neben ihr an der Wand. Sie blättert langsam und vorsichtig um. Es ist still. Es ist immer still in Judys Welt, aber jetzt bewegt sich nichts und niemand, weder ihre Freunde und Mitbewohner, noch irgendetwas auf dem Fernsehbildschirm. Nur ihre Finger und die Seiten. Selbst bei diesem schwachen Licht scheint sie die Farben zu lieben. Sie streichelt die Seiten mit ihren Lieblingsbildern, berührt und liebkost die Formen, die sie interessieren. Ich stelle mir vor, dass sie sich heute Nacht in ihren Träumen und morgen bei ihrer Arbeit daran erinnern wird, wenn sie mit ihrer Skulptur eine neue Form zum Leben erweckt – mit den Farben, die sie in diesem Augenblick umgeben, und den Farben einer längst vergangenen Kindheit.

Judy hebt den Blick und merkt, dass ich sie beobachte. Sie lächelt und breitet für einen letzten Moment der Nähe die Arme aus. Wie kurz ein Besuch auch ausfällt, immer kommt es mir vor, als würde ich an meiner ganz persönlichen Tankstelle auftanken. Diese Umarmung umfängt und erfüllt mich mehr als alles andere. Es scheint, als wären wir einerseits anders und andererseits noch genauso wie mit fünf oder mit dreißig Jahren.

Wir sind durch ein Band aus Sehnsucht und durch Erinnerungen verbunden, die so tief gehen, dass sie erst nach Jahren an die Oberfläche dringen. Andere Erinnerungen bleiben in unserem massiven Kern verborgen – düstere Erinnerungen, strahlende Erinnerungen, geheime Schätze wie im Inneren von Judys Skulpturen, die zu tief liegen, um je geborgen und in Worte gefasst zu werden, die zu schwer sind, um je an die Oberfläche zu steigen. Ich entferne mich von ihrem Bett. Wir winken uns mit jedem Finger einzeln zu, um einander eine gute Nacht zu wünschen, und ich schließe lautlos die Tür.

Am Morgen darf ich Judy zu Creative Growth bringen, obwohl sie normalerweise den kleinen weißen Bus und ihren Platz neben Paul vorzieht. Wir gehen durch die Galerie ins Studio, und Judy lässt sich Zeit, um die Exponate im Gang zu bewundern. Sie bleibt vor einem Bild stehen, das ihr besonders gefällt. Es stammt von Regina. Ich habe den Eindruck, als hätte Regina seit damals, als sie bei Mrs Robinson zusammen im Halbdunkel auf dem Sofa gesessen hatten, einen besonderen Platz in ihrem Herzen.

Im Studio setze ich mich ein wenig abseits und bemühe mich, ihr Raum zu geben, während ich ihr bei der Arbeit zusehe. Was sie wohl als Nächstes tun wird? Das Objekt ist jetzt schon riesengroß. Es scheint unmöglich, noch mehr hinzuzufügen – und doch tut sie es. Sie schiebt etwas mitten hindurch, das wie ein Stück Altmetall aussieht, dann wickelt sie weiter.

Es ist zu einem unbezwingbaren Ungetüm geworden, im Gegensatz zu einigen anderen Skulpturen, die so zierlich und elegant sind wie ein Abendtäschchen. Die Farben sind immer wieder anders – mal dezente Kombinationen aus gedeckten Tönen, mal eine wilde Regenbogenmischung –, aber sie werden stets mit großer Entschiedenheit und ohne Zögern angeordnet und gemischt. Judy wählt die nächste Farbe. Sie weiß ohne jeden Zweifel, wo sie hingehört, und beginnt damit, sie in vollkommener Perfektion einzuweben. Wie bei Michelangelo hat es den Anschein, als erlaube sie dem Objekt, zu ihr zu sprechen und ihr zu sagen, was wo hinzuzufügen sei – aber niemals, wo sie etwas wegnehmen soll. Ihre Hände bewegen sich geschickt und ohne Pause. Sie arbeitet mit einer absoluten, von einer tiefen inneren Vision geleiteten Gewissheit.

Ich werde oft daran erinnert, wie der bei Creative Growth angestellte Künstler Stan Peterson zwei Vorfälle schilderte, die sich vor Kurzem ereignet haben und die meiner Ansicht nach Judys absolute Hingabe und ihre völlige Versunkenheit in ihren kreativen Prozess wunderbar wiedergeben. Er schrieb:

> Judy sitzt an ihrem Tisch, einen Wust aus bunt gewickelten Garnen und Stoffen vor sich. In der rechten Hand hält sie eine große Nadel und Garn und streckt den Arm so weit es geht. Mit der linken drückt sie leicht auf die asymmetrische Form aus knotigen Stichen, die vor ihr heranwächst. Sie zieht den Nähfaden straff, um ihn anschließend erneut unter dem haltenden Netz hindurchzuschlingen. Der Wust wird immer größer und mit Stichen zusammengenäht.
>
> Unterdessen legt ein Filmteam Schienen für Fahrten mit dem Kamerawagen auf dem Boden des Studios aus. Die BBC ist bei Creative Growth, um einen Beitrag über Judy und ihre außergewöhnlichen Textilskulpturen zu drehen.
>
> Die Tontechniker stellen ein großes Stativ auf und bringen eine Tonangel über Judys Kopf in Position. Sie bemerkt das große, schwarze, fluffige Mikrofon gar nicht, das über ihr hängt. Sie macht einfach weiter, spannt den Faden, setzt den nächsten Stich. Manchmal hebt sie – ganz in Schwarz gekleidet – den Blick und betrachtet diesen neuen Tumult, lächelt kurz und gackert leise.

Gehörlos und verschlossen wie sie ist, könnte sie auf einem goldenen Ei sitzen.

Jetzt fährt die Kamera auf den Schienen von den vorderen Studiofenstern zu Judys Arbeitstisch im hinteren Teil des Raums. Dieser lange, geschmeidige Schwenk ist eine Aufnahmetechnik, die zum ersten Mal bei Creative Growth zum Einsatz kommt, wo üblicherweise mit Handkameras gefilmt wird oder große Stative neben Judy aufgestellt werden.

Die Kamera zoomt näher heran und verharrt doch in respektvoller Entfernung. Die anderen arbeitenden Künstler, mehr als achtzig an der Zahl, sind weitgehend mit ihren eigenen künstlerischen Prozessen und ihren Zeichnungen, Malereien, Ton- oder Holzarbeiten beschäftigt. Aber für einige von ihnen ist das Ereignis wie eine Sendung im Tagesfernsehen. Judy rührt sich nicht.

Das Filmteam ist schon den ganzen Vormittag da, und sie ist erst einmal aufgestanden, um zur Toilette zu gehen. Die Filmleute sind in ihre Welt eingedrungen ganz ähnlich wie Safari-Busse in den Lebensraum wilder Tiere. Wie Letztere ignoriert Judy die auf sie gerichteten Kameraobjektive vollkommen.

Am nächsten Morgen löst der Studiomanager einen Probealarm aus. Das ganze Gebäude muss geräumt werden. Während die Zeit gestoppt wird, müssen alle Schüler und Mitarbeiter das Haus durch die Vordertür verlassen und sich an der nächsten Straßenecke sammeln. Doch wo ist Judy?

Zwei Mitarbeiter eilen ins Haus zurück, um sie von ihrem Arbeitstisch zu holen. Sie ist gerade dabei, gelbes und rotes Garn um die schwarze Masse einer riesengroßen Skulptur zu wickeln, die inzwischen so schwer ist, dass sie das Objekt nicht mehr selbst bewegen kann. Die

> Lehrer teilen ihr mit Gesten mit, dass sie »aufstehen« und »zur Tür hinausgehen« soll und rufen so laut sie können: »Feuer, Feuer!« Es wird versucht, mit den Fingern das Aufsteigen imaginären Rauchs darzustellen. Judy sieht hoch, lächelt leicht, tätschelt ihre Skulptur, gluckst leise und arbeitet weiter. Wenn es wirklich brennen würde, würde sie hoffentlich mitkommen – aber vielleicht auch nicht.

Was sich wohl im Inneren dieses riesigen Objekts befindet, das sie gerade erschafft? Für mich ist das größte Rätsel der geheime Talisman, den sie so oft im Kern, im Herzen ihrer Arbeiten verbirgt. Es kann sich um eine Blume, einen Stein, eine bunte Perle und manchmal auch ein sorgfältig gekennzeichnetes und gefaltetes Stück Papier handeln. Ich kann nicht umhin, mich zu fragen: »Wer ist diese Person, die da unter uns lebt? Warum ist sie hier, was soll sie uns mitteilen?«

Die Reaktionen auf Judys Skulpturen können emotional ausfallen und sehr tief gehen. Benedetto Croce ist einer der Menschen, die ihr Zauber berührt. Er ist von Geburt an gehörlos, leitet ein Museum in Rom und lebt als Künstler wie Judy in einer Welt der Stille. Als er einen Film sieht, der sie bei der Arbeit zeigt, und ihre Hände liebevoll die Fäden liebkosen, die sie ineinander verschlingt, um ihrer inneren Vision Gestalt zu verleihen lassen, füllen sich seine Augen mit Tränen. Er sieht mehr darin als die Entstehung eines schönen Kunstwerks und teilt in Gebärdensprache mit: »Sie komponiert eine lautlose Symphonie, und wenn sie die Fäden miteinander verschlingt, zupfen ihre Hände daran wie an den Saiten einer stummen Harfe.«

In Windsor House ist Judy dank Lucys Geduld und meiner Ungeduld fertig angekleidet – bis auf die Schuhe, die anzuziehen sie sich weigert. Es war nicht einfach. Es ist schon Abend, und Judy weiß, dass jetzt Zeit zum Abendessen und gewiss nicht die Zeit ist, sich anzuziehen und aus dem Haus zu gehen.

Wir sollen sie zur Eröffnung einer ungewöhnlichen Ausstellung ihrer Skulpturen bringen, und sind schon spät dran. Zum ersten Mal wird Judy ihre Werke nicht bei Creative Growth, sondern in anderen Ausstellungsräumen sehen. Ich hoffe sowohl freudig als auch nervös, dass sie die Erfahrung genießen wird. Ich hoffe, dass sie ihre Freude daran haben wird zu sehen, wie andere sich an ihrer Kunst erfreuen. Aber ich weiß, es könnte ihr genauso gut egal sein.

Ich habe einen Plan mit unserer gemeinsamen Freundin Bette geschmiedet, die jetzt am Fuß der Treppe wartet – bereit, Judy mit einer solchen Freude und Begeisterung zu überwältigen, dass sie sich in den Wagen locken lässt. Aber als wir die Treppe hinuntergehen, kann Judy sie sehen. Sie erkennt, dass dies eine Falle ist, und lässt uns einfach stehen. Sie will sich nicht überwältigen lassen und biegt scharf ins Wohnzimmer ab, wo gerade das Abendessen begonnen hat.

Wir warten. Erst, nachdem sie aufgegessen hat und der Teller absolut leer ist, lässt sie sich widerwillig von uns über die Verandatreppe nach unten zum Wagen bringen. Statt einzusteigen, biegt sie jedoch erneut scharf rechts ab und marschiert, die Zeitschriften fest umklammert, auf dem Gehweg die Straße entlang – wer weiß wohin. Schnell starte ich den Wagen und fahre los, um sie zu überholen. Ich biege in eine Einfahrt, öffne im richtigen Augenblick die Wagentür und kann ihr so den Weg abschneiden. Wir haben sie in die Enge getrieben. Widerstrebend akzeptiert sie ihre Niederlage und steigt ein. Bette sitzt direkt hinter ihr.

Auf dem Weg zu Ilana beginnt Judy demonstrativ zu husten, und als wir die Bay Bridge nach San Francisco überqueren, simuliert sie eine Art lebensbedrohlichen Anfall. Sie ist sehr überzeugend. Sie tut, als müsse sie sich übergeben, und wirft mir ab und an einen flüchtigen Blick zu, um die Wirkung abzuschätzen. Als wir unser Ziel erreichen, ist sie noch immer ganz in ihrem Drama gefangen.

Wir finden einen Parkplatz hinter dem Exploratorium, einem weltberühmten interaktiven Museum der Naturwissenschaften, der Künste und der Wahrnehmung. An diesem Abend wird eine neue Ausstellung mit dem Titel *What Did We Learn?* (dt. »Was haben wir gelernt?«) eröffnet, die Judys Werke zeigt. Es ist wichtig, dass sie dabei ist, und die Presse wartet schon. Ilana und Bette sind bereits vorausgegangen, aber wir beide sitzen noch auf dem Parkplatz im Wagen, und Judy weigert sich hartnäckig auszusteigen. Die üblichen Bestechungsversuche versagen – sogar als Tom ihr ganz fantastische Geschenke bringt, eine Perücke und Bänder von einem Pärchen aus New Mexico, das Judys Kunst sehr bewundert. Schließlich kehrt Tom zur Ausstellung zurück und ich bleibe mit Judy im Wagen.

Während ich warte, werde ich immer ärgerlicher und missmutiger. Ich betrachte das unerbittliche, sture Persönchen neben mir und werfe ihr meinen finstersten Blick zu. »Wie kommt es«, frage ich mich, »dass sie in einer Situation, die sie nicht versteht, die absolute Kontrolle hat?« Ich biete ihr eine Zeitschrift an. Mittlerweile bin ich richtig wütend. Und dann tue ich etwas, das ich noch nie getan habe. Ich schnappe mir ihren ganzen Zeitschriftenstapel, marschiere um den Wagen herum zu ihrer Seite, reiße die Tür auf und bedeute ihr energisch auszusteigen – sofort! Hoch erhobenen Hauptes erhebt sie sich wie eine Königin von ihrem Sitz, steigt langsam aus dem Wagen und holt sich ihre Zeitschriften von mir zurück. Anschließend läuft sie auf das Gebäude zu, als ob das schon immer ihre Absicht gewesen wäre. Judy ist jetzt vollkommen gefasst und äußerst entgegenkommend, ja sogar bester Laune und schreitet gebieterisch ins Museum. Ich laufe hinterher. Im Gebäude nehmen die Exponate sie sofort gefangen. Sie betrachtet jedes einzelne ganz genau und entschließt sich erst ein wenig später dazu, die Galerien mit ihren Skulpturen zu betreten.

Im ersten der drei Räume sind Exemplare ihrer Arbeit ausgestellt, die sie schnell und mit augenscheinlichem Entzücken begrüßt. Sie schiebt ihr Gesicht ganz nah an die Objekte heran, um sie zu mustern, tritt dann zurück, winkt zur Begrüßung und zum Abschied und wirft ihnen ein paar Küsse zu. Die Scharen von Menschen um sie herum, die sie ebenfalls betrachten, nimmt sie gar nicht wahr. Im ganzen Raum gibt es nirgends Informationen über die Objekte oder den Künstler.

Im zweiten Raum werden die Besucher aufgefordert zu notieren, wie die Stücke auf sie wirken und wie sie sie interpretieren. Dabei müssen sie auch konkrete Fragen beantworten wie: »Wie würden Sie diese Kunst bezeichnen?« »Wer könnte Ihrer Meinung nach der Künstler sein?«

Einige vermuten hinter den Objekten Stammeskunst aus entlegenen Winkeln der Erde, andere halten sie für altägyptische Relikte. Wieder andere sind sich sicher, es mit Totemfiguren amerikanischer Ureinwohner zu tun zu haben. Die Bandbreite der Vorschläge ist enorm, aber niemand kommt auf die richtige Lösung. Erst im letzten Raum, wo Judy auf einem Bildschirm bei der Arbeit zu sehen ist, wird verraten, dass dies die Arbeiten einer gehörlosen Künstlerin mit Down-Syndrom sind.

Judy ist fasziniert von ihren Objekten, aber weniger erpicht darauf, sich auf dem Bildschirm zu betrachten. Sie zieht es vor, sich ein Plätzchen zu suchen, wo sie sich hinsetzen und ausruhen kann. Sie entdeckt den freien Stuhl eines Museumsaufseher und schnürt mehrmals ihre Schuhe. Dann klopft sie sich auf den Mund und sieht mich erwartungsvoll an. Zeit, einen Happen zu essen.

Wir gehen in die Eingangshalle, wo ein Tisch mit Getränken und Häppchen steht. Wir setzen uns auf die Metallklappstühle an der Seite, und ich hole Judy ein paar Scheiben Käse und einige Kirschtomaten. Sie isst kaum etwas davon, offensichtlich ist sie müde. Abwesend betrachten wir den steten Strom von Besuchern, aber von Ilana oder Bette fehlt jede Spur. Ich suche sie überall. Judy schnürt noch einmal die Schuhe und beschließt mit einem Mal, dass sie genug von all dem hat und nach Hause will. Mit einem markerschütternden Schrei, den nur sie selbst nicht hören kann, tut sie kund, dass der Abend vorüber ist. Zum Glück machen mir die Blicke anderer Leute schon lange nichts mehr aus. Ich stehe auf, presse instinktiv einen Finger auf die Lippen – was Judy herzlich egal ist – und helfe ihr in den Mantel, während sie ihre Zeitschriften einsammelt. Ich bitte einen der Museumsaufseher, Bette und Ilana zu suchen und ihnen auszurichten, dass sie so schnell wie möglich zu uns nach draußen kommen sollen. Ich bringe Judy zum Wagen, und wir warten und warten und warten. Judy wirft mir einen ihrer unmissverständlichen, vorwurfsvollen Blicke zu und beginnt erneut, ihre Schuhe zu schnüren. Ich bin aufgebracht und sehe mich schließlich gezwungen, noch einmal hineinzugehen und nach den beiden zu suchen, dabei sperre ich Judy kurz in den Wagen. Während ich das Museum durchkämme, kommt Tom heraus und entdeckt, dass Judy kräftig auf die Hupe drückt. Ich schäme mich dafür, sie allein gelassen zu haben. Endlich tauchen Ilana und Bette auf. Ich funkle sie böse an. Während Ilana, Bette und Judy die ganze Heimfahrt über auf der Rückbank zusammengequetscht kichern und lachen, schäume ich vor Wut und murmle beim Fahren vor mich hin.

Später am Abend sitze ich bei Judy auf dem Bett, und sie

blättert von hinten nach vorne durch eine Zeitschrift. Von Zeit zu Zeit wirft sie einen Blick zum Fernseher, aber meist hält sie eine Hand vor mein Gesicht, damit ich in die Handfläche summe. Sie trägt einen braunen Hut mit einer quietschbunten Blume, eine Kette und ihren hübschen rosafarbenen Bademantel. Ihre Pflanzen sehen gut aus und ihre Vorhänge sind in der Mitte geknotet. Unter ihrem Hut trägt sie einen schönen roten Schal, den sie gerade neu arrangiert. Im Rücken hat sie das neue Löwenkissen, das ich ihr letzten Monat geschenkt habe. Ich fange an zu erzählen, wie anstrengend dieser Abend gewesen ist, aber Judy macht eine wegwerfende Handbewegung in meine Richtung, als wollte sie sagen: »Du hast ja keine Ahnung, wovon du redest.« Da könnte etwas dran sein.

Mit Judys wachsender Berühmtheit und unserer Wiedervereinigung, die nun schon fast zwanzig Jahre währt, erkenne ich immer deutlicher, wie die Zeit unser Leben und unseren Charakter verändert hat. Judy hat uns alle sehr stark geprägt – vor allem die Mädchen, unsere Mutter und mich.

Ich werde mir bewusst, dass sich die Beziehung zu Mama entspannt hat. Seit Judy und ich wieder zueinandergefunden haben, fühle ich mich nicht mehr von unserer Mutter dominiert. Ich habe angefangen, die Vergangenheit loszulassen und mein Denken von Verbitterung und Verurteilung zu befreien, ihr zu vergeben und sie so zu nehmen, wie sie ist. Ich entwickle allmählich Verständnis für die schreckliche Last des Verlusts, die sie schon so lange mit sich herumträgt. Nicht nur für den Verlust selbst, sondern auch für ihre Scham und ihre Verlegenheit, für die vermeintliche Schuld, die sie zum einen wegen Judys Behinderung und zum anderen deshalb empfand, weil sie sie fortgegeben hat. Damals hatte sie keine Wahl – ebenso wenig wie ich, als die Familie und der gesellschaftliche Druck mich zwangen, Anna zur Adoption freizugeben. Wie James Trent, der Mitherausgeber des Buches *Inventing the Feeble Mind*, schrieb, galt in den 1940er-Jahren: »Wenn jemand in der Familie behindert war, wurde dies mit Laster, Sittenlosigkeit, Versagen, schlechtem Blut und Dummheit in Verbindung gebracht. Wenn man diesen Menschen in einer öffentlichen Anstalt unterbrachte, wurde dies mit der Unterschicht in Verbindung gebracht.« Kein Wunder, dass Mama, die so schrecklich viel Wert auf die Meinung anderer legte, zutiefst beschämt war.

Inzwischen telefonieren Mama und ich beinahe täglich und kommen uns immer näher. Darüber hinaus verbringen wir mindestens zwei Mal im Jahr ein paar Tage miteinander, meist allein in ihrer Wohnung, Seite an Seite. Hier, ohne die alten Hürden, haben wir Zeit, um tief verborgene Erinnerungen und noch tiefer verborgene Geheimnisse auszutauschen. Sie sitzt in dem weichen roten Sessel, ich unmittelbar neben ihr auf dem Sofa. Wir haben die Füße hochgelegt und wärmen die Hände an einer Tasse Tee. Wir unterhalten uns über Judy – was wir in all den Jahren davor nur selten getan haben.

Mama sagt: »Ich weiß nicht, es fällt mir schwer, das überhaupt zuzugeben. Ich glaube auch nicht, dass du etwas davon mitbekommen hast, aber als du in die Schule kamst, wusste ich einfach nichts mit ihr anzufangen. Sie wanderte wie eine verlorene Seele im Haus herum und suchte nach dir, das arme kleine Ding. Ich wusste einfach nicht, was ich machen sollte. Ich sage das sehr ungern, aber hin und wieder habe ich sie einfach in dein Zimmer gesperrt, bis du nach Hause kamst. Wahrscheinlich habe ich es sogar ziemlich oft so gemacht. Es war ein Albtraum. Ich fühle mich deswegen auch heute noch schrecklich.«

»Es ist einfach so traurig, dass du keinerlei Unterstützung hattest, Mama, dass dir niemand geholfen hat. Es ist so traurig wegen Judy, aber auch wegen dir.«

»Ich weiß es, ich weiß es.« Sie seufzt tief und zieht das rote Kissen, das neben ihr liegt, näher an sich heran. »Und als sie dann getestet wurde, hat man uns gesagt, dass sie nicht zur Schule gehen, nie etwas lernen könne … gar nichts … und auch Reverend Baron und Dr. Cronin sagten, uns würde nichts anderes übrig bleiben, als sie in dieses Heim in Columbus zu geben. Sie einfach so wegzugeben, ich weiß nicht …«

Sie starrt in ihre Tasse, als ob von dort eine andere Vergangenheit an die Oberfläche steigen und ihr andere, weniger schmerzliche Erinnerungen bescheren könnte.

Ich lege eine Hand auf ihr Knie. »Diese Entscheidung muss furchtbar gewesen sein. Aber vergiss nicht, dass du Judy behalten hast, dass du versucht hast, sie zu behalten, und dass die meisten Eltern ihre Kinder damals sofort in ein Heim gegeben haben. Aber du hast das nicht getan. Du hast es versucht.«

Sie hält die Tränen zurück. »Ja, das haben wir. Wir haben es versucht. Die Sache hätte deinen Vater fast umgebracht.«

Im Stillen denke ich: Nein, ich bin mir ziemlich sicher, sie hat ihn tatsächlich umgebracht.

Wir schweigen.

Dann drückt sie sich langsam aus dem Sessel hoch und sagt: »Ich möchte jetzt einen heißen Tee, nicht dieses lauwarme Zeug. Du auch? Lass uns weiter Scrabble spielen.«

Ab und zu erwähne ich, dass Judy jetzt eine berühmte Künstlerin ist, aber ich vermute, dass Mama mir nicht glaubt. Die Geschichte, die man ihr erzählt hat und an die sie sich klammert, dass Judy stark zurückgeblieben sei, macht es ihr unmöglich, ihre Wahrnehmung zu ändern. Ich schenke ihr ein Exemplar des Buches von John MacGregor, aber ich glaube nicht, dass sie auch nur eine Zeile davon gelesen hat. So bleibt ihr verborgen, dass MacGregor Judys künstlerisches Werk mit dem von Sir Henry Moore vergleicht und andere Anflüge von Picasso darin entdecken.

Wenn ich von Judys Kunst spreche, sagt sie meist nur: »Das ist schön«, und wechselt das Thema. Aber ich spüre, dass ihre Einstellung sich allmählich ändert. Wenn wir uns unterhalten, erkundigt sie sich inzwischen manchmal sogar nach Judy – was sie früher nie getan hat. Tauwetter hat eingesetzt.

Eines Tages erwähne ich Mama gegenüber, dass die Zeitschrift *Reader's Digest* einen Artikel über Judy bringen will. Ich weiß, dass das für sie und ihre Freundinnen eine Bedeutung hat. Wie sich herausstellt, ist es ein sehr mitfühlender Artikel, der betont, in was für einer schmerzlichen und unmöglichen Situation sich Mama vor so vielen Jahren befunden hatte. Sobald die Zeitschrift erscheint, bestelle ich eine Ausgabe in Großdruck und nehme sie mit nach Cincinnati, um sie ihr persönlich zu überreichen. Ich hoffe, dass Mama spürt, wenn *Reader's Digest* verständnisvoll über ihre unmögliche Lage berichtet und Millionen von Menschen die Zeitschrift lesen, wird die Welt verstehen, dass sie ihr Bestes getan hat, und sie wird von der Schuld und der Scham erlöst, die sie schon so lange mit sich herumschleppt.

Mama ist von dem Artikel begeistert. Die Anerkennung für Judy und das Mitgefühl für ihre Situation ermöglichen es ihr, einerseits stolz auf Judy zu sein und sich andererseits verstanden zu fühlen. Scham, Schuld und die beinahe verheimlichte Tochter verwandeln sich in öffentliche Anerkennung. Endlich kann sie die Bürde ablegen, die sie seit sechzig Jahren schweigend trägt. Mit diesem Gefühl der Akzeptanz kommt Heilung.

Bei meinem nächsten Besuch entdecke ich beim Betreten der Wohnung verblüfft an exponierter Stelle auf der Kommode ein großes Foto von Judy und mir, das Lilia gemacht und ihr geschickt hat. Noch nie in unserem ganzen Leben war irgendwo in Mutters Haus ein Bild von uns zu sehen gewesen.

Mama hat den Artikel aus dem *Reader's-Digest*-Heft jetzt immer bei sich – im Speiseraum, beim Friseur, auf der Bank und natürlich bei ihren Bridge-Runden. Wenn sie Aufzug fährt, liegt er für jedermann sichtbar in ihrem Rollator. Und sollte es jemand versäumen, nach dem Artikel zu fragen, versäumt sie es umgekehrt niemals, davon zu berichten. Als ich ein paar Monate später wiederkomme, gibt es in dem ganzen Seniorenheim mit zweihundertachtzig Personen niemanden mehr, der nicht alles über Judy – und sogar ein wenig über mich – weiß.

17

Ganz in Schwarz

Ich erzähle dies so, wie es sich zugetragen hat, und beim Erzählen kommen die Gedanken nicht einer nach dem anderen, wie es sich für Sätze gehört. Sie sind wie ein Meer von Fragmenten, werden willkürlich von überall angespült: aus meinem Kopf, von Judy und von einem unbekannten Ort tief in meinem Inneren.

Ich komme gerade vom Flughafen, weil ich John zum Flieger nach Frankreich gebracht und anschließend beschlossen habe, bei Creative Growth vorbeizufahren. Ich beobachte, wie Judy ihre neueste Skulptur mit der gleichen Aufmerksamkeit und Sorgfalt umwickelt und verschnürt wie immer. Aber dieses Objekt ist anders, ganz anders. Es ist ohne jede Farbe, tiefschwarz. Ich bin verwirrt. Ihr ganzes bisheriges Werk, all ihre anderen Stücke sind lebendig, erstrahlen in leuchtenden Farben. Manche Menschen hören Klänge, aber ich habe den Eindruck, dass Judy Farben hört und in Farbe hört. Aber diese Skulptur hat keine.

Als ich in Windsor House eintreffe, um sie zu unserem Wochenendausflug abzuholen, wirft Judy sich in meine Arme. Anschließend dreht sie sich um und nimmt den Zeitschriftenstapel, der neben ihr auf dem Sofa liegt. Sie überreicht ihn mir mit einem Klaps auf die Wange und einem – wie es scheint – Abschiedsklaps auf die Zeitschriften. Sie gibt mir ihre Zeitschriften? Alle ihre Zeitschriften? Ich weiß nicht, was ich davon halten soll. Nun, vielleicht soll ich sie für sie tragen, aber das war auch noch nie da. Ich küsse sie auf beide Wangen und mache die Geste für »Danke«. Sie tut es mir nach. Wieder weiß ich nicht, was sie damit meint. Ist diese Geste Ausdruck ihrer grenzenlosen Dankbarkeit für unsere Liebe – die gleiche grenzenlose Dankbarkeit, die auch ich empfinde – oder macht sie lediglich die Handbewegung nach? So oder so empfinde ich es als weiteren Ausdruck unserer lebenslangen Liebe.

Ich gehe zur Treppe, um anzudeuten, dass wir für ihr Wochenende in Dutch Flat packen müssen, unser übliches Muster. Sie hingegen zeigt zum Flur und bedeutet mir, zur Tür zu gehen. Ich folge. Auf der Kommode neben der Eingangstür steht die bunte Reisetasche aus Bali – fertig gepackt. Das ist ungewöhnlich. Wusste sie, dass wir an diesem Wochenende fahren würden? Woher wusste sie es? Und wie kommt es, dass sie dieses Mal schon startbereit ist?

Paul ist nebenan, gleich auf der anderen Seite der Wand, und wir marschieren um die Ecke, um ihm zuzuwinken. Mit der Tasche in der Hand geht Judy zu ihm und drückt einen dicken Kuss auf beide runzeligen Wangen. Was für ein glücklicher Mann er doch ist. Es steckt sehr viel Liebe in diesen Küssen.

Ich reiche Judy die Zeitschriften, als sie auf dem Beifahrersitz unseres alten, ramponierten Subaru Platz genommen hat. Sie drückt sie mir wieder in die Hände. Trotz meines Protests scheint sie entschlossen, sie nicht zu behalten. Ich lege den kostbaren Stapel alter *National-Geographic-* und *Good-Housekeeping*-Hefte auf den Rücksitz. Vielleicht verlangt sie ja später danach.

Auf der Straße merke ich, dass wir zu spät losgefahren sind und fürchterlich viel Verkehr ist. Wir vertreiben uns ein wenig die Zeit, indem wir aus dem Fenster auf irgendwelche Dinge zeigen, nicken und hier und da ein »Ho, ho, bah!« einwerfen.

Der Himmel verfärbt sich, und wir deuten auf die verblassenden orangefarbenen, roten und tiefvioletten Farben am Himmel. Der Mond geht auf, ist wie so oft unser Begleiter. Judy macht mit dem Spiel noch etwas weiter und nickt zufrieden, dann lässt sie sich mit einem ebenso zufriedenen Lächeln in den Sitz und auch in den Abend hineinfallen und beginnt, ihre Schuhe zu schnüren. Es könnte sein, dass diese Beschäftigung ein Echo ihrer künstlerischen Arbeit ist, die Sehnsucht nach einer Skulptur, die still auf ihrem Regal bei Creative Growth verstaut ist. Aber sicher kann ich mir da nicht sein.

Als wir durch Auburn fahren, habe ich großen Hunger, und wie ich Judy kenne, geht es ihr nicht anders. Wir finden ein kleines mexikanisches Restaurant in der Altstadt und machen es uns in unserer Nische bequem. Ich bestelle Flautas für Judy, weiche Tortillaröllchen.

Es scheint, als würde Judy nicht mit der üblichen Begeisterung essen, aber wer wollte ihr das übelnehmen? Die Flautas sind selbst ihr ein wenig zu fade. Sie leert ein großes Glas Zitronenlimonade.

Beim Zahlen huscht Judy an mir vorbei zur Toilette. Erschrocken über ihre Eile gehe ich ihr nach, um mich zu vergewissern, dass es ihr gut geht. Sie nickt kurz, ignoriert mich ansonsten weitgehend, steht auf und wäscht sich gründlich die Hände. Aber dann hält sie sich den Bauch. Wir gehen zum Wagen, während sie sich an meinen Arm klammert, und sie steigt ein. Im Wagen herrscht jetzt eine völlig andere Atmosphäre. Judy ist nicht wie sonst, lächelnd und lebhaft, aber sie jammert auch nicht. Es ist ihr nur deutlich anzusehen, dass sie sich unwohl fühlt. Ich schaue sie an, betrachte sie ganz genau und sehe ihr Unbehagen mit Besorgnis. Bei der Auffahrt auf den Highway überlege ich, ob ich direkt ins Krankenhaus fahren soll, um sicherzugehen, dass ihr nichts fehlt. Aber dann denke ich daran, wie sehr sich Judy vor Krankenhäusern fürchtet und wie es wohl für sie wäre, wegen Bauchschmerzen in der Notaufnahme zu sitzen. Wahrscheinlich müssten wir stundenlang warten und bekämen dann nur ein Mittel gegen Magenbeschwerden.

Wir fahren durch Dutch Flat, den langen Feldweg entlang und parken schließlich vor dem Haus. Ich gehe um den Wagen herum, um die Tür aufzumachen, und sie packt mich am Arm, eilt mit mir die Treppen zur Haustür hinauf und marschiert schnurstracks zu dem Bett in ihrem Zimmer. Jetzt mache ich mir echte Sorgen. Sie muss wirklich Bauchschmerzen haben. Ich decke sie zu, lege eine Hand an ihre Stirn, um zu prüfen, ob sie Fieber hat, und bringe ihr eine Wärmflasche in der Hoffnung, es ihr damit etwas behaglicher zu machen. Judys Nachthemd mit den rosafarbenen und roten Blumen liegt unter ihrem Kissen. Ich zeige es ihr, obwohl ich mir ziemlich sicher bin, dass ihr nicht nach Umziehen zumute ist. Ich habe recht. Ich lege mich zu ihr und streiche ihr über das Haar und das Gesicht. Dann versuche ich, ihr etwas Tee einzuflößen, aber da sie auch das mit einem Kopfschütteln ablehnt, richte ich noch einmal das Bett und lege mich wieder zu ihr. Judy scheint sich auf ihre Atmung zu konzentrieren, aber sie sieht mich gleichzeitig eindringlich an. Sie reagiert auf keinen meiner Versuche zu lächeln und beruhigend den Daumen nach oben zu strecken. Ich habe den Eindruck, sie atmet zu schnell, und das beunruhigt mich noch mehr. Ich erkundige mich im Krankenhaus, ob ich mit ihr vorbeikommen soll, bekomme aber gesagt, dass am Telefon keine Auskünfte möglich seien. Ich rufe den medizinischen Informationsservice des nächsten Krankenhauses an und hole mir eine Abfuhr. Judy ist kein Mitglied. Ich rufe Richard an, der mich beruhigt. Danach gehe ich zurück zu Judy und bringe ihr einen großen Teddybären, den sie an die Wand wirft. Offenbar hat das, was ihr jetzt wichtig ist, nichts mit Teddybären zu tun. Ich lege mich wieder zu ihr ins Bett, und sie beugt sich ganz nah zu mir, bis sich unsere Gesichter beinahe berühren. Sie schaut mich sehr ernst an, aber ohne Angst, ohne zu jammern, ohne Anzeichen von Schmerz oder auch Unbehagen. Sie atmet nur schneller. Es muss ihr also gut gehen. Ich weiß nur zu gut, wie sehr sie dazu neigt zu jammern, zu stöhnen, die Hand an die Stirn zu legen und ein großes Theater zu machen, wenn sie Schmerzen hat oder krank ist. Ich nehme sie in den Arm und rede mit ihr, erzähle ihr Geschichten aus der Zeit, als wir klein waren, und wir schauen uns lange, ganz lange in die Augen. Ich streiche über ihren Kopf und lege die Arme um sie. Es ist fast, als ob wir wieder in unserem Kinderzimmer im Schutz der alten Blaufichte wären, die uns stets behütete. Judy sieht mir in die Augen.

Ganz plötzlich hört sie auf zu atmen. Ich kann es nicht glauben. Ich kontrolliere ein zweites und drittes Mal. Ich lege die Hände um ihr Gesicht und beschwöre sie zu bleiben. Ich flehe sie an. Ich beginne mit der Mund-zu-Mund-Beatmung, atme für sie. Ganz plötzlich ist sie friedlich und gleichmütig in meinen Armen gestorben.

Ich selbst empfinde keinen Frieden. Ich bin außer mir, entsetzt, verzweifelt. Ich versuche eine Reanimation. Ich rufe den Rettungsdienst und werde angewiesen, Judy auf den Boden zu legen und die Reanimation fortzusetzen. Ich flehe sie an, nicht zu sterben. Ich bitte Gott, sie nicht zu holen.

Als die Sanitäter eintreffen, schicken sie mich nach draußen. Ich stehe auf der Veranda und beobachte durchs Fenster, wie sie Judy behandeln. Ich spüre die Kälte der Sterne am nächtlichen Himmel und mir ist bitterkalt. Ich sehe, wie die Sanitäter auf und ab laufen. Viel zu schnell, so scheint es mir, geben sie auf. Ich laufe hinein und frage: »Können Sie nicht noch ein wenig länger weitermachen? Nur ein klein wenig länger. Bitte.« Aber sie packen den Sauerstoff, die Stethoskope, all die vielen kleinen Dinge in ihre Taschen und gehen.

Judy liegt auf dem Boden, wo sie sie zurückgelassen haben, und ich lege mich zu ihr. Ich will sie noch ein wenig halten. Ich will sie nicht gehen lassen. Ich spüre ihren Blick, der immer noch auf mich gerichtet ist, und weiß, was sie mir sagen will. Ich weiß es tief in meinem Herzen und in meinen Knochen. Ich soll ihre Botschaft weiter in die Welt hinaustragen, dass der Wert eines Menschen und sein Beitrag zur Welt nicht das Geringste mit seiner äußeren Erscheinung zu tun haben, sondern mit den rätselhaften Gaben, die in seinem Inneren verborgen sind genau wie in ihren Skulpturen. Ihre Botschaft, dass auch das schön ist, was andere in ihrer Unwissenheit vielleicht wegwerfen. Mit meinem Herzen gebe ich ihr mein Versprechen.

Die ganze Zeit über sieht sie mich mit ihren tiefgründigen, nachdenklichen Augen weiter an, blickt sie tief in meine Seele und sagt mir, was jetzt wichtig ist. Sogar im Tod behält ihr Blick seine Intensität, und ich kann ihre Botschaft *spüren*. Eine Botschaft und eine Aufgabe, denen ich mich weiter widmen werde, während ich mein Leben zu Ende lebe.

Judys Bauch ist inzwischen so dick, als wäre sie schwanger, als stünde sie kurz vor der Entbindung. Mein Herz wird von einer unendlich vielschichtigen Trauer überwältigt. Ich mustere ihr Gesicht und bin verwirrt. Ich starre sie an, und starre noch etwas mehr. Es ist nicht mehr das Gesicht einer Frau mit Down-Syndrom. Es ist das Gesicht einer Weisen, einer Heilerin.

Zeit meines Lebens habe ich mich gefragt: Wer ist Judy wirklich? Wie ist es möglich, dass sie in ihrem Inneren so stark und liebevoll ist, obwohl sie fast ihr ganzes Leben lang nur Vernachlässigung und Leid erfahren hat? Wie ist das möglich? Ich hatte mich schon oft gefragt, ob sie nicht in Wirklichkeit eine Art Heilerin, ein Bodhisattva war und auf die Erde gekommen ist, um uns etwas zu lehren; ob sie nicht ein Schweigegelübde abgelegt und ungeheures Leid auf sich genommen hat, um uns Liebe und Weisheit zu schenken. Und jetzt liegt sie da, ohne ihre Maske – eine Weise, eine Heilerin.

Anna Marie, eine gute Freundin, bleibt die Nacht über bei mir. Sie betrachtet Judy ganz genau, als diese ihren Körper noch nicht lange verlassen hat, und sagt: »Mein Gott, sie hat kein Down-Syndrom mehr. Sie sieht aus wie eine indianische Medizinfrau.« Es stimmt.

Judys Vermächtnis

Heute gilt Judy nicht mehr nur in erster Linie als führende Künstlerin der Art brut. Sie hat erfolgreich die unscharfe Trennung zwischen der Art brut und der offiziellen Kunstwelt überwunden. Inzwischen ist sie als herausragende originelle zeitgenössische Künstlerin anerkannt. Museen in aller Welt erwerben ihre Skulpturen – unter anderem das Museum of Modern Art und das American Folk Art Museum in New York, das American Visionary Art Museum in Baltimore, die Collection de l'Art Brut in Lausanne, das Irish Museum of Modern Art in Dublin und das Museum of Modern Art in San Francisco. Auf diese Weise ebnet sie anderen Künstlern den Weg, die begrifflichen Fesseln abzustreifen, die man ihrer Kunst ursprünglich angelegt hatte. Was ihr Ansehen als Künstlerin angeht, werden ihre Behinderungen inzwischen in den Bereich bloßer biografischer Fußnoten verwiesen.

Rebecca Hoffberger, Direktorin des American Visionary Art Museum, schrieb: »Diese unwahrscheinliche Künstlerin, deren Skulpturen von Kunstexperten in aller Welt gesammelt werden, die in Europa als ›eine der wichtigsten Künstlerin des zwanzigsten Jahrhunderts‹ bejubelt und auf die auf Champagner-Vernissagen auf drei Kontinenten angestoßen wird, kam mit Down-Syndrom zur Welt und konnte weder hören noch sprechen, weder lesen noch schreiben. Dennoch sollte diese leidenschaftlich liebevolle Persönlichkeit, die gegen ihren

Willen von ihrer liebenden Zwillingsschwester getrennt worden war und fünfunddreißig Jahre in einem Heim verbracht hat, ein Maß an Lob und Anerkennung erreichen, das nur wenigen Kunstschaffenden je zuteil wird.«

In Europa und Asien sowie in den Vereinigten Staaten versammeln sich Kunstliebhaber in wachsender Zahl, um Judys Werke zu bestaunen und am eigenen Leib zu erfahren, wie ihre ursprüngliche Magie auf die Seele wirkt. Der New Yorker Galeriedirektor Matthew Higgs bezeichnete Judys Skulpturen als »eines der wichtigsten – ob von einem ›Insider‹ oder einem ›Outsider‹ geschaffenen – Gesamtwerke, das in den letzten zwanzig Jahren auf der ganzen Welt und unter welchen Bedingungen auch immer entstanden ist«. In London fand im Jahr 2011 die Ausstellung mit der größten Anzahl von Judys Skulpturen statt, die je an einem Ort versammelt waren. Die von einer beliebten BBC-Sendung angelockte Öffentlichkeit strömte zu Tausenden herbei, um Judys geheimnisvolle Vision zu bewundern und darin zu schwelgen. Museumsdirektor James Brett schwärmte von ihrer Kunst: »Ihre Geschichte ist die beste Geschichte der Welt.«

Von Oktober 2014 bis einschließlich März 2015 zeigte das Brooklyn Museum die Ausstellung *Bound and Unbound*, die erste umfassende Sammlung von Judys Werk in den Vereinigten Staaten. Lobeshymnen erschienen in der *New York Times*, dem *New Yorker*, dem *Wall Street Journal*, der *Financial Times*, *Time Out* und dank der Nachrichtenagentur Associated Press auch in vielen weiteren Zeitungen. Die Kritiker waren vom Geist der Skulpturen bezaubert und verglichen sie mit Medizinbündeln amerikanischer Ureinwohner.

»Judith Scotts Objekte haben etwas wunderbar Magisches an sich«, schrieb Hoffberger. »Wie die Mojobeutel und die Medizinbeutel der Schamanen, deren geheimer Inhalt oft mit Faden und Garn zu Bündeln geschnürt wird, um Schutz zu gewähren und heilende Energien auszusenden, enthalten ihre Arbeiten das Unsichtbare und das Beinahe-Unsichtbare, als gewährten sie einen verstohlenen Blick in das Nest einer erdgebundenen Elster, das mit funkelnden Gegenständen und bunten Fäden von ihren Reisen geschmückt ist.«

Aber Judys Stern strahlt nicht nur in der Welt der Kunst. In den sozialen Medien – von Beiträgen in Blogs bis hin zu Kommentaren auf Twitter oder Facebook – legen Menschen aller Gesellschaftsschichten Zeugnis von ihrer breiteren Wirkung ab. Lehrer empfinden sie als Inspiration sowohl für die eigene Arbeit als auch für die Arbeit ihrer Schüler. Und Judith macht all jenen Mut, die unerwartet dazu aufgerufen sind, sich den Herausforderungen einer Behinderung zu stellen.

Bewegender als das verschwenderische Lob von Museumsdirektoren und anderen Koryphäen der Kunstwelt sind die ergreifenden Botschaften von Eltern behinderter Kinder, die sich für die Hoffnung, die Ermutigung und die Inspiration bedanken, die sie aus Judys Geschichte ziehen.

Als Judith im Jahre 1987 zu Creative Growth kam, hatte sie beinahe ihr ganzes bisheriges Leben lang nur Schmerz und Isolation erfahren, die sie nie zum Ausdruck gebracht, nie mit jemandem geteilt hatte. Die Arbeit an ihren Skulpturen ermöglichte es ihr, eine Sprache zu finden, um das bislang Ungesagte auszudrücken, und schenkte ihr eine Stimme, um mit der Außenwelt zu kommunizieren. Creative Growth gab ihr diese Möglichkeit, die universelle Sprache der Kunst gab ihr diese Stimme.

Wenn ich mir den Himmel für Judy vorstelle, hat er große Ähnlichkeit mit Creative Growth. Ich sehe Judy, wie sie ihre Skulpturen erschafft – vielleicht nicht aus alten Einkaufswägen, kaputten Scheren oder Besen, die es dort vermutlich nicht gibt, sondern mit dem, was im Himmel so übrig bleibt und weggeworfen wird, was es auch sein mag. Sie wickelt mit der gewohnten Intensität und schaut sich um, sieht jetzt vielleicht Wolken und Engel, aber sie hat keine Zeit für sie. Sie arbeitet. Sie webt einen blauen Faden in die Skulptur, ihre Finger bluten nicht, und sie lächelt. In Gedanken bin ich dort bei ihr.

Dank

Ich danke den Angestellten und Künstlern des Creative Growth Art Center für das stärkende und kreative Umfeld, in dem Judy ihre Kunst und ihre Stimme finden konnte – besonders den Direktoren Tom di Maria und Irene Ward Brydon, dem Künstler Stan Peterson, Galerieleiterin Catherine Nguyen sowie Judiths bestem Freund und Künstlerkollegen Paul Costa.

Ich danke John MacGregor dafür, dass er Judys Genie so früh erkannte und würdigte, und für das ebenso schöne wie aufschlussreiche Buch *Metamorphosis: The Fiber Art of Judith Scott.*

Ich danke Stephen und Ondrea Levine, deren Meditationsretreats mir Herz und Kopf für die Möglichkeit geöffnet haben, Judys Vormund zu werden, und die unser Leben damit so unendlich viel weiter und reicher gemacht haben.

Ich danke dem Team von Beacon Press, das an diese Geschichte geglaubt hat und die Veröffentlichung dieses Buches Wirklichkeit werden ließ – besonders meiner Lektorin Joanna Green, die das Projekt in allen Phasen seiner Entstehung begleitet hat.

Ich danke meiner Agentin Stacey Glick, die immer für mich da war, die niemals in ihrem Bemühen schwankte, den richtigen Verlag für dieses Buch zu finden, und die mir auch weiterhin voller Wärme und Begeisterung Rat und Ermutigung schenkt.

Ich danke den Fotografen Leon Borensztein, Sylvain Deleu, Eric Butler, Anne Collier, Johann Feilacher, Erin Brookey, Benjamin Blackwell und Sylvia Seventy für die großzügige Erlaubnis, ihre wundervollen Aufnahmen verwenden zu dürfen.

Ich danke meinen beiden Lektorinnen und Freundinnen Gail Shafarman und Elizabeth Stark, die mir in all den Jahren, in denen dieses Buch heranreifte, Führung und Inspiration gaben.

Ich danke allen, die an der Entwicklung dieses Buches von den ersten Fassungen an beteiligt waren und mir ihre Zeit, ihr Verständnis und ihre Ideen geschenkt haben: Elizabeth Green, Nanou Matteson, Jeany Wolf, Ruth Hanham, Carol Cujec, Jen Mar, Elizabeth Sojeck und unsere geschätzte Webdesignerin Ilsa Brink.

Ich danke den Mitgliedern meiner beiden Autorengruppen, die inzwischen Freunde fürs Leben sind und Jahre des Neuschreibens, des Neulesens und der immer neuen Zweifel mit mir durchlitten haben: Marilynn Rowland, Wendy Bartlett, Doris Fine, Karen Greene, Dean Curtis, Winifred Reilly, Victoria Werhen, Pat Kunstenaar, Jan Sells und Laura Prickett.

Ich danke den Museen, den Galeriedirektor/innen und Kurator/innen, die Judys Kunst erkannten, sie würdigten und der Welt präsentierten – besonders Rebecca Hoffberger, Lucienne Peiry, James Brett, Catherine Morris, Matthew Higgs, Johann Feilacher und Frank Maresca.

Ich danke den Filmemachern, die Judys Geschichte den Zuschauern in aller Welt so lebendig nahebringen – besonders Betsy Bayha, Gemma Cubero und der Produktionsfirma Alicia Produce, Scott Ogden und Miranda Sawyer sowie der BBC.

Ich danke Dr. Ziad Saba, der Judy mit der Herzoperation mehr Zeit schenkte, um ihrer kreativen Leidenschaft und ihrer Liebe zum Leben Ausdruck zu verleihen.

Ich danke meinen besten Freundinnen und Freunden, die Judy geliebt und mich in all den Jahren des Schreibens unterstützt haben – ganz besonders Bette Flushman, Herb Slater, Wendy Bartlett, Marilynn Rowland, Pam Weatherford, Anna Marie Stenberg, Peggy Hill, Anne und Ray Poirier, Michael Whelan Emily Fragos, Kathi Dillinger, Jill Christie, Lily Wu und Brinda Callahan.

Ich danke unserer Herkunftsfamilie und den Menschen in unserer Vergangenheit, die Judy und mich geliebt, die uns unsere Kindheit, unser Leben und unsere Träume geschenkt haben.

Ich danke meiner eigenen Familie, die in ihrer Geduld und ihrem Glauben an diese Geschichte niemals wankte: meinen Töchtern Taylor, Lilia und Ilana sowie meinem Lebensgefährten John Cooke, der dieses Buch durch all seine Inkarnationen begleitete und ohne den ich es niemals hätte schreiben können.

Zu guter Letzt möchte ich mich aufrichtig bei all den Menschen bedanken und entschuldigen, die mir ihre Hilfe und ihre Unterstützung gewährt haben, aber wegen meines löchrigen Gedächtnisses ungenannt bleiben.

Euch allen schulde ich meinen tiefsten Dank und entbiete ich die Dankbarkeit meines Herzens.

Die Autorin wird einen Teil der Erlöse aus diesem Buch dem Creative Growth Art Center in Oakland, Kalifornien (http://creativegrowth.org) sowie der Organisation Down Syndrome Connection of the Bay Area (http://www.dsconnection.org/) spenden.